Interaktive Fachdidaktik Latein

Herausgegeben von

Marina Keip und Thomas Doepner

2., durchgesehene Auflage

Vandenhoeck & Ruprecht

Mit 40 Abbildungen

Bibliografische Information der Deutschen Nationalbibliothek

Die Deutsche Nationalbibliothek verzeichnet diese Publikation in der
Deutschen Nationalbibliografie; detaillierte bibliografische Daten sind
im Internet über http://dnb.d-nb.de abrufbar.

ISBN 978-3-525-26411-9
ISBN 978-3-647-26411-0

Umschlagabbildung: Shutterstock Images LLC/Yuri Arcurs

Gesamtherstellung: ⊕ Hubert & Co, Göttingen

Gedruckt auf alterungsbeständigem Papier.

Inhalt

Häufige verwendete Begriffe und Abkürzungen

Historische Kommunikation – Begriff der Richtlinien NRW für die Kommunikation, die zwischen einem antiken Text und dem modernen Leser im Sinne des hermeneutischen Zirkels stattfindet.

Satzwertige Konstruktion – Oberbegriff für solche lateinische Konstruktionen, die einen nominalen und einen verbalen Teil zusammenbinden, also: PC, Abl. abs., AcI, nd-Konstruktionen.

AcI	Akkusativ cum Infinitivo
Abl. abs.	(sogenannter) Ablativus absolutus als Oberbegriff für Ablativ mit Partizip und Ablativ mit Prädikativum
Abl. punctualis	Oberbegriff für Abl. loc. und temp.
Dat. poss.	Dativus possessivus
D	Deutsch
L	Latein
NcI	Nominativ cum Infinitivo
PC	Participium coniunctum
Pass.	Passiv
PPA	Partizip Präsens Aktiv
PPP	Partizip Perfekt Passiv
nd-Konstruktionen	Gerundium mit Erweiterungen, Gerundivum mit Ergänzungen, Gerundivum pro Gerundio
Konj.	Konjunktiv
Perf.	Perfekt

Vorwort

Die Idee für das vorliegende Buch stammt aus der Ausbildung von Lateinlehrern. Viele Referendare äußerten den Wunsch, die in der Fachdidaktik bekannten Ansätze und Verfahren an einem Ort gebündelt finden zu können. Schwerpunkte bei der Auswahl der Inhalte wurden daher insbesondere dort gesetzt, wo das Informationsbedürfnis in der Lehrerausbildung am höchsten schien, z.B. bei der Vernetzung von Wortschatz- und Textarbeit, bei der induktiven Grammatikeinführung oder bei der Verknüpfung verschiedener Interpretationsrichtungen. Auch wurden Themen, die in der fachdidaktischen Literatur bisher nur sporadisch behandelt wurden, wie die Vertiefung der Grammatikarbeit in der Lektürephase sowie Diagnose und Förderung, aufgenommen. Um die Ausführungen anschaulicher zu gestalten und den Schritt von der Theorie zur Praxis zu erleichtern, enthalten alle Kapitel zahlreiche Beispiele und Übungen aus der Unterrichtspraxis und der Ausbildung in den Fachseminaren. Das Hauptanliegen dieses Buches ist also vor allem eine knappe, aber praxisnahe Zusammenschau eines fachdidaktischen und -methodischen *fundamentum*. Für Leser, die neugierig geworden sind und mehr in die Tiefe gehen möchten, werden am Ende jedes Kapitels Literaturhinweise angeführt, die im Schneeballsystem eine weitere Arrondierung des Repertoires ermöglichen.

sapere aude – Zur Konzeption des Buchs

Durch moderne Unterrichtsformen werden Schüler aufgefordert, ihre bereits vorhandenen Kenntnisse zu aktivieren und in Eigentätigkeit zu erweitern und zu vertiefen. Dieses Prinzip macht sich auch dieses Buch zunutze. Daher sind Sie als Leser zur Mitarbeit, zum Mitdenken eingeladen. Viele Kapitel enthalten **Übungen**, mit denen Sie die im Folgenden dargestellten Prinzipien und Verfahren selbst »erfahren« oder »entdecken« können. Die Bearbeitung der Übungen wird daher empfohlen, sie sind Bestandteil des Konzepts und teilweise wichtig für das Verständnis der darstellenden Passagen. Die **Anregungen** bieten erweiterte Aufgabenstellungen, an denen Sie einen zuvor dargelegten Sachverhalt anwenden und selbst ausprobieren können. Die für die Bearbeitung benötigten lateinischen Texte finden Sie auf der Internetseite www.thelatinlibrary.com, weiteres Material und Lösungsideen zu den Übungen finden Sie im **Downloadbereich [→ DLB]** auf der Seite www.v-r-schule.de direkt beim Titel.

Für weitere Recherchen sei verwiesen auf:

AU (Erscheinungsjahr / Heftnummer): Der Altsprachliche Unterricht Latein Griechisch, Fachdidaktische Zeitschrift hrsg. vom: Friedrich-Verlag Velber.
Drumm, J., Frölich, R. (Hgg.), Innovative Methoden für den Lateinunterricht, 2. Aufl. Göttingen 2008.
Kuhlmann, P., Fachdidaktik Latein kompakt, 2. Aufl. Göttingen 2009.
Gerstmann, D., Bibliographie Lateinunterricht, 2 Bde, 1997.
Müller, A., Schauer, M., Clavis Didactica Latina, Bibliographie für den Latein-unterricht, Bamberg 1994.

Unser Dank gilt allen, die uns bei diesem Projekt unterstützt haben: den Referen-daren, die die Anregungen geliefert haben, den Schülern, die als »Versuchska-ninchen« dienten, den Autoren, die mit interessanten und abwechslungsreichen Beiträgen zur Farbigkeit des Buches beitragen, zahlreichen Fachkollegen, die »probelesen« mussten, Frau Prof. Dr. E. Schirok, die uns mit wohlwollend kon-struktiver Kritik nach vorne trieb, und ganz besonders unseren Familien, die in der Zeit der Anfertigung auf Manches verzichten mussten.

Wir wünschen Ihnen nun viel Freude bei der Lektüre.

T. Doepner, M. Keip

I.   Wortschatzarbeit

Das Thema »Wortschatzarbeit im Lateinunterricht« ist und bleibt eine unendliche Geschichte: Das Verstehen und Übersetzen eines lateinischen Textes – original, adaptiert oder von Lehrbuchmachern konstruiert – ist für die Schüler ohne gesicherte Kenntnis der Bedeutung von Wörtern zum Scheitern verurteilt. Anders als in den modernen Fremdsprachen, in denen das Vokabular z.T. imitativ erarbeitet und in einem kommunikativen Austausch ständig umgewälzt wird und dadurch offensichtlich präsent bleibt, hat der Lateinunterricht, dem diese methodischen Ansätze nur in geringem Maße zur Verfügung stehen, gegen das Vergessen wie gegen Windmühlenflügel anzukämpfen. So verwundert es nicht, dass sich die fachdidaktische Literatur immer wieder mit diesem Phänomen auseinandersetzt und nach neuen Lösungswegen aus dem Dilemma sucht, dabei auch Anleihen bei den modernen Fremdsprachen macht, die offensichtlich nicht – oder zumindest nicht in dem Ausmaße wie Latein – unter diesem Problem leiden. Die Arbeit am und mit dem lateinischen Wortschatz verfolgt zwei Ziele:

1. Kategorien der Sprachbetrachtung zu entwickeln und dadurch grundsätzlich zur Sprachreflexion anzuregen, z.B. in der Wortbildungslehre mit der Unterscheidung von Wortarten oder dem Erkennen von Fremd- und Lehnwörtern – Kategorien, die auch auf andere (Fremd-)Sprachen zu übertragen sind;
2. einen lateinischen Wortschatz aufzubauen, mit dem beim Lesen, Verstehen, Übersetzen und Interpretieren lateinischer Texte (Lehrbuch oder Originallektüre) gearbeitet werden kann.

Wenn man diese Zielsetzungen akzeptiert, wird sehr schnell deutlich, dass die Wortschatzarbeit eigentlich nicht isoliert betrachtet werden kann, sondern dass sie eingebettet ist in den Bereich »Textarbeit« und ihr damit eine dienende, aber zugleich auch zentrale Funktion zukommt. Sie ist zwar immer verknüpft mit allen anderen Bereichen im System Sprache (z.B. mit Morphologie, Syntax, Stilistik), aber als Vermittlerin einer Botschaft stellt die Bedeutung eines Wortes das entscheidende Element in der Kommunikation zwischen Autor und Leser dar. Deshalb sollte die Systemtrennung von hier »Wortschatz« und »Lernsystem« und dort »Text« und »Anwendungssystem« so weit wie möglich überwunden werden. In einem Text erscheinen Wörter eben meistens nicht in der Grund- bzw. Lernform (abgesehen von z.B. Subjektfunktionen im Nominativ und Infinitivkonstruktionen), sondern flektiert; sie sind außerdem syntaktisch und semantisch durch den Kontext determiniert. Diese Grundeinsicht muss auch die Richtschnur für die Wortschatzarbeit sein.
Zwischen den beiden grammatikalisch korrekten Aussagen »*sine me* = ohne mich« und »*sine me* = lass mich« werden wohl in der Tat in einem Text Welten

liegen, die hoffentlich durch kontextuale Einbettung entweder durch die syntaktische oder durch die semantische Valenz für den Leser eindeutig werden, z. B. *sine me ludes / abibitis – sine me ludere / abire* oder in der folgenden Form, die
auch als Prinzip für diese Fachdidaktik gelten kann:

(aus: Browne, D., Haegar terribilis. Miles sine timore vitiisque, München [2]1987, C127)

1.   Aufbau eines Lernwortschatzes

Die Grundlagen für eine effiziente Wortschatzarbeit werden in der Lehrbuchphase gelegt. Deshalb sollen die Aufgaben, die dort auf den Lehrer zukommen, vorrangig in den Blick genommen werden. Die Arbeit in der Lektürephase schließt
sich dann als eine konsequente Fortführung der dort eingeführten Prinzipien an.
Die Effizienz der geleisteten Arbeit erweist sich in beiden Phasen an der Arbeit
mit Texten.
Vor allem in der Lehrbuchphase steht der Lehrer vor didaktischen und methodischen Problemen, die in der folgenden »Wortschatzblume« veranschaulicht werden können:

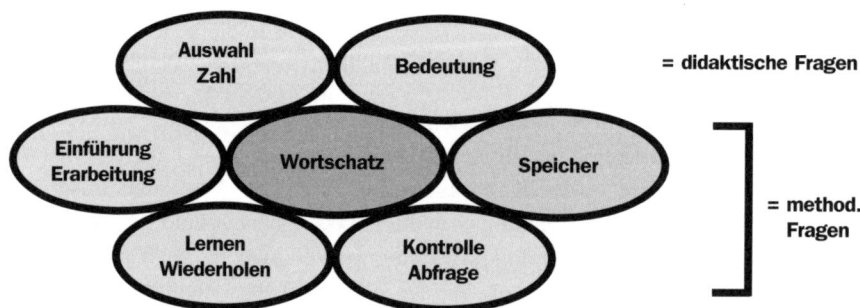

Beginnen wir mit zwei grundsätzlichen didaktischen Fragen, nämlich nach der
Zahl und der Auswahl der Wörter, die zu einem Grundwortschatz zu rechnen
sind, und der Frage, welche »Bedeutungen« der Schüler für diese Wörter zu lernen hat.

1.1   Didaktische Fragen

Auf den ersten Blick mag man darin vielleicht keinen Handlungsbedarf erkennen, wird doch in der Regel der Umfang des Lernwortschatzes durch die Lehrpläne der einzelnen Bundesländer und die Auswahl und die Bedeutungsangaben durch das jeweils eingeführte Lehrbuch vorgegeben. Aber genau hier fängt das Problem an! Denn nur zu gerne vertraut sich der Lehrer diesen Vorgaben an, erspart ihm dieses Verfahren doch scheinbar viel Vorbereitungszeit.

1.1.1   Zahl und Auswahl

Vergleicht man Lehrpläne neueren Datums mit denen vergangener Zeiten, so fällt auf, dass die Zahl des Lernvokabulars in der Spracherwerbsphase pro Jahr oder Jahrgangsstufe immer mehr zurückgeschraubt worden ist. Darin muss man nicht unbedingt den Untergang des Lateinunterrichts sehen, wenn es stattdessen gelingt, den reduzierten Umfang des Wortschatzes – aber diesen umso fester – als jederzeit abrufbaren Wissensschatz in den Köpfen der Schüler zu verankern. Denn in der Tat hat sich das Lernen auf Vorrat, etwa unter dem Aspekt »Ich will mit Caesar in die Lektürephase einsteigen und brauche dafür ein bestimmtes Vokabular«, nicht bewährt. Eine auf den jeweiligen Autor zugeschnittene und ihn begleitende Wortschatzarbeit hat sich als effizienter erwiesen.

Dennoch bleibt die Frage: Welche Wörter gehören zu den 1200 Wörtern, die z. B. laut Bildungsplan (2004) die Schüler in Baden-Württemberg nach der 8. Klasse beherrschen müssen? Die Antwort auf diese Frage wird umso dringender, je stärker die Notwendigkeit von Vergleichsarbeiten in den Klassenstufen in den Blick genommen wird, in denen noch keine Wörterbuchbenutzung vorgesehen ist – sei es landesintern oder gar länderübergreifend.

Lehrbücher wie Wortkunden nehmen für sich in Anspruch, bei der Auswahl der Wörter von folgenden Prinzipien ausgegangen zu sein:

1. Lektürehäufigkeit (auf der Basis von Frequenzuntersuchungen). Darunter befindet sich auch die geschlossene Klasse von Wörtern, die sogenannten »kleinen Wörter« (Konjunktionen, Subjunktionen, Adverbien, Partikeln, Präpositionen, Pronomina, Numeralia, Pronominaladjektive), die (z. B. *sed, heri, quia*) eine feste, unveränderliche Bedeutung haben, die nicht, wie bei anderen Wörtern (z. B. *petere, virtus, gratus*) kontextabhängig ist.
2. Kulturwortschatz
3. Römische Grundbegriffe
4. Bedeutung für die Tochtersprachen

Ein Vergleich der verschiedenen Lehrbücher (aber auch der Wortkunden) macht allerdings deutlich, dass die Auswahl des Vokabulars, die Wortzahl wie auch die »Bedeutungsangaben« zu einzelnen lateinischen Wörtern stark voneinander abweichen. Man wird unter dem Aspekt bundesweiter Vergleichsarbeiten wohl irgendwann gezwungen sein, bei vielleicht etwa 20 zugelassenen Lehrwerken für Lateinbeginn in Kl. 5 oder 6 eine gewisse Schnittmenge zusammenzustellen, die als Basiswortschatz definiert werden kann. Bis dahin muss die Lateinfachschaft einer Schule diese Entscheidung treffen.

1.1.2   Bedeutungsangaben

»Ein lateinisches Wort hat keine deutsche Bedeutung« – mit dieser lapidaren Feststellung hat Hermann Steinthal bereits 1971[1] das Dilemma von Wortglei-chungen gekennzeichnet, und er hat damit nicht nur Wörter gemeint, die (wie z. B. *tibia, theatrum, villa*) in ihren deutschen Bezeichnungen eine andere Vor-stellung evozieren als das in der Antike Gemeinte. Für Steinthal gilt grundsätz-lich, dass die »Bedeutungsangabe mit einem deutschen Wort ein bloßes Surrogat ist« und dass diese immer »vage« ist, »präzise ist nur die konkrete Meinung im Kontext und der Sprechsituation.« Trotz dieser Einwände wird man nicht umhin-kommen, für lateinische Wörter »Angaben« im Sinne eines – wenn auch vorläu-figen – deutschen Bedeutungsäquivalents zu machen. Aber es wäre schon viel gewonnen, wenn auch bei den Schülern das Bewusstsein geweckt werden könn-te, dass ein Unterschied besteht zwischen Bedeutung und Bedeutungsangabe, zwischen Grundbedeutung und übertragener Bedeutung, zwischen Lernbedeu-tung und Standortbedeutung, dass es eigentlich keine Wortgleichungen gibt, stattdessen häufig »Wortungleichungen«, und dass mit Bedeutungsüberlappun-gen und mit Bedeutungswandel zu rechnen ist.

Das größte Problem für eine sinnvolle Wortschatzarbeit stellt aber die immer noch zu beobachtende »Unsitte« der Lehrbücher dar, mit – wie es Steinthal for-muliert hat – »Summenformeln« zu arbeiten. Unter Summenformel versteht er die Aneinanderreihung von – mit Komma oder eventuell mit Semikolon abge-grenzten – ähnlichen oder unterschiedlichen Bedeutungen eines Wortes. Er dis-tanziert sich davon höchst ironisch mit einem üblichen Beispiel aus der Praxis:[2]
»*censeo*: ich schätze [,] meine«, und fährt dann konjugierend fort:
»*censes*: du schätzest deine, *censet*: er schätzt seine«.

Anstelle von Summenformeln fordert Steinthal Angaben als »Strukturformel«, also eine Gliederung der Bedeutungen, z. B. in 1., 2. oder differenzierter in 1. a. b., 2. usw. Sie macht allerdings auch eine Einbettung der Vokabel in einen Kon-text, zumindest in eine Wortverbindung nötig, um den Unterschied etwa zwi-schen »*altus*: 1. hoch, 2. tief« in der Kollokation 1. *mons altus*, 2. *mare altum* verständlich und nachhaltig lernbar zu machen. Mit der Summenformel verbun-den ist in der Regel eine weitere Unsitte der Lehrbücher, nämlich Bedeutungen lernen zu lassen, die dem Schüler im Kontext noch nicht begegnet sind, die er aber trotzdem wie auf Knopfdruck, also im Reiz-Reaktionsschema, wieder von

---

1 Steinthal, H., Zum Aufbau des Wortschatzes im Lateinunterricht, in: AU 1971/2, 29.
2 a. a. O., 40.

sich geben soll, z. B. »*dubitare*: zögern, zweifeln«, obwohl im Lektionstext natürlich von *dubitare, quin* weit und breit noch nichts zu finden war.[3]

Eine besondere Herausforderung stellen in diesem Zusammenhang die semantisch und syntaktisch polyvalenten Verben dar, wie z. B. *petere, committere, contendere, providere, consulere, dubitare*, deren Bedeutung der Schüler aneinandergereiht ohne Kontexteinbettung lernen und reproduzieren muss.

Vor allem für den Umgang mit dem Wörterbuch in der Lektürephase muss es der Schüler gewohnt sein, die Wortbedeutungen nicht zu summieren, sondern zu kategorisieren und mit Kollokationsfeldern zu arbeiten. Je anspruchsvoller und differenzierter die Arbeit in der Spracherwerbsphase angelegt wurde, desto unproblematischer gestaltet sich dann der Übergang.

Anregung (1): Stellen Sie aus verschiedenen Lehrbüchern die Bedeutungsangaben für *committere, contendere* und *petere* zusammen. Beispiele dazu finden Sie im [→ DLB]. Vergleichen Sie diese mit den Bedeutungsangaben in dem bei Ihnen eingeführten Wörterbuch. Entwickeln Sie je eine Strukturformel zu diesen Wörtern (am besten mit Beispielen aus dem eingeführten Lehrbuch) mit unterschiedlichen Kollokationsfeldern und weiteren notwendigen Angaben, die auf die Arbeit mit dem Wörterbuch ausgerichtet sind.

Besser geworden ist in den Lehrbüchern der Umgang mit sogenannten »Wortleichen«, also mit ungebräuchlichen, den Schülern nicht bekannten deutschen Begriffen. Dazu gehörten früher z. B. Wörter wie *obtinere*: innehaben, *probus*: rechtschaffen, *carere*: entbehren. Die Gruppe der Adjektive mit Genitiv (z. B. *cupidus, peritus, memor, particeps, potens*) hat diesen Sprung noch nicht ganz geschafft, was z. T. an den weiter tradierten Lernsprüchen liegt, z. T. auch an der kontextisolierten Aufnahme dieser Adjektive in die Wörterverzeichnisse. Mag auch der Spruch

Wenn einer in den Keller steigt
begierig, kundig, eingedenk
des Weines, den er holen soll,
er bald darauf am Boden liegt – teilhaftig mächtig voll!

das anstehende grammatikalische Phänomen witzig umschreiben, so sollte doch durch Wortverbindungen gezielt auf eine gute deutsche Übersetzung hingesteuert werden, z. B.:

cupidus gloriae erat – er strebte nach Ruhm
periti legendi sunt – sie können lesen

---

3 Da die Vokabelverzeichnisse der Lehrbücher durchgängig leider nur das jeweils erste Auftauchen eines Wortes registrieren, lässt sich für den Lehrer nur schwer herausfinden, wann, wie oft und in welchen Bedeutungsvarianten diese einmal eingeführte Vokabel in den weiteren Lektionen wieder verwendet wird.

memores temporum antiquorum sumus – wir erinnern uns an alte Zeiten
homines rationis participes sunt – Menschen sind vernunftbegabt

Wortungetüme wie »eingedenk« als Wortgleichung für *memor* müssen vermieden werden.
Es besteht also für jeden Fachlehrer oder eigentlich für die Lateinkonferenz einer Schule sowohl bei der Auswahl des Vokabulars als auch bei den Bedeutungsangaben nach wie vor ein großes Betätigungsfeld.

Anregung (2): Im [→ DLB] finden Sie aus einer Wortkunde zu *confiteri* eine Zusammenstellung von Wortschatzstrukturen. Versuchen Sie dieses Schema auf andere Wörter anzuwenden.

1.2   Methodische Fragen

Hat sich die Lateinfachschaft einer Schule schließlich auf der Grundlage der Vorgaben des jeweiligen Lehrplans auf Auswahl und Umfang des Wortschatzes und auf Bedeutungsangaben einigen können, beginnt mit folgenden Überlegungen die eigentliche Aufgabe des Lehrers:

– Wie mache ich die Schüler mit den unbekannten Vokabeln einer Lehrbuchlektion und deren »Bedeutung(en)« vertraut? (Einführen)
– Wo, wie und in welcher Form halte ich die Ergebnisse fest? (Speichern)
– Wie festige und sichere ich das neue Vokabular (Üben, Lernen, Wiederholen), damit es bei der laufenden oder späteren Textarbeit zur Verfügung steht? (Anwenden)
– In welcher Form vergewissere ich mich, ob die Schüler den vermittelten Wortschatz auch beherrschen? (Überprüfen, Abfragen)

1.2.1   Einführung neuer Vokabeln

Was für die Einführung eines neuen Grammatikphänomens gilt, gilt auch für die Einführung neuer Vokabeln: Je jünger die Schüler sind oder je früher der Lateinunterricht einsetzt, desto mehr sollte die induktive Methode vorherrschen, die die Schüler neue Erscheinungen entdecken, einordnen, benennen und in Regeln fassen lässt (z. B. in der Wortbildungslehre). Was in der Originallektüre meist üblich ist, nämlich unbekannte Vokabeln einfach anzugeben, sollte bei der Erschließung eines neuen Textes in der Lehrbuchphase möglichst vermieden werden. Eine Ausnahme bilden nur die Wörter, die nicht zum Lernwortschatz gehören, aber zum Verständnis notwendig sind. In der Anfangsphase nicht zu vertreten ist es, Vokabeln vor der Behandlung des Lektionstextes lernen zu lassen. Glücklich wird sich der Kollege schätzen, wenn er Lehrbuchtexte vorfindet, bei denen sich die Bedeutung neuer Wörter aus dem Kontext erschließen oder aus Illustrationen im Lehrbuch ableiten lässt, wobei im ersten Zugriff eine Umschreibung der Bedeutung durchaus ausreichen mag.

Dazu ein Beispiel, bei dem die Schüler lateinische Sätze aus einem Lektionstext (mit einigen neuen Wörtern) den Ziffern des Bildes zuordnen sollen:[4]

Redde Rationem Lektion 11

consul romanus, qui insigni sua virtute hostem vicit, cum exercitu suo per portam triumphalem, quae apud Campum Martium est, Urbem intrat. populus romanus, qui consulem fortem cum exercitu forti salutat, clamat: »io triumphe! io triumphe!«
stat triumphator, vestimento triumphali insignis, in curru aureo, quem quattuor equi trahunt; super capite eius aurea corona est, quam servus publicus tenet qui post consulem in curru stat. ante currum senatus, post currum exercitus incedit. vestimentum triumphale, quod consul gerit, corona triumphalis, qua caput eius ornatum est, currus triumphalis, in quo stat, insigne spectaculum praebent.
dum tota urbe populus festum agit, triumphator templum magnificum intrat quod in Capitolio est; ibi in aedificio sacro, in quo iam omnis senatus adest, coronam deponit, et taurum immolat.

a. populus romanus consulem salutat
b. triumphator in curru stat
c. ante currum senatus incedit
d. quattuor equi currum trahunt
e. servus coronam auream tenet
f. post currum exercitus incedit
g. triumphus per portam triumphalem urbem intrat
h. triumphator vestimento triumphali insignis est

---

4 S. auch [→ DLB, Anregung (3)].

Die neuere Generation von Lehrbüchern zeichnet sich zwar durch viele Abbildungen aus, aber der Zusammenhang zwischen Bildangebot und Text oder die Möglichkeit, aus den beigefügten Illustrationen den Text zu erschließen, ist leider nicht immer gegeben. So bleibt, um den Text vor oder auch während der Erschließung oder Übersetzung zu entlasten und verstehbar zu machen, manchmal nur der Ausweg, nach kontextunabhängigen Zugängen zu neuen Wörtern zu suchen.
Die folgende Übersicht gibt dazu erste Anregungen.

Einführungsmöglichkeiten	Beispiele
lateinische Umschreibung (Paraphrase)	*homo ignotus*: *vir, quem antea numquam vidisti*
Synonyme (Wortfelder) Antonyme Oppositionen	*quaerere ≈ interrogare* *quod ≈ quia* *parvus ↔ magnus* *parentes ↔ liberi*
Ableitung (Lexemfelder)	*virtus* (zum *vir* gehörig) *fortitudo* (Substantiv zu *fortis*) *agitare* (Intensivum zu *agere*)
Zusammensetzung; Segmentierung von Bedeutungselementen (Lexem, Präfix, Suffix = Morphemfelder)	*beneficium* (aus *bene* u. *facere*) *in-iustus*; *in-ire* *ab-esse*; *ad-esse* *laud-a-bilis*
Etymologie	*fatum, fari, fas*
Anknüpfen an Fremdwörter, Lehnwörter, Fremdsprachen, lateinische Sentenzen	*regio* > Region *murus* > Mauer *opinio* > F: l'opinion; E: opinion *errare humanum est*
deiktische, mimische, gestische Verfahren	*fenestra – porta, hic – ille* *ego sum magister, vos estis discipuli* *ridere ↔ lacrimare* *tristis sum ↔ laetus (a) sum*
Vormachen, Spielen	*video, sto, sedeo, audio, lego* szenisches Spiel (Dialoge bes. geeignet) einer (älteren oder aus der Klasse ausgewählten) Schülergruppe, auch im Sinne von Lernen durch Lehren
Piktogramm, Symbol, Skizze, Bild, Zeichnung	
Gegenstände, Requisiten	*toga, fibula, liber, stilus, pecunia*

Bei der kontextunabhängigen Einführung neuer Wörter sollte man sich verschiedene Assoziationsformen im Sinne einer Kontiguität (Verknüpfung von gleichzeitigen oder aufeinander folgenden Elementen) zunutze machen, vor allem versuchen, an bereits Bekanntes anzuknüpfen, und zum anderen Verklumpungen oder Interferenzen (z. B. sogenannte »falsche Freunde« franz. *tuer*, lat. *tueri*) vermeiden.

Anregung (3): Wählen Sie eine Lektion Ihres Lehrbuchs aus und prüfen Sie, welche neuen Wörter aus dem Kontext oder aus Informationen aus dem Buch, z. B. durch Illustrationen, erschlossen werden können. »Spielen« Sie für die restlichen Wörter verschiedene der oben genannten Möglichkeiten »durch«. Hinweise finden Sie auch im [→ DLB].

Die hier aufgeführten Möglichkeiten, neue Wörter einzuführen, sollten dann später auch als Grundlage für das Speichern, das Einüben, Wiederholen und Abfragen dienen, um das Prinzip der Vernetzung durchgängig einzusetzen und optimal zu nutzen.

1.2.2   Speichern

Die vordergründig einfachste Art für den Lehrer, die Schüler Vokabeln lernen zu lassen, ist natürlich, auf das jeweilige Lehrbuch zurückzugreifen und die dortigen Wortangaben zur Richtschnur des Lernens zu machen. Das heißt, er benutzt bereits gedruckte Speichermedien, das Buch oder von den Verlagen zusätzlich angebotene Vokabelhefte oder Vokabelkarteien. Welche Probleme damit verbunden sind, hatten wir bereits unter dem Stichwort »Bedeutungsangaben« gesehen. Die Nachteile gedruckter Verzeichnisse lassen sich nur umgehen, wenn man die Vokabelspeicher durch die Schüler selbst anlegen lässt[5], auch wenn dies mit Mehrarbeit für die Schüler wie für den Lehrer verbunden ist. Aber dieser Mehraufwand zahlt sich aus!
Die folgenden lernpsychologischen und fachdidaktischen Prinzipien, die für die Wortschatzarbeit unverzichtbar sind, können mit einer Vokabelkartei, die die Schüler selbst erstellen, problemlos eingelöst werden.

1. Die Spracherwerbsphase gleicht einem Baukastensystem, in dem nach und nach die Sprachkompetenz erweitert wird. Die Vokabelkartei folgt diesem dynamischen, sukzessiven Aufbauprinzip. Sie spiegelt den jeweiligen Lernstand wider und kann entsprechend dem Lernfortschritt um neue Unterrichtsergebnisse jederzeit ergänzt werden (z. B. neue Bedeutungen, Stammzeiten).
2. Gezielte Begrenzung des Lernwortschatzes ohne Steuerung durch die Vorgaben eines Lehrbuchs

---

5 Beispiele für die Anlage von Vokabelkarten in: AU 1999/4.

3. Textbezogene Angaben (syntagmatische Beziehungen)
   - syntaktische Valenz
   - semantische Valenz
4. Textunabhängige Angaben (paradigmatische Beziehungen)
   - Wortarten / Flexionsklassen
   - Feldtypen (Lexem-, Morphem-, Kollokations-, Wort-, Sachfeld)
5. Allgemeine Lernhilfen
   - Fremd- und Lehnwörter
   - englischer, französischer, ev. italienischer, spanischer Wortschatz
   - Junkturen, Wortverbindungen, Merksätze, Sentenzen, Sprüche
   - Verwechselwörter[6] (z. B. *quaerere – queri*)
6. Individuelle Lernhilfen
   - subjektive Eselsbrücken (Schülerbeispiele: *veni, vinxi illud monstrum, ita vici et diu vixi; mea soror est horror*)
   - Visualisierungsmöglichkeiten
7. mehrsprachige Vokabelkartei
   - vergleichende Wortschatzarbeit
   - Didaktik des Übergangs: Synergieeffekte nutzen[7]
8. Poster, Plakat, Mindmap, Collage, Comic können zur Unterstützung der individuellen Vokabelkartei die »Präsenz« des Wortschatzes im Klassenraum übernehmen.

Auf einige Möglichkeiten der Veranschaulichung und Vernetzung sei im Folgenden noch etwas genauer eingegangen. Selbstverständlich arbeiten inzwischen alle Lehrbücher und die neueren Wortkunden mit Visualisierungen, mit Eselsbrücken, mit Merksprüchen, zum Einüben z. T. auch mit Raps. Sicher besser als gar nichts, aber noch besser wären solche Lernhilfen, wenn diese aus der Gruppe heraus entstehen und mit ganz persönlichen Assoziationen verbunden werden. Erst dann wird die Forderung nach Kontiguität, die auf unterschiedlichen Anknüpfungspunkten basiert, auch in die schulische Wirklichkeit umgesetzt.
Aus dem Fremdsprachenunterricht der Grundschule bekannt ist das »Wörtermalen« als gestalterischer Umgang mit Wörtern, um eine emotionale Bindung an die neue Sprache zu gewinnen. Dieser Vorschlag lässt sich gut auf lateinisches Vokabular anwenden und führt zu phantasievollen Schülerergebnissen, wie die folgenden Beispiele zeigen:

---

6 Vgl. dazu Hellwig, A. (u. a.), fehler abc Latein, Stuttgart 1982.
7 Anregungen dazu in: AU 1981/1; Latein auf neuen Wegen, Didaktik des Übergangs von Englisch / Französisch zu Latein (LS L 67), Stuttgart 2007.

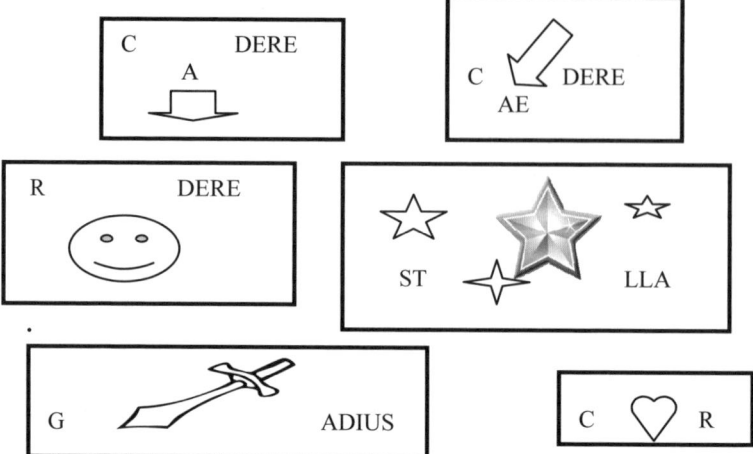

Noch mehr zeichnerisches Geschick von Seiten der Schüler ist z. B. bei folgenden Darstellungen erforderlich:

- *miles Romanus* mit entsprechender »Ausstattung« (*gladius, pila, scutum, lorica* usw.)
- *vir Romanus / femina Romana* mit Körperteilen (*corpus, caput, bracchium, aures, oculi* usw.) oder Kleidung (*tunica, toga / stola, palla* usw.), eventuell mit Schmuckstücken (*catena, anulus, fibula*)
- Darstellung der sogenannten Kopfverben, nach denen der AcI stehen kann (*audire, videre, intellegere, dicere* usw.)
- Komparation: Positiv – Komparativ – Superlativ (*pinguis, magnus, parvus, fortis*)
- Unterscheidung zwischen *quaerere ex aliquo* und *quaerere aliquem* usw.

Anregung (4): Suchen Sie gezielt lateinisches Vokabular, das sich zum »Wörtermalen« oder zu einer sonstigen Visualisierung besonders eignet. Versuchen Sie sich selbst an »einfachen« bildnerischen Umsetzungen, bevor Sie diesen Auftrag an Ihre Schüler weitergeben.

Weniger kindlich sind strukturierende Visualisierungsformen wie das Mindmap.[8] Auch hier gilt, dass man die Schüler selbst die Strukturelemente finden und nach Oberbegriffen suchen lassen sollte. Nur so ist eine nachhaltige Wirkung gewährleistet, einmal abgesehen davon, dass eine solche Aufgabe das Denken in Kategorien fördert.

1.2.3 Üben, Lernen, Wiederholen

Nach der Einführung und Speicherung neuer Vokabeln geht es als Nächstes – wie bei allen neuen morphologischen und syntaktischen Phänomenen auch – an

---

8 S. auch [→ DLB, Anregung (6)].

das »Einüben« dieser Erscheinungen, damit sie nach einem individuellen Prozess des Lernens zum festen Besitz werden und der Schüler während der Lektüre von Texten (in der Lehrbuchphase wie dann in der Lektürephase) sicher darüber verfügen kann. Das regelmäßige Wiederholen des einmal gelernten Wortschatzes muss dabei zum festen Bestandteil des Lateinunterrichts werden.

Hatten wir in den Lehrbüchern bei der Einführung, Speicherung und der Angabe der Wortbedeutungen erhebliche Defizite beklagen müssen, kann man mit dem Angebot von Übungen schon eher zufrieden sein: Sie sind vielfältig, anregend, innovativ und beziehen sowohl die modernen Fremdsprachen als auch Fremd- und Lehnwörter im Deutschen mit ein. Allerdings arbeiten sie noch viel zu wenig auf der Basis des Textprinzips und nehmen im Verhältnis zu Übungen zur Morphologie und Syntax immer noch einen zu geringen Raum ein, steht und fällt doch mit der Bedeutung von Wörtern das Verstehen eines Textes. Da die Typologie von Aufgaben recht reichhaltig ist, kann hier darauf verzichtet werden, unterschiedliche Übungsformen zum Wortschatz im Einzelnen vorzustellen. Es ist auf jeden Fall lohnend, die auf dem Markt befindlichen Lehrwerke einmal zur Hand zu nehmen, sich Ideen abzugucken und bestimmte Aufgabentypen[9] für die eigene Arbeit zu übernehmen. Dies gilt vor allem, wenn es darum geht, ergänzend zum Lehrbuch zusätzliches Material zusammenzustellen, z. B. für die Freiarbeit.[10]

Für Übungsphasen im Bereich Wortschatz sind – abgesehen von den Angeboten in den Lehrbüchern – vor allem spielerische Formen beliebt, die auf einem agonalen Prinzip beruhen. Am Anfang oder am Ende einer Stunde eingesetzt können sie durchaus zur Motivation und dadurch auch zum Lernerfolg beitragen. Es empfiehlt sich, eine Kartei über diese spielerischen Übungsformen mit konkreten Hinweisen zum Einsatz im Unterricht anzulegen.[11]

Anregung (5): Anlage von Karteikarten mit spielerischen Übungsformen (übertragbar auch auf Übungen zur Morphologie, Syntax usw.)

Vokabelfußball	
Altersstufe / Klasse:	Teilnehmerzahl:
leicht:	schwierig:
Notwendige Materialien:	
Vorbereitung:	Zeitdauer:
Verlauf:	

---

9 Den Anfang dazu machte der Vokabel-Cursus zum Cursus Continuus (Bamberg 1997). Vielfältig in allen Lehrbüchern die Angebote für Rätsel (Silben-, Kreuzwort-, Wortsuchrätsel usw.).

10 Handreichungen für offene Unterrichtsformen in Latein. Freiarbeit Teile 1 u. 2. (LEU L 62 u. 64), Stuttgart 1997/2000.

11 S. dazu z. B. Schoedel, W., (Auxilia 47), 26 f. mit Literaturangaben. Zum Vokabelfußball (*pedifolium*) s. »Handreichungen« (L 62), 124; dort weitere Anregungen zu spielerischen Übungsformen.

Eine größere Herausforderung an den Lehrer wird aber in Zukunft darin bestehen – und dies nicht nur bei der Wortschatzarbeit –, ein differenziertes Übungsangebot zur Verfügung zu stellen. Dies kann z. B. den unterschiedlichen Lernstand einzelner Schüler in einer Lerngruppe in den Blick nehmen, um individuelle Defizite gezielt anzugehen, oder Übungsmaterial anbieten, das auf unterschiedliche Lerntypen zugeschnitten ist.

Anregung (6): Überlegen Sie, welche Formen der Binnendifferenzierung Sie bei der Wortschatzarbeit anwenden können. Stellen Sie zu einem lateinischen Text Aufgabentypen zusammen, die sich an einer personenbezogenen Differenzierung nach Lerntypen bzw. Lernstilen orientieren: visuell, auditiv, haptisch-kinetisch, kommunikativ-kooperativ, handlungs- und erfahrungsorientiert, kognitiv-analytisch. Hinweise zu möglichen Lösungen finden Sie im [→ DLB].[12]

Neben vielfältigen Übungen zum Wortschatz geben fast alle neueren Lehrbücher den Schülern auch Tipps, wie sie Vokabeln sinnvoll lernen sollen, also Hinweise zum Lernen Lernen. Die Entwicklung von Lehrplänen, die an der Vermittlung von Kompetenzen ausgerichtet sind, hat offensichtlich diesen Boom ausgelöst, geht es doch um die Fähigkeit, Lernstrategien richtig einzusetzen. Dahinter verbirgt sich aber letztlich die Einsicht, dass motivierende Übungen zwar das Lernen unterstützen, aber nicht ersetzen können. Wohl jeder Schüler benötigt eine Phase, in der er sich neue, bereits geübte Phänomene individuell (z. B. bezogen auf den jeweiligen Lerntyp oder die Konzentrations- und Merkfähigkeit) so einprägen muss, dass er bei der Textarbeit darüber verfügen kann.

Anregung (7): Informieren Sie sich in verschiedenen Lehrbüchern über die dort vermittelten Strategien zum Lernen von Vokabeln. Hinweise dazu finden Sie im [→ DLB]. Stellen Sie bezogen auf Ihre Lerngruppe Grundprinzipen des Lernens zusammen, die Sie in Ihrer Klasse vermitteln und umsetzen wollen. Berücksichtigen Sie dabei u. a. Gesichtspunkte wie: Regelmäßigkeit des Lernens und Wiederholens, Lernzeiten, Verteilung der Lernphasen, Lernpensum, Dosierung des Lernstoffs. Informieren Sie sich über das Lernen mit einer Vokabelkartei.[13] Überlegen Sie Probleme und Vorteile.

Das Wiederholen des Vokabulars muss auf zwei Ebenen erfolgen:

1. In regelmäßigen Abständen wird der bereits gelernte Wortschatz im Klassenverband wiederholt (und eventuell in einem Vokabeltest abgefragt).

---

12 Zur Exemplifizierung des Aufgabentyps wurde im [→ DLB] der Text »Einkaufen im alten Rom« (Felix Ausgabe A L. 5; Ausgabe B L. 6) zugrunde gelegt. Grundsätzlich lässt sich aber jeder Lektionstext dazu verwenden.
13 AU 1999/4, 13–22 u. 29–33.

2. Auf der Basis von Fremd- und Eigendiagnose versucht der Schüler – gestützt durch Hilfsangebote des Lehrers – seine individuellen Lücken auf dem Gebiet des Wortschatzes zu beheben.[14]

Für das Wiederholen im Klassenverband – nur darauf kann hier eingegangen werden – bieten sich vielfältige Möglichkeiten an:

1. Textimmanente Wiederholung
2. Lektionsbezogene Wiederholung, bes. auch durch lateinische Fragen zum Text
3. Alphabetische Wiederholung
4. Gruppierende Wiederholung nach
   – Wortarten
   – Wortfamilien (Lexemfeldern)
   – Morphemfeldern, z.B. Adjektive auf *-ilis*
   – Syntaktischen Feldern, z.B. Verben mit Ablativ-Objekt
   – Grammatischen Gruppen (z.B. Deponentien)
   – Wortfeldern
   – Sachfeldern
5. Bilderkartei
6. Sprichwörter, Sentenzen (z.T. verbunden mit einem Klangfeld: *memento mori*)
7. Fremdwörterquiz
8. »Reklame«latein (z.B. Mobilat, Nivea, Odol)
9. kreative Formen (*Latine loqui vel scribere*)
   – Geschichten (frei oder nach thematischer Vorgabe) erfinden
   – Bildergeschichten[15], Mischprosa[16], Sprechblasen
   – Dialogisieren
   – Interview
10. Strukturierende Formen
    – Clustering
    – Mindmap[17]
    – Plakat

Die Entscheidung für die eine oder andere Form richtet sich nach der Zweckbestimmung, unter der Vokabeln wiederholt werden. So lassen sich z.B. vor oder bei der Erarbeitung des AcI die sogenannten »Kopfverben« zielgerichtet zusammenstellen.

---

14 Hilfreich: 1. eigene Fehleranalyse nach Arbeiten, 2. Notizblatt während des Unterrichts, auf dem individuell nicht gewusste Vokabeln im Laufe einer Stunde regelmäßig notiert werden.
15 S. auch [→ DLB, Anregung (10)].
16 S. auch [→ DLB, Anregung (9)].
17 S. auch [→ DLB, Anregung (6)].

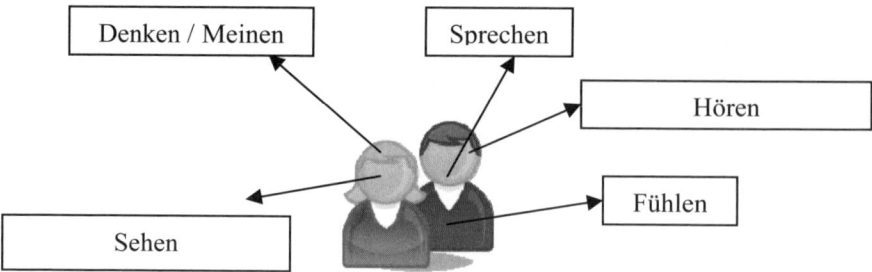

Wortspeicher

clamare, dicere, scribere, sentire, audire, scire, cogitare, queri, iubere, legere,
gaudere, dolere, cupere, respondere, sperare, videre, nuntiare, putare, arbitrari,
docere, laetari, intellegere, meminisse, animadvertere, iudicare, narrare, certio-
rem facere, comperire, memoria tenere, existimare, pati, sinere, recordari, fateri,
cernere, oblivisci, negare, ignorare, suspicari, censere.

Zwar gilt grundsätzlich, dass möglichst viele verschiedene Methoden eingesetzt
werden sollen, aber es muss noch einmal betont werden, dass einer textbezoge-
nen Wiederholung immer der Vorzug zu geben ist. Verbunden mit strukturieren-
den und die Schüler aktivierenden Formen lässt sich so am besten das obsolete
Reiz-Reaktionsschema überwinden.

1.2.4   Lernerfolgskontrolle: Überprüfen und Abfragen

Es versteht sich von selbst, dass die Form der Abfrage oder Überprüfung von Vo-
kabelkenntnissen mit den vorher im Bereich Wortschatz durchgeführten Übungsformen korrelieren muss. So wäre etwa der Aufgabentyp »Nenne die dt. Bedeutung von …. (z.B. *legere, agere, ratio, caput, gratus* usw.)« ausgesprochen
kontraproduktiv. Stattdessen sollten, wo immer möglich, die Vokabeln in kleinen
Sätzen, zumindest in Junkturen abgefragt werden (z.B. *vitam agere, negotium*
agere, gratias agere; besser noch: *vitam beatam egit* usw.). Der Vorteil davon
ist außerdem, dass die (neuen) Wörter, eben wie in den Texten auch, in deklinier-
ten oder konjugierten, also flektierten Formen auftreten und nicht in der Lern-
bzw. Grundform, die zu erkennen den Schülern in der Regel meist weniger
Schwierigkeiten bereitet.
Ein Vokabeltest sollte sich nach Möglichkeit auch nicht darauf beschränken, nur
die deutsche(n) Bedeutung(en) »abzufragen«, sondern alle Informationen, die
sich der Schüler bei der Erarbeitung des Wortschatzes angeeignet hat. Dazu gehören neben den Bedeutungen u.a. auch:

–   Sätze / Wortverbindungen
–   Syntaktische Besonderheiten
–   Wortart
–   Genitiv und Genus von Substantiven

- Stammzeiten von Verben
- Bilden und Bestimmen von Verbal- und Nominalformen
- KNG-Kongruenzen von Substantiven mit Adjektiven und Pronomina
- Wörter derselben Wortfamilie
- Synonyme
- Antonyme
- Verwechselwörter
- Fremd- und Lehnwörter
- Wortschatz der bereits gelernten Fremdsprache(n)
- Visualisierungen

So werden nicht nur Inhalte, sondern zugleich auch Kompetenzen im Umgang mit dem lateinischen Wortschatz erfasst.

Anregung (8): Entwickeln Sie zu einer Lektion Ihres Lehrbuchs einen Test, der möglichst viele Aspekte der Wortschatzarbeit mit einbezieht. Versuchen Sie auch hier, differenzierende Formen der Lernerfolgskontrolle mit zu berücksichtigen.

Wenn man allerdings der folgenden Meldung[18] glauben darf, liegt schon allein im Abfragen ein Gewinn für den Lernprozess an sich und damit für den Lernerfolg.

> **Drum prüfe,** wer sich ewig erinnern möchte. Durch wiederholtes Abfragen lässt sich einmal Gelerntes besser behalten als durch weiteres Einprägen, fanden amerikanische Psychologen heraus (*Science*, Bd. 319, S. 966). Sie ließen Studenten Vokabeln pauken, und zwar mit unterschiedlichen Lerntechniken. Sobald ein Student eine Vokabel richtig übersetzen konnte, verbesserte weiteres Einprägen nicht die Erinnerungsleistung bei späteren Tests. Prüfendes Abfragen hingegen optimierte den Lernprozess – etwa 80 Prozent des Gelernten wurden im Langzeitgedächtnis verankert.

2.   Anwendung bei der Textarbeit

Mit morphologischen Elementen einer Sprache, etwa den lateinischen Nominalendungen wie *-i*, *-os*, *-es*, *-a*, *-ium* oder den Verbalendungen wie *-o*, *-mus*, *-tur*, *-mini*, *-eris*, lässt sich keine Geschichte imaginieren, wohl aber mit Wörtern wie *canis, fur, homo, nox, villa, attentus, dives, pulcher, depellere, rapere, mordere, venire*. Anders ausgedrückt, die Fähigkeit, die Aussage eines Textes oder einer Textstelle zu erfassen, steht und fällt mit der Kenntnis des semantischen Gehalts von Wörtern. Es sei die Behauptung gewagt, dass die Interpretation einer Textstelle im Wesentlichen – wenn man mal vom Modus-, Tempus-, Diathesegebrauch und Wortstellungen absieht – mit dem Wortschatz arbeitet. Dazu gehört z. B. die Frage nach der Kohärenz, den Handlungsträgern, Kernwörtern, Gliederungssignalen, Stilmitteln wie Hendiadyoin, Klimax, Trikolon, Parallelismus oder

---

18 Wochenzeitung »Die Zeit«, 21.02.08.

nach der Aussageabsicht eines Textes. Interpretieren ist also Wortschatzarbeit in vollendeter Form, ein weites und fruchtbares Feld bei der Lektüre von Originaltexten. Doch bereits in der Lehrbuchphase muss mit all diesen Mitteln gearbeitet werden, um später einen nahtlosen Übergang zu garantieren. Vor allem lässt sich schon sehr früh, insbesondere bei der Erschließung von Texten, Wortschatzarbeit leisten, die sich dann wie ein roter Faden durch den Umgang mit Texten ziehen sollte.

2.1   Beispiele aus der Lehrbuchphase

Anregung (9): Stellen Sie unter Beachtung des Textprinzips einige Aufgabentypen zu einem abwechslungsreichen Wortschatztraining in der Lehrbuchphase zusammen [→ DLB].

1. Zur Erschließung von Lehrbuchtexten, die auf das Verstehen auf der semantischen Ebene abzielt, bieten sich neben den bewährten deutschen oder lateinischen Fragen zum Text noch folgende Möglichkeiten an:[19]

– Text-Bild-Vergleich
– Text-Text-Vergleich
– Hörverstehen

2. Für ein Wortschatztraining an zusammenhängenden Texten sind besonders Lückentexte geeignet, in denen der Schüler gebunden an einen Kontext (auch in Form lat.-dt. »Mischprosa«) einzelne Wörter ergänzen muss, oder Textmontagen oder Textpuzzles.

(aus: e.o. Plauen, Vater und Sohn. Bildgeschichten, Stuttgart 1994, 34 ff.)

3. Besonders schülermotivierend sind produktive Schreibaufträge zur Gestaltung einer Bildergeschichte. Als Vorlage sind alle Formen von Comics (z. B. Hägar, Asterix) oder Bildreihen (z. B. Vater und Sohn, hier »Der Simulant«) zu verwenden. Der Vorteil eines solchen Schreibauftrags ist, dass die Schüler aus dem Vollen schöpfen und all ihr Vokabelwissen in die textliche Gestaltung einfließen lassen können, der Nachteil, dass nicht gezielt ein bestimmter Wortschatz angepeilt wird und bei der Textgestaltung morphologische und syntaktische »Ungenauigkeiten« unvermeidbar sind, die man aber mit Großmut behandeln sollte. Auf jeden Fall ist diese Form der kreativen Wortschatzarbeit besonders zur Differenzierung geeignet, da man mit unterschiedlichen Anforderungsstufen arbeiten kann.

---

19 Zum Text-Bild-Vergleich s. auch [→ DLB, Anregung (3) u. (9), Nr. 5.1], zum Text-Text-Vergleich s. auch [→ DLB, (9), Nr. 5.2], zum Hörverstehen s. auch [→ DLB, Anregung (6)].

Anregung (10): Schreibaufträge zu Bildergeschichten eignen sich besonders zur Binnendifferenzierung mit unterschiedlichen Anspruchsniveaus. Beispiele für verschiedene Niveaustufen zur Bildergeschichte »Der Simulant« finden Sie im [→ DLB].

4. Fremdsprachliche Texte (Französisch / Italienisch / Spanisch), aus denen einzelne Wörter auf ihren lateinischen Ursprung zurückgeführt werden müssen oder die aus sich selbst heraus »verstanden« werden, können auf Latein als »Muttersprache Europas« verweisen.

2.2   Feldbezogenes Interpretieren in der Lektürephase

Bei der Lektüre von Originaltexten wird man verstärkt nach Strukturierungsmöglichkeiten suchen, die Inhalt und Aussageabsicht eines Textes oder einer Textstelle übersichtlich zusammenstellen, dabei mit dem lateinischen Vokabular arbeiten und eventuell unter deutschen Oberbegriffen oder Überschriften zusammenfassen. Die Suche nach Kernbegriffen, die Arbeit mit Sachfeldern, die stilistische Analyse auf der Basis von Wortwahl und semantischer Aussage wird verstärkt in den Vordergrund der Textarbeit treten.
Zu den Fähigkeiten der Schüler, den lateinischen Wortschatz zur Sprachreflexion zu nutzen und mit Lehrbuchtexten zu arbeiten, treten verstärkt Kompetenzen, die an den jeweiligen Autoren oder an Sachthemen ausgerichtet sind. Dazu gehören z. B. folgende Fähigkeiten:

–   Umgang mit einer erweiterten Bedeutungsvielfalt von Wörtern
–   Differenzierung von Wortbedeutungen bei einzelnen Autoren
–   Analyse eines autorenspezifischen Vokabulars zur Klärung der Aussageabsicht einer Textstelle
–   themenorientierte Zusammenstellung lateinischer Wörter
–   Erarbeitung von Wort- und Sachfeldern an unterschiedlichen Texten und Textsorten
–   Verknüpfung semantischer, morphologischer und syntaktischer Elemente bei der Interpretation einer Textstelle
–   eine dem einzelnen Autor und dem Text angemessene und zugleich zielsprachenorientierte Wiedergabe (nicht nur) einzelner lateinischer Wörter ins Deutsche
–   Weiterarbeit mit der Vokabelkartei: Zusammenstellung eines autorenspezifischen oder sachthemenbezogenen Vokabulars
–   Arbeit mit dem Wörterbuch

Im Folgenden seien einige Beispiele aus verschiedenen Phasen der Lektüre aufgeführt, in denen Erschließung, Interpretation und semantische Analyse eines Textes im Vordergrund stehen und Arbeitsformen aus der Spracherwerbsphase weitergeführt werden.

1. Phaedrus 1,1: Erschließung von Handlungsort und Handlungsträgern und deren Charakterisierung

Handlungsort: *ad rivum eundem venerant*   Handlungsträger: *lupus et agnus*

lupus	↔	agnus
	siti compulsi	
fauce improba		
latro		
iurgii		
		timens
		veritas
lacerat		
iniusta nece		

2. Cicero Verr. 2, 4,72–77: Raub des Diana-Kultbildes von Segesta

Zusammenstellung und Wiederholung des Sachfelds *religio*[20] mit kreativer Gestaltung z. B. eines Plakats:

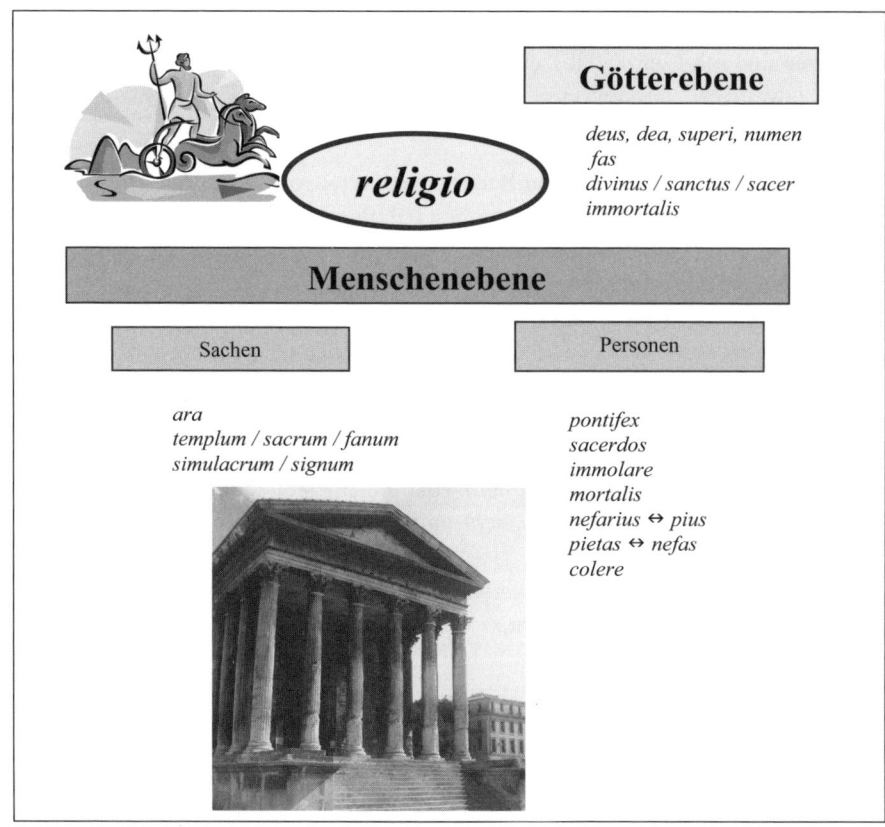

3. Seneca epist. 1, 1–2: Erarbeitung des Sachfelds »Zeit« (Umgang mit der Zeit) unter den Stichworten »Zeitbesitz« und »Zeitverlust«

Die graphische Gestaltung hebt die Begriffe »Zeit« (dunkelgrau) hervor. In der linken Spalte sind die Möglichkeiten für Zeitgewinn (hellgrau) hervorgehoben. In der rechten Spalte sind die Formen von Zeitverlust, der durch eigenes Verschulden (z. B. *neglegentia*) hervorgerufen wird, mittelgrau unterlegt (s. auch die Präfixe *au-*, *ex-*, *sub-* in Verbindung mit den Verben *cadere, labi, duci, ferri, fluere, rapi*).

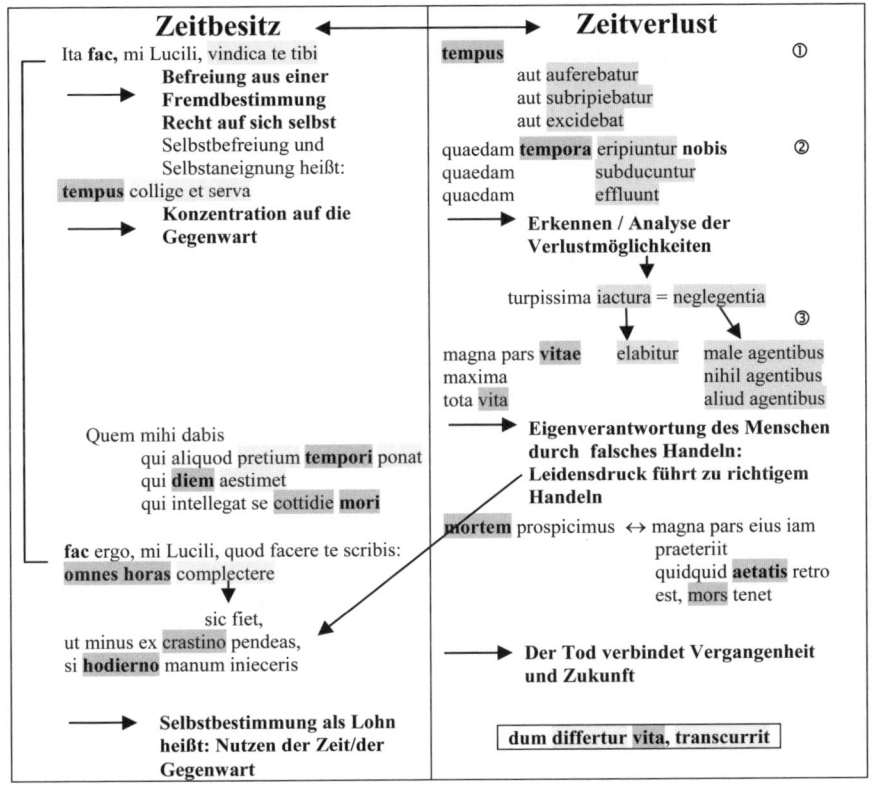

tempus = Begriffe für „Zeit"
vindica te tibi = Begriffe für „Zeitbesitz"
iactura = Begriffe für „Zeitverlust"

Anregung (11): Entwickeln Sie ein Strukturbild / Tafelbild zum Prooemium Vergil Aen. 1,1–11. Arbeiten Sie mit lateinischen Kernwörtern und erklärenden deutschen Oberbegriffen. Hinweise dazu finden Sie im [→ DLB].

---

20 Vgl. die Gliederungen in den Wortkunden; eventuell von dort oder aus der bisherigen Lektüre auch Übernahme von Ergänzungen.

An all diesen Beispielen aus der Lehrbuchphase und der Originallektüre wird noch einmal der Stellenwert dokumentiert, der bei der Interpretation einer Textstelle im Lateinunterricht der Bedeutung eines Wortes zukommt, oder auf den Punkt gebracht: Wortschatzarbeit ist Textarbeit – Textarbeit ist Wortschatzarbeit!

3.   Literaturhinweise

Grundlegend zur Wortschatzarbeit

AU 1999/4: Wortschatzarbeit 1: Die Vokabelkartei [mit Beiträgen zu spielerischen Übungen, z. B. von D. Esser, 44–48; M. Pfeiffer, 38–43].

AU 2005/6: Wortschatzarbeit 2 [mit Beiträgen zu spielerischen Übungen, z. B. von Ch. Groß, 30–44].

Fink, G., Wege zum Wortschatz, in: Fink, G., Maier, F., Konkrete Fachdidaktik L 2, München 1996, 17–26.

Meusel, H., Wortschatzarbeit, in: Höhn, W., Zink, N., Handbuch für den Lateinunterricht. Sekundarstufe I, Frankfurt a. M. 1987, 139–160 [mit hilfreichen Literaturangaben].

Steinthal, H., Zum Aufbau des Wortschatzes im Lateinunterricht, in: AU 1971/2, 20–50.

(Spielerische) Übungen zum Wortschatz

Esser, D., De nihilo nihil. Neue, motivierende Übungen für den Lateinunterricht, Frankfurt a. M. 1995.

Esser, D., »Ohne Flei_ kein Prei_«. Üben in kreativ-produktiven Übungsformen, in: AU 1992/4, 42–56.

Handreichungen für offene Unterrichtsformen in Latein. Freiarbeit Teile 1 u. 2. (LEU L 62 u. 64), Stuttgart 1997/2000.

Hey, G., Lernen durch Spielen, Auxilia 8, Bamberg 1984.

Maier, F. (Hg.), Kreativität im Lateinunterricht, Auxilia 47, Bamberg 2001 [bes. die Beiträge von W. Schoedel und A. Wilhelm].

Steinhilber, J., Die Übung im lateinischen Sprachunterricht, Auxilia 13, Bamberg 1986 [dort auch Literaturhinweise auf frühere Veröffentlichungen von Steinhilber].

Weitere verwendete Literatur

AU 1981/1.

Felix Ausgabe A. Das Lateinbuch, Bamberg 1995.

Hellwig, A. (u. a.), fehler abc Latein, Stuttgart 1982.

Latein auf neuen Wegen. Didaktik des Übergangs von Englisch / Französisch zu Latein (LS L 67), Stuttgart 2007.

Redde rationem. Orationes, Stuttgart 1985.

Cursus Continuus – Ausgabe A. Vokabel-Cursus. Bamberg, München 1997.

II. Grammatikeinführung

1. Einführung

Der Wandel des Lateinunterrichts zum Literaturunterricht wirkt sich von Anfang an auf den Sprachunterricht aus. Dort steht, wie in den modernen Fremdsprachen, der Text im Mittelpunkt der Betrachtung. Er dient nicht mehr, wie früher häufig beobachtet, als »Steinbruch« für die Spracharbeit, sondern ist Träger von Mitteilungen, die im Sinne der historischen Kommunikation (»Damals-wie-heute«) junge Schüler ansprechen sollen. Es entsteht von Beginn des Lateinunterrichts an eine Wechselwirkung von Sprachvermittlung und inhaltlicher Arbeit.

Ähnlich wie auf einem Verkehrsübungsplatz befinden wir uns hier aber in einem geschützten Raum. Schüler entdecken und trainieren nur ausgewählte Spachelemente (aus den Bereichen Wortschatz, Morpheme, Syntax), da die Texte für das Entdecken und Einüben der Texterschließungsfähigkeit extra konzipiert sind. Ihre Funktion lässt sich allein mithilfe des Textsinns erarbeiten.[1]

Die Texte integrieren, um diesem Anspruch gerecht zu werden, die neue Grammatik in ihr Thema. Dies wirkt sich in der Unterrichtspraxis so aus, dass dort in erster Linie über Textinhalte und deren sprachliche Verwirklichung reflektiert wird. So können z. B. anhand eines geeigneten Textes die unterschiedlichen Funktionen von Imperfekt und Perfekt herausgearbeitet werden, indem die Schüler ein Tempusrelief erstellen und den Text wie einen Film in Vordergrund und Hintergrund gliedern.

Die »Zeichen« (Tempuszeichen, Kasuszeichen usw.) und »Verkehrsregeln« (Nebensätze, satzwertige Konstruktionen) werden gewissermaßen nebenbei transportiert. Damit entdecken und trainieren die Schüler jeweils ausgewählte Funktionen und Formen und üben von Anfang an ihre Texterschließungsfähigkeit. Sind die

---

1 Zur Definition des Begriffs »Funktion« s. Unterkapitel 2.1. Zu Überlegungen zur Textqualität s. S. 46 f.

Texte gut konzipiert, erschließen sich neue Phänomene fast »von selbst«. Dabei wenden die Schüler ihr »Weltwissen« an, der Lehrer unterstützt die selbstständige Erschließung durch gut ge-  plante Wortschatzarbeit und eine angemessene Unterrichtskonzeption.

In der eigentlichen Lektürephase begeben wir uns dann sozusagen in den Berufsverkehr, in dem alle bekannten Zeichen, Regeln usw. auf einmal auf uns einstürmen. Um beim Beispiel des Tempusgebrauchs zu bleiben: Bei der Lektüre werden die früher erarbeiteten Funktionen der grammatischen Phänomene genutzt, um Texte genauer zu verstehen und Darstellungsabsichten, wie z. B. in Catull carmen 72 (*dicebas quondam...*), herauszuarbeiten.

Für die Erarbeitung neuer Grammatikphänomene kommen im Wesentlichen zwei Wege in Frage:
Der erste Weg folgt dem Prinzip der Induktion. Dieses Verfahren begünstigt einen Unterricht, in dem die Schüler Probleme selbstständig entdecken und lösen, wobei sie Lerntempo und Umfang aktiv mit steuern können. Die Schüler setzen sich mit Texten auseinander. Das zweite prinzipielle Verfahren ist die Deduktion. Im Mittelpunkt steht hier die Präsentation des Phänomens durch den Lehrer. Der Unterricht ist auf eine deutliche Steuerung angewiesen und fokussiert die Auseinandersetzung mit dem einzelnen sprachlichen Phänomen.
»Induktion« und »Deduktion« sind nicht zu verwechseln mit der Arbeitsform. So kann »Induktion« durchaus im Rahmen des Klassenunterrichts stattfinden, wenn eine Lerngruppe ein Problem gemeinsam löst, während Deduktion auch im Gruppenunterricht stattfinden kann.

2.   Induktion im lateinischen Sprachunterricht

2.1   Wie funktioniert Induktion?

Da die meisten Leser vermutlich Latein sehr gut beherrschen, hier zunächst ein Beispiel aus dem Italienischunterricht, das erfahrbar machen soll, was induktives Arbeiten bedeutet.

Übung (1) Teil 1: Lesen Sie den Text bitte mehrere Male und beantworten Sie danach die Fragen.

Guido: Ciao, Carla! Come stai?
Carla: Bene, e tu?
Guido: Grazie. Ecco, Inge. È una amica tedesca.
Carla: Piacere, Inge. Perché sei in Italia?
Inge: Sono qui per studiare l'Italiano e per fare conoscenza di Guido. Lo conosco soltanto dal Internet.
Guido: Carla, hai un po di tempo? Andiamo in questo bar?
Carla: Si, volentieri. Prendiamo qualcosa.

Guido: Allora, che cosa prendete?
Carla: Io prendo un cappuccino e un cornetto con cioccolata.
Guido: E tu, Inge, che cosa prendi?
Inge: Io preferisco un prosecco e un aqua minerale gassata.
Guido: Ah, sempre Le donne... Io ho sete. Prendo una birra grande. Cameriere!
Cameriere: Si, subito!
Guido: Allora: Le donne prendono un cappuccino, un cornetto, un prosecco e un aqua minerale con gaz.
Cameriere: Il cornetto: con pudding o ciocollata?
Guido: Il cornetto: con ciocollata, per favore. E per me una birra grande.
Cameriere: Allora. Grazie e un momento per favore.

Che è giusto?

Inge è	Inge è in Italia	Guido conosce Inge	Carla prende
Tedesca	per vacanze	dalle vacanze	un prosecco
Italiana	per studiare	dal internet	una birra grande
Spagnola	per lavoro	dallo studio	un capuccino

Completate le frase:
Sie stehen vor einer Bar und fragen Ihre Begleiter, ob sie hineingehen wollen: ...
Sie fragen Ihre Begleiter, was sie gern bestellen möchten: ...
Sie sagen, dass Sie selbst lieber einen Cappuccino hätten: ...
Sie rufen den Kellner und bestellen einen Prosecco, einen Cappuccino und ein stilles Mineralwasser ...

Übung (1) Teil 2 (Reflexion): Beantworten Sie bitte folgende Fragen:

– Haben Sie das Gefühl, den Textinhalt verstanden zu haben?
– Was haben Sie jetzt im Hinblick auf Ihren nächsten Romaufenthalt gelernt?
– Was haben Sie über die italienische Sprache gelernt?
– Könnten Sie jetzt Regeln formulieren? Wenn ja, versuchen Sie es bitte.

Übung (2): Um das Verfahren zu verdeutlichen, überlegen Sie nun, wie Sie bei der Lösung der Aufgaben vorgegangen sind. Bitte überlegen Sie auch, welche Hilfsmittel Sie benötigt haben.[2]

Betrachten wir das Beispiel aus dem Italienischunterricht noch einmal genauer: Wie ein (Sprach-)Detektiv haben Sie Indizien und Beweise gesucht, um nun Ihre Bestellung beim Italiener auf Italienisch aufgeben zu können. Dies bedeutet »induktive Grammatikeinführung«: Wie Sie vermutlich in Übung (2) beschrieben haben, haben Sie, wie ein Detektiv, neben Ihrer Beobachtungsgabe und Lebenserfahrung nur Ihre kognitiven Fähigkeiten eingesetzt, um mithilfe der Indizien die Lösung zu finden. Das Verständnis läuft dabei keineswegs linear ab, sondern zirkelförmig: Immer wieder wird das Verständnis, das man schon zu haben glaubte, neu sortiert und relativiert, und man erlangt immer wieder neue Erkenntnisse.

Induktion: Begriff »induktives Verfahren« aus den Naturwissenschaften: Experiment → These → Bestätigung oder Verwerfung der These → weitere Experimente oder Beobachtungen → Erkennen einer Gesetzmäßigkeit → Regelbildung.
Im Spracherwerb verwandt mit dem Verfahren des »entdecken-lassenden Lernens« nach David P. Ausubel, in den Geisteswissenschaften verwandt mit dem hermeneutischen Zirkel, angewandt im Bereich der Interpretation von Texten.[3]

Hinzu kommt, dass Sie keinerlei Hilfsmittel wie Lexika, Grammatiken, Wörterbücher, Internet benötigt haben! Probieren Sie das Verfahren nun an folgendem Unterrichtsbeispiel selbst aus.

Unterrichtsbeispiel[4]
Bearbeite der Reihe nach die Arbeitsschritte.
Schritt 1: Aulus, der Bruder von Flavia, erhält die *toga pura*. Hier siehst du seine Schwester Flavia. Betrachte das Bild genau. Beschreibe die Stimmung von Flavia. Übersetze dann ihre Gedanken vom Lateinischen ins Deutsche. (Falls dies Probleme bereitet, versuche, dich in die Situation von Flavia hineinzuversetzen.)

---

2 Ein weiteres Beispiel für induktives Vorgehen können Sie beim Lösen des Rätsels aus Momo erproben. Sie finden den Text unter dem Suchbegriff »Momo Rätsel« im Internet, z.B. http://www.gomah.de/geschichten/gesch2/ende_momo.htm. Eine Erläuterung finden Sie im [→ DLB].
3 S. auch S.113
4 Text und Übungen von Süßbrich, E.

> SI PUER ESSEM, TOGAM PURAM HABEREM. PATER ME NON INTER PUELLAS SED INTER VIROS NUMERARET. DIEM FESTUM HABEREMUS ET MULTI CONVIVAE MECUM IN ATRIO SEDERENT. CUNCTI LAETI ESSEMUS ET RIDEREMUS. MATER FLERET, SI ME VIDERET, QUIA LAETA ESSET. EGO LIBERA ESSEM.

> SED PUER NON SUM. PUELLA SUM ET DIEM FESTUM NUMQUAM HABEBO, QUIA SEMPER DOMI MANEBO.

Schritt 2:
a) Was ist das »Besondere« an Flavias Gedanken?
b) Welche Formen benutzt der Lateiner, um dies auszudrücken?
   Schreibe drei Beispielformen heraus.
c) Welches Bildungsgesetz für die Formen erkennst du?
d) Den Namen für die Formen verrät dir deine Lehrerin: _____.

Schritt 3: Vertiefende Übung:
a) Kennst du Situationen und Redewendungen, wo wir ähnliche Formulierungen benutzen wie Flavia? Notiere einige davon (auf Deutsch): _____
b) Auch Aulus macht sich so seine Gedanken. Ergänze!

Aulus: Si puella e____m, togam non muta___m. Pater me inter puellas numera___t et multa officia non habe___m. In horto cum amicis lude__m. Laeti e____mus, quia liberi es__mus. Domo mane__m et mater semper cibos bonos para___t. Sed puer sum, etiam vir sum et numquam cum amicis in horto muscas captabo, quia officia habeo et mox stipendia merebo.

Weitere Beispiele für induktive Grammatikeinführung finden Sie im [→ DLB].

2.2   Grundannahme: Funktion vor Form

Induktion im Sprachunterricht findet, anders als in den Naturwissenschaften oder beim Erlernen der Muttersprache, immer an geschickt gewählten Beispielen statt. Insofern ist Induktion hier auch in gewisser Weise vom Lehrer gesteuert. Damit ein Phänomen in Hinsicht auf seine Funktion im (innersprachlichen) Kontext wirklich erkannt werden kann, sollten diese Beispiele anhand von Texten, am besten von solchen, in denen sie natürlicherweise vorkommen, präsentiert werden. Ideal wären daher Originaltexte oder adaptierte Originaltexte.

> **Funktion:** Oberbegriff für
> – syntaktische Funktion, z. B. AcI als Objekt oder Subjekt
> – semantische Funktion, z. B. Ablativus Instrumentalis (womit? wodurch?); Separativus (wovon?); Punctualis (wann? wo?)
> – Bedeutungsinhalt,[5] z. B. AcI zur Wiedergabe einer abhängigen Aussage, Konjunktiv zum Ausdruck von Nicht-Tatsächlichem

Eine Grundannahme für induktive Grammatikeinführung ist, dass grammatische Phänomene sinnstiftend sind, d. h. dass sie in einem Text eine Intention des Autors / Sprechers wiedergeben. Der Konjunktiv zum Beispiel drückt etwas Subjektives aus, im Gegensatz zum Indikativ, der Tatsachen ausdrückt. Erarbeitet wird die sprachliche Form über ihre Funktion im Kontext, womit zugleich eine Übersetzungsmöglichkeit impliziert wird. Dieser Kontext kann zum Beispiel durch einen Text hergestellt werden, aber auch durch ein Bild, wie in der italienischen Bar aus Übung (1). Dieser Ansatz wird bisher vor allem in den modernen Fremdsprachen verfolgt, wo sich die Einführung von Grammatik anhand von Sprechsituationen oder Texten längst durchgesetzt hat. Im Italienischunterricht käme niemand auf die Idee, am Anfang der Stunde das Paradigma für *prendere* an die Tafel zu schreiben und danach den zur Grammatik passenden Text zu lesen.
In Analogie zum modernen Fremdsprachenunterricht, in dem sprachliche Äußerungen meist in einer Kommunikationssituation stattfinden, kann aus einem lateinischen Text die Bedeutung des Phänomens (z. B. Konjunktiv zum Ausdruck des Irrealis) deutlich werden. Daher wird bei der induktiven Grammatikeinführung zunächst ein Text, in dem ein neues sprachliches Phänomen enthalten ist, erschlossen und übersetzt. Der Text muss demnach so beschaffen sein, dass die neuen grammatischen Erscheinungen aus dem Kontext heraus erschlossen werden können und sich aus dem Sprachgefühl der Schüler heraus eine richtige, tragbare Übersetzung ergibt.[6] Die Erarbeitung sollte von Anfang an auf das Textverständnis abzielen, indem z. B. wie in Schritt 1 ein ganzheitlicher Blick auf den Text gerichtet wird. Erst im Anschluss an die Übersetzung wird die neue Gram-

---

5 Glücklich, H.-J., Interpretatio, Würzburg 1980, z. B. S. 74.
6 Zur Textqualität s. S. 46 f. und [→ DLB] zu Frage 3.

matik aus dem Text und der Übersetzung heraus systematisch erarbeitet. Die Regeln für das grammatische Phänomen werden dabei nach Möglichkeit von den Schülern selbst entwickelt. Da man aber Regeln nur dann entwickeln kann, wenn man etwas verstanden hat, muss zunächst die Funktion des Phänomens im Vordergrund stehen. Der Schüler sollte verstehen, was das neue Phänomen im Hinblick auf den Kontext »leistet«, denn bisher ist er auch ohne diese Grammatik gut zurechtgekommen. Erst nachrangig sollten die Formen erarbeitet werden. Geradezu unsinnig ist es, immer dann zur Deduktion zu greifen und den formalen Aspekt eines Phänomens in den Vordergrund zu rücken, wenn es vermeintlich besonders kompliziert ist. Je stärker die Erklärung eines Phänomens sich an der Form orientiert, desto mehr Regeln sind nämlich notwendig. Dies verdeutlicht ein Beispiel:

Unterrichtsbeispiel 1: formale Einführung des sogenannten Abl. abs.[7]
Mater in culina cenam parabat. Liberi in horto litigaverunt.
→ *Matre in culina cenam parante liberi in horto litigaverunt.*
Arbeitsauftrag: Übersetze. Welche weiteren Übersetzungsmöglichkeiten geben den Sinn des umgeformten Satzes treffend wieder?

Die oben beschriebene deduktive Einführung des Abl. abs. mittels einer Transformation, die in vielen Lehrbüchern[8] verbreitet ist, vermittelt einen etwas schiefen Eindruck dieser Konstruktion. Es könnte beim Schüler der Verdacht aufkommen, es hätte im Lateinischen ursprünglich zwei Sätze gegeben, von denen einer quasi in einen Abl. abs. umgewandelt wurde. Die Notwendigkeit, diese (für Schüler also überflüssige) Konstruktion jetzt auch noch zu lernen, wird damit nicht unbedingt transparent, da weder die syntaktische noch die semantische Funktion deutlich wird.

Mögliche (falsche) Eindrücke des Schülers:	Richtig wäre :
– Beide Informationen sind gleich gewichtet. – Es gab vorher zwei Sätze. – Eine Vielzahl von Regeln für die Entschlüsselung und Übersetzung ist nötig. – Die Verwendung eines parataktischen Satzgefüges, konjunktionalen Nebensatzes, eines PC, eines Abl. abs. ist im Lateinischen beliebig.	– Hauptaussage liegt auf der 2. Satzhälfte. – Unterordnung als adverbiale Bestimmung – Unter welchem Begleitumstand geschah etwas (weil, als, …..)? – Gegenbeispiel: Caes. Gall. 1,8–12

Alternativ könnte man sich auch eine Einführung mit Text- oder Bildkontext vorstellen, durch die es möglich wird, den Abl. abs. in seiner Funktion zu verstehen. Im Beispiel der frechen Kinder müsste dabei deutlich werden, dass es nicht um

---

7 Rubenbauer, H,. Hofmann, J., Lateinische Grammatik, München 1977, § 180 ß, S. 214.
8 Z. B. Prima Begleitband Ausgabe C, Bamberg 2008, 89.; Drumm, J., Lernzirkel zum ablativus absolutus, Göttingen 2000, Station 1 (Seite 2).

die Mutter, sondern um die Kinder geht. Die Mutter macht in der Küche nur ihre Arbeit und bekommt vom Streit gar nichts mit:

Unterrichtsbeispiel 2: funktionale Einführung des Abl. abs.

Arbeitsauftrag: Beschreibt die Situation auf dem Bild möglichst genau und versucht, den folgenden Satz zu übersetzen:
Matre in culina cenam parante liberi in horto litigaverunt.

Falls die Erschließung nicht von allein klappt, sind folgende Erschließungshilfen durch den Lehrer denkbar:

- Wer steht im Vordergrund? Achtet auf das Subjekt.
  (Antwort: *liberi*)
- Was erfährt man über sie?
  (Antwort: *litigaverunt* – sie stritten sich)
- In welchem Kasus steht der Wortblock *matre in culina cenam parante*?
  (Antwort: Ablativ)
- Auf welche Fragen könnte der Wortblock Antworten geben?
  (Antwort: unter welchem Begleitumstand? wodurch? warum? wann?)
- Wie könnte man den Wortblock übersetzen?
  (Antwort: unter dem Umstand, dass die Mutter kochte; weil die Mutter kochte; während die Mutter kochte)
- Welche syntaktische Funktion füllt der Wortblock *matre in culina cenam parante*?
  (Antwort: Adverbiale)

Die Schüler könnten mit diesen Hilfen auch ohne Regelwerk zu folgenden Lösungen kommen:

Die Mutter kochte das Essen in der Küche. Die Kinder stritten sich im Garten.
Während die Mutter in der Küche das Essen kochte, stritten sich die Kinder im
Garten.

Der Vorteil dieser Vorgehensweise: Die Schüler gehen von Verstandenem aus.
Mithilfe des Kontextes und durch Reaktivierung ihres Vorwissens entwickeln sie
sinnvoll Fragen nach dem unbekannten Kolon. Ein Regelwerk für die Übersetzung aufzustellen ist nicht nötig, da sie die Frageketten jederzeit selbstständig
wieder entwickeln können und aufgrund ihres Sprachgefühls ein Instrumenta-
rium zur Bewältigung des Abl. abs. anwenden können. Die Übersetzung mithilfe
eines Nebensatzes gelingt von allein, wenn ich, wie beim bloßen Ablativ in seiner syntaktischen Funktion als Adverbiale »wann?«, »warum?« usw. frage und
somit den Abl. abs. quasi als Spezialfall des Ablativus instr. oder punct. einführe.

Vorteile der induktiven Methode: Nimmt man an, dass der Denkprozess beim
Erarbeiten von Regeln ähnlich verläuft wie das oben erwähnte Lösen von Rätseln
oder Kriminalfällen, so kommt diese Methode insbesondere jüngeren Schülern
entgegen: Das Rätsellösen und Lesen von Krimis fasziniert schon 8-Jährige. Aus
der Sicht der Entwicklungspsychologie ist dies der Zeitraum der Entwicklung
der konkret-operationalen Stufe (7.–11. Lebensjahr) und der formal-logischen
Stufe (11.–12. Lebensjahr), in der es Kindern und Jugendlichen immer besser
möglich wird, schlussfolgernd zu denken und schließlich zu abstrahieren. Eine
Vorgabe von Regeln ist nicht nötig, denn auch schon Schüler im früh beginnen-
den Lateinunterricht ab Jg. 5 verfügen über diese Fähigkeiten. Sie greifen beim
Entdecken und Erarbeiten von neuen Regeln sowohl auf vorhandene mutter-
sprachliche Kenntnisse als auch auf bereits erworbene Kenntnisse in Latein oder
in anderen Fremdsprachen zurück. Aus der gegenwärtigen Sicht der Hirnfor-
schung gilt es als sicher, dass Kinder die Regeln einer Sprache, insbesondere der
Muttersprache, nur durch Induktion und Nachahmung lernen, nicht durch das
Hinzuziehen einer Grammatik.
Dabei ist für eine sichere Beherrschung von grammatischen Phänomenen vor allem eins wichtig: (intelligente) Übung, Übung, Übung![9] Im Zuge der induktiven
Grammatikerarbeitung, bei der das Erarbeiten des Textinhalts mithilfe des Nach-
denkens vorangeht, wird das neue sprachliche Phänomen schon mehrfach angewendet. Auf diese Weise erfolgt eine erste Habitualisierung. Auch der motivationale Charakter dieser Vorgehensweise ist nicht zu unterschätzen: Bietet das eigenständige Entdecken doch dem Schüler eine Fülle von Gelegenheiten, seine eigenen Erkenntnisse fruchtbar in die Unterrichtsarbeit einfließen zu lassen, und
sei es nur mit ganz kleinen Beiträgen. So kann sich jeder Schüler beteiligen und
im komplexen Gebilde »Lateinunterricht« Erfolge erlangen. Der letzte und damit
das Fach Latein an sich betreffende Vorteil liegt in der schon oben beschriebenen

---

9 Meyer, H., Was ist guter Unterricht?, Berlin 2004, 104–112.

Propädeutik für die Textarbeit: Das genaue Beobachten von sprachlichen Phänomenen und deren Auswirkung auf den Textduktus fördert die Fähigkeit der Texterschließung, weil Morpheme, syntaktische Erscheinungen und Wortbedeutungen stets in ihrem semantischen Kontext gedeutet werden müssen.

> ☞ Die induktive Erarbeitung grammatischer Phänomene entspricht der Denkweise von jüngeren Schülern in besonderem Maße und wirkt daher besonders motivierend.

Viele Referendare fragen sich, wie Schüler einen Text übersetzen sollen, wenn sie die Formen und deren Übersetzung nicht kennen. Dass diese Bedenken unberechtigt sind, können Sie oben am Beispiel von Flavia sehen. Wenn Sie ein zweites Beispiel suchen – Sie finden eines für die Einführung des Passivs im Download-Bereich (Delia).

2.3   Wichtige Überlegungen für die Unterrichtsplanung

Im folgenden Abschnitt soll nun versucht werden zu erläutern, welche Überlegungen bzw. Arbeitsschritte aus Lehrersicht bei der Planung einer induktiven Grammatikstunde notwendig sind.

Frage 1: Durch welche Funktion wird die Bedeutung des Phänomens im Text am besten deutlich?
Um eine induktive Grammatikstunde planen zu können, muss der Lehrer zunächst sich selbst Rechenschaft über die Funktion eines grammatischen Phänomens ablegen. Bei manchen Phänomenen ist dies ganz leicht (z. B. bei Objekten im Akk. oder Dat.), bei manch anderen (Konj; Abl. abs.) fällt dies schon deutlich schwerer. Viele Lehrbücher oder die zugehörigen Grammatikbände geben keine echten Hilfen, und auch in einer wissenschaftlichen Grammatik findet man die richtige Erklärung nur, wenn man mutig genug ist, das Vertraute zu ignorieren und auch nach dem Bedeutungsinhalt zu suchen. Da für die Ersteinführung auch eine Reduktion auf das Wichtigste notwendig ist, finden Sie hier zunächst eine Übung, wie Sie die Funktion eines Phänomens auf zunächst *eine* Funktion[10] reduzieren können, die den Schülern am besten hilft, das Phänomen zu verstehen. Zunächst ein Beispiel aus der Mathematik, um die systematische Denkweise transparent zu machen:

Anregung (1): Bilden Sie zur Übung das kleinste gemeinsame Vielfache! kgV (2;3;4;5;6;8;12;15) = _____
Ein Tipp: Es ist *nicht* $2x3x4x5x6x8x12x15 = 1.036.800$ (Das wäre ein sehr großes gemeinsames Vielfaches).

---

10 Diese sollte möglichst mit der statistisch gesehen häufigsten Bedeutung korrelieren.

Diese Aufgabe verlangte von Ihnen gewissermaßen eine »Elementarisierung«, das heißt eine Reduktion der größeren Zahlen auf Primfaktoren. In der Grammatik entspricht dem die Zerlegung eines Phänomens in Bestandteile, das heißt in seine Funktionen und seine unterschiedlichen formalen Ausprägungen. So sollte man vor der Einführung grundsätzlich überlegen, in welchen unterschiedlichen Verwendungen das Phänomen vorkommt und in welche Stufen es sich zerlegen lässt.

Beispiel Perfekt: Vergangenheitstempus – einmalig, abgeschlossen, neu eintretend, narrativ, konstatierend, resultativ; Formen v-u-s-d-r[11]

Anschließend muss man eine Auswahl treffen und sich überlegen, was die Schüler bei der Erstbegegnung unbedingt erfahren müssen, um die grundsätzliche Bedeutung zu verstehen und die formale Ausprägung des Phänomens zu kennen. Nun überlegen Sie bitte, wie Sie für Schüler die grundlegende syntaktische und ggf. semantische Funktion eines grammatikalischen Phänomens zunächst nur auf einen »Kern« zusammenfassen. Grundgedanke dabei ist, dass alles, was als Erstes vermittelt wird, möglichst einfach sein muss. Beim Beispiel des Perfekts könnte dies der Aspekt der »einmaligen« Handlung sein, als Form würde das v-Perfekt schon genügen. Die Übersetzung entspricht dabei, je nach Textsituation, selten dem deutschen Perfekt, meist dem Imperfekt. Dies müssen Schüler als wesentliches Merkmal bei der Erstbegegnung erkennen, verstehen und behalten.

Übung (3): 1. Als Einstiegsbeispiel reduzieren Sie bitte in Analogie des Zahlenbeispiels die folgenden Wörter auf ihre wesentliche Gemeinsamkeit (*hic, iste, is, ille*): _____
2. Überlegen Sie bitte, was jeweils das Wesentliche der unten mit einem Schlagwort skizzierten Erscheinung ist. Legen Sie sich eine Tabelle nach dem folgenden Muster an und füllen Sie diese mit den unten angegebenen Phänomenen auf, die sich besonders gut für die induktive Methode eignen.
(Die Phänomene sind unterschiedlich komplex und mit Absicht bunt gemischt. Sollte es bei einigen Phänomenen, z.B. AcI oder Konjunktiv, nicht auf Anhieb gelingen, das Wesentliche herauszukristallisieren, nehmen Sie zunächst eine Zergliederung des Phänomens in Einführungsstufen vor, so wie oben beschrieben):

Impf. – Perf.; Abl. abs.; Konj.; Futur I; PC; Pass.; Adjektive; Relativsätze; AcI; Plusquamperfekt; Gerundium; Komparativ, Superlativ;

Phänomen	dient zu, drückt aus	kann übersetzt werden mit...., als	mit welcher grundlegenden Funktion kann ich es einführen?
Ablativ			

---

11 S. Perfektkrake in: Keip, M., Wieviel Grammatik muss sein? in: AU 2003/3–4, 20.

3. (Zusatz): Überlegen Sie nun noch, warum die Einführung der oben genannten Phänomene für den Lehrer eine relativ große Herausforderung darstellt, größer als die Einführung von *hic, haec, hoc* oder *quod* im Kausalsatz.

Zum Glück muss man solche gewaltigen Überlegungen nicht bei jedem Phänomen anstellen, denn es gibt auch solche, deren Einführung quasi ein »Kinderspiel« ist. Dies sind zum Beispiel die Phänomene, deren Funktion sich durch die Gleichung Latein = Deutsch (zum Beispiel beim Akkusativobjekt) ergibt. Ebenso gibt es in den Lehrbüchern viele sprachliche Phänomene, die in mehreren Stufen eingeführt werden und spiralförmig wiederholt und vertieft werden. Hier ist nur beim ersten Mal die Funktion neu, dann geht es nur noch um die Einführung von Formen bzw. Abwandlungen oder neu einzuführende Vokabeln. Diese induktiv einzuführen ist ebenfalls kein Kunststück mehr.

Anregung (2): Überlegen Sie, welche Phänomene besonders leicht eingeführt werden können, weil deren Funktionen im Deutschen und Lateinischen gleich sind oder sie nur Ausweitungen und Abwandlungen von bereits eingeführten Phänomenen sind. Lösungsideen finden Sie im [→ DLB].

Frage 2: Wie kann ich den Stoff reduzieren?
Aus obigen Überlegungen wurde deutlich, dass man sich bei der Ersteinführung auf möglichst wenige Funktionen des Phänomens beschränken sollte. Es ist zunächst nur wichtig, dass die Schüler verstehen, warum sie das neue Phänomen überhaupt lernen sollen. Dabei kommt es nicht darauf an, z. B. den Ablativ mit allen Funktionen einzuführen, sondern es reichen am Anfang die syntaktische Funktion und die drei semantischen Grundfunktionen, Abl. instr., Abl. loci (mit temp., mitunter auch zusammengefasst als Abl. punctualis[12]) und Abl. sep., die Sie z. B. auch in der Grammatik von Rubenbauer-Hofmann[13] finden. Bei manchen Phänomenen ist vielleicht sogar erst in der Lektürephase eine genauere Differenzierung nötig. Auch im Bereich der Formen sollte reduziert werden, da sonst bei der Systematisierung des Phänomens der Blick für das Wesentliche verloren geht. Denn statt einer Reflexion über Sprache findet sonst im Unterricht ein Wettbewerb in der Jagd nach Formen statt.

Übung (4): Sie müssen das Plusquamperfekt einführen. Wie viele Formen werden benötigt, um eine Bildungsregel erkennen zu können?

Frage 3: Wie muss der Text beschaffen sein, damit die Schüler die Funktion und die Form selbstständig entdecken können?
Wie oben ausgeführt muss der Text die Schüler vor allem auf der inhaltlichen Ebene ansprechen. Wo ein solches Interesse liegt, ist vor allem abhängig von der

---

12 Fink, G., Maier, F., Konkrete Fachdidaktik – Latein L2, München 1996, 45.
13 Rubenbauer, H., Hofmann, J., Lateinische Grammatik, München 1977, § 143, 147, 154, S. 161–173.

Altersstufe der Schüler. Jüngere Schüler sind eher auf der Sachebene zu interessieren oder lassen sich noch von spannenden (Helden-)Geschichten begeistern, während Schüler der Jgst. 8–9 schon eher problemorientiert denken, also z. B. Mythen deuten oder das Verhalten von Menschen in kritischen Situationen hinterfragen. Bei der Wahl des Textes muss der Lehrer ein Leserinteresse voraussetzen und die im Text entworfene Situation muss so beschaffen sein, dass der Schüler sich gedanklich hineinversetzen kann. Da solche Texte in der Originalliteratur, die von Erwachsenen für Erwachsene verfasst wurde, nur schwer zu finden sind bzw. diese sprachlich viel zu anspruchsvoll sind, muss man entweder auf Kunsttexte oder auf adaptierte Originaltexte zurückgreifen. Im Unterricht der modernen Fremdsprachen findet die Vermittlung von Sprache in Kommunikationssituationen, die Schüler aus ihrem Alltag kennen, statt. Dies erleichtert natürlich die Identifikation und Assimilation der Sprache ungemein. Da dies im Lateinunterricht nicht eins zu eins nachzuahmen ist, sollten die in den Texten vorgestellten Situationen zumindest so beschaffen sein, dass sie im Sinne der historischen Kommunikation für die Schüler nachvollziehbar sind. So kann der Konjunktiv im Hauptsatz in Situationen eingebettet sein, in denen in Anlehnung an Situationen wie Kommunion, Konfirmation usw. Wünsche oder Gebete geäußert werden. Dies kann im Lateinunterricht eine Situation wie Hochzeit oder Togaverleihung sein. Wie in dem Beispieltext für den Irrealis (s. o. S. 39) oder den AcI (s. u. S. 53 f.) ist das neue Phänomen so »verpackt«, dass der Schüler aus dem Inhalt des Textes schließen kann, wie es übersetzt werden muss. Auch muss der Text, wenn man eine Regelhaftigkeit im Sinne der Induktion erkennen soll, das Phänomen mehr als einmal, aber auch nicht zu häufig enthalten. Manche Lehrbücher bieten Texte, die mehr oder weniger »gebrauchsfertig« sind, andere Lehrbücher bieten dagegen inhaltlich hervorragende Texte mit hohem Interpretationspotenzial, die sich aber für induktive Grammatikarbeit nicht gut eignen. Hier gilt es für den Lehrer, zunächst einen Blick für das didaktische Potenzial einer Lektion zu entwickeln, um dann zu entscheiden, welche Bestandteile für welchen Teil des Unterrichts brauchbar sind. So kann man nach und nach gewisse Standardtexte bereithalten, die für die geplante induktive Grammatikeinführung »ideal« sind.
Sofern man im Lehrbuch nichts wirklich Adäquates findet, kann man auch selbst einen Text adaptieren. Als Quelle bieten sich dabei Lehrbuchtexte anderer Lehrbücher an, die teilweise im Bereich des Wortschatzes angepasst werden müssen, und natürlich Originaltexte, da dort das Phänomen in natürlicher Weise enthalten ist. Als letzte Möglichkeit verfasst man selbst Texte, die im Kontext der Lehrbuchtexte stehen, so wie im Konjunktiv-Beispiel oben. Den eigentlich vorgesehenen Lektionstext nutzt man dann für die ohnehin manchmal zu kurz kommende Lektüre spannender Texte. Hinweise zu gut geeigneten Texten für die Einführung einzelner Phänomene gibt der [→ DLB].

Frage 4: Wie geht man mit dem neuen Wortschatz um?
Ein Problem der induktiven Grammatikeinführung ist der Wortschatz. Einige Phänomene sind eigentlich per se eher dem Wortschatz zuzuordnen (z. B. Prono-

mina) und stellen daher spätestens bei der dritten Variante (etwa *iste* nach *is*)
nur noch ein Vokabelproblem dar. Andererseits ist Wortschatzarbeit aber auch
nötig, um die neuen Textinhalte zu erschließen. Oft scheitern die Erschließungs-
versuche an einer Häufung von neu eingeführten Vokabeln, insbesondere wenn
sie mit dem neuen Phänomen verschränkt sind. Dies ist bei Adjektiven der Fall,
aber auch immer dann, wenn eine neue Deklination oder Konjugation eingeführt
wird. Hier muss man die Wortschatzarbeit sehr gut planen und viele wohl über-
legte Zugangskanäle wählen, z. B. verschiedene Formen der Visualisierung. Mit
etwas Einfallsreichtum kann dann sogar bei solchen Phänomenen induktive
Grammatikarbeit stattfinden. Zahlreiche Anregungen dazu finden Sie auch im
Kapitel »Wortschatzarbeit«.

Frage 5: Wie verläuft die Erarbeitung des Textes?
Die Grundlage für induktive Erarbeitung von sprachlichen Phänomenen ist in der
Regel eine Übersetzung des Textes, denn nur mithilfe des gesamten Kontextes
erschließt sich das Phänomen und seine angemessene Umsetzung ins Deutsche.
Gemeint ist dabei aber nicht, aus einem Text mit der Überschrift »Verschieben
wir es auf morgen«, der zur Einführung des Futur I ausgewählt wurde, lediglich
die Verbformen herausschreiben und übersetzen zu lassen, sondern den Kontext
mit einzubeziehen.[14] Vielmehr müssen die Schüler im Unterrichtsgespräch oder
in Stillarbeit, wenn sich die Übersetzung des Phänomens nach einer Vorerschließung von allein ergibt, zunächst den Text übersetzen. Um den Verstehensprozess
zu fördern, sollte ein sinntragender Lesevortrag des Lehrers vorangegangen sein.
Wie im Beispiel des Abl. abs. gibt der Lehrer gegebenenfalls vor der Übersetzung noch einige unterstützende Impulse. Danach kann die Erarbeitung auch in
Stillarbeitsphasen mithilfe gedruckter, gut formulierter Arbeitsaufträge erfolgen.
Auf diese Weise kann, ohne dass man aus der Inhaltsarbeit aussteigt, eine entsprechende Umsetzung ins Deutsche aus dem natürlichen Sprachgefühl der
Schüler heraus evoziert werden. Die Abstraktion des grammatischen Phänomens
erfolgt, wenn der ganze Text – wie im Konjunktiv-Beispiel – oder ein größerer
Textabschnitt aus einer Lektion, der für die Erarbeitung des Phänomens relevant
ist, übersetzt und interpretiert wurde. Vielleicht wurde er auch noch mehrmals
laut gelesen, durch Fragen (einsprachig) wiederholt, sodass er sprachlich und inhaltlich gründlich gesichert ist.
Dennoch ist es natürlich nicht verboten, dass Schüler während des Übersetzens
entdecken, dass ein neues Phänomen auftaucht. Im Gegenteil: Sagt ein Schüler

---

14 Dieses oft beobachtete Verfahren ist nicht funktionsfähig aus zweierlei Gründen: Abgesehen davon, dass ein solcher »Text«zugang fürchterlich trocken ist, führte dies zu einer Gleichung: Futur
im Lateinischen = Futur im Deutschen. Kein Schüler sagt jedoch: »Ich werde mir morgen einen
neuen Ipod kaufen.« Diese genaue Verwendung des Futurs ist im Deutschen nicht gebräuchlich.
Stattdessen muss man die Übersetzung mit dem deutschen Präsens akzeptieren, erhält dafür aber
eine hervorragende Gelegenheit, um nach der Übersetzung des Textes über die Unterschiedlich-
keit der Sprachen zu reflektieren und damit die Sprachkompetenz zu vergrößern.

»Das ist bestimmt Futur«, können Sie eine kurze Begründung auf Basis des Textes einfordern, um anschließend die bei den Schülern ablaufenden kognitiven Prozesse für eine noch zügigere und planvollere Texterarbeitung und Übersetzung zu nutzen. Aber: Bitte steigen Sie nicht aus dem Text zugunsten der Grammatik aus! Der Wiedereinstieg in den Text ist außerordentlich ermüdend, da mit jedem Mal der Kontext neu kreiert werden muss. Die kognitive Leistung der Schüler, die das Phänomen sehr früh abstrahiert haben, kann im Anschluss an die Texterarbeitung gewürdigt werden, indem man ihre Beiträge wieder aufgreift und sie bei der Systematisierung einbindet.

Frage 6: Wie und wann sollen Ergebnisse gesichert werden?
Bei der Erarbeitung und Sicherung der Grammatik sind gedruckte Arbeitsaufträge mit Raum für Schülerergänzungen oder Tafelbilder im weitesten Sinne sehr hilfreich. Diese Visualisierungen können bereits in der Erarbeitungsphase in Form einer Überschrift angelegt werden, falls schon erste Phasen der Kognition erkennbar sind. Ungünstig ist es aber, grammatiklastige Tafelbilder während der Textarbeit, des Übersetzens, anzufertigen, da der Blick der Schüler dadurch automatisch auf die Grammatik gelenkt wird. Grundlage für die Anlage der Tafelbilder sind die Äußerungen der Schüler, die so gewissermaßen für die Erstellung des Tafelbildes verantwortlich sind:

Unterrichtsbeispiel für ein sukzessiv entwickeltes Tafelbild zum Arbeitsauftrag von S. 54.

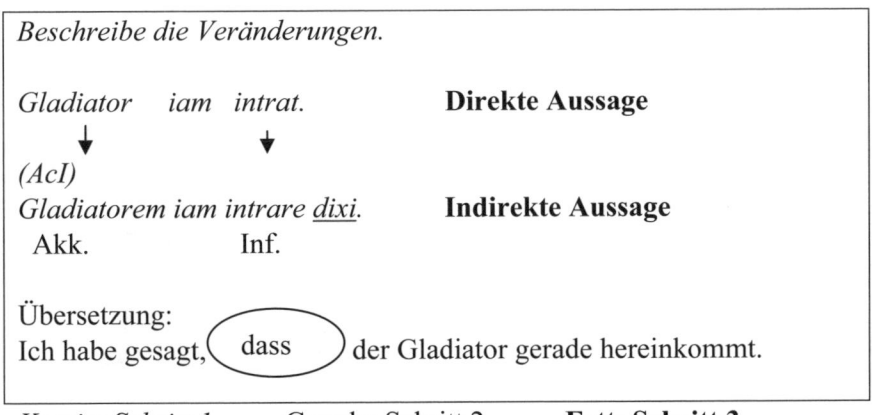

Alle Regeln und Tafelbilder sollten von den Schülern selbstverständlich mitgeschrieben werden. Das Führen eines eigenen, mit der Lerngruppe gemeinsam erstellten Grammatikheftes in der Sprache der Schüler ist nach wie vor die beste Möglichkeit der Ergebnissicherung. Auch das Einkleben der vorbereiteten Arbeitspapiere oder das Anlegen einer Sammelmappe mit zusätzlichen Tabellen und Mindmaps ist eine solche Möglichkeit der Sicherung. Dies ermöglicht darüber hinaus, nach und nach Ergänzungen vorzunehmen und auch die benötigten metasprachlichen Begriffe einzuführen, was umso notwendiger ist, je jünger die Schüler sind.

Unmittelbar nach der Regelsicherung bietet sich eine erste Sicherungsübung an. Dies kann eine Übung zur Sprachreflexion oder auch zur Form, es kann aber auch ein simples Deklinieren oder Konjugieren, vielleicht sogar rhythmisch und im Chor sein.

Frage 7*: Was ist bei der Regelformulierung zu beachten?*
Die Regeln sollten möglichst einfach formuliert, wenn irgend möglich von den Schülern selbst entwickelt werden. Dabei muss nicht das ganze Repertoire der Metasprache verwendet werden, mitunter kommt man auch – was insbesondere für Schüler der Jahrgänge 5 und 6 notwendig ist – mit einfachen Begrifflichkeiten aus. Bei der Formulierung helfen möglichst leicht zu bearbeitende Arbeitsaufträge, die zu einprägsamen, vielleicht auch nur stichpunktartigen Regeln führen können, wie im Beispiel der Flavia oder beim Tafelbild zum AcI. Dass diese Regeln nicht alle Facetten eines Phänomens beinhalten, kann man bei der Ersterarbeitung in Kauf nehmen. Aber: Auch wenn Regeln didaktisch reduziert werden, müssen sie fachlich so korrekt sein, dass sie nicht zu einem späteren Zeitpunkt revidiert werden müssen. Dieser Rat hört sich zwar überflüssig an, in der Praxis der Lehrerausbildung begegnen aber leider immer wieder Fälle, in denen Regeln so stark reduziert werden, dass sie schlichtweg falsch sind. Ist die Regel wohlüberlegt und durch gute Beispiele hergeleitet worden, dann ist sie hoffentlich auch für jüngere Schüler verständlich. Manchmal reicht auch ein Bild ohne viele Worte:

(aus: Intra Grammatik und Vokabeln I, S. 63)

Neuer Beliebtheit zur prägnanten Sicherung von Regeln erfreuen sich auch die altbekannten Sprüche:

a und ab, de, ex und e, cum und sine, pro und prae stehen mit dem Ablativ – ebenso »in« auf die Frage »wo?«

b(o), bi, bu – die Zukunft bildest Du!

Sie bilden nicht immer ein korrektes Abbild der wissenschaftlichen Grammatik, sind dafür aber bei Bedarf schnell abrufbar. Auch Lieder oder Raps (wie zu dem Lehrwerk »Intra«) sind eine gute Merkhilfe.

Zusammenfassung: Typischer Ablauf einer Grammatikstunde:
- Einstieg in das inhaltliche Thema eines Textes, z.B. durch ein Bild, die Überschrift, ein Hörspiel: Aufbau einer Erwartung
- Vorerschließung des Textes (von grob bis detailliert) z.B. über Wortfelder, Strukturmerkmale
- Detailübersetzung des Textes oder des relevanten Textabschnitts (je nach Komplexität im Plenum oder in anderen Sozialformen)
- Sicherung des Textverständnisses z.B. durch lautes Vorlesen, durch erste Interpretation
- Systematisierung des grammatischen Phänomens in seiner Funktion und Form anhand von Leitfragen
- Sicherung der Regeln im Grammatikheft oder auf einem Arbeitsblatt
- Rückbezug auf den Text, vertiefte Interpretation des Textes

---

Eine Checkliste zur Planung einer induktiven Grammatikstunde finden Sie im [→ DLB].

2.4   Eine alternative Einführung: Latine loqui

Statt der Einführung anhand eines Textes können einige Phänomene auch mündlich eingeführt werden, ggf. auch bevor sie im Lehrbuch vorkommen. Sehr viel Spaß macht es z.B. jüngeren wie älteren Schülern, sich auf Latein vorzustellen mit den Worten:

Mihi nomen est Katrin. Quod nomen est tibi? Amo natare, musicam audire, pila ludere, non amo ambulare. Quid amas?

Hier wird das Phänomen, wie im Englischunterricht üblich, durch Nachsprechen eingeführt, ohne dass über den Dat. poss. oder die Personalendungen usw. gesprochen werden müsste. Die Systematisierung kann zu einem späteren Zeitpunkt, z.B. dann, wenn das Phänomen im Lehrbuch auftaucht, erfolgen. Nach diesem Prinzip arbeiten z.B. das Lehrwerk »Minimus« oder der Lehrfilm »Armilla«.

Ebenso kann man einfache Phänomene, zumindest für die Dauer von 2–3 Unterrichtsstunden, auch einmal ohne Systematisierung im Raum stehen lassen, wenn sie z.B. durch Nachsprechen oder lautes Lesen eines Textes eingeübt werden.[15]

---

15 Diese Methode wurde u.a. von Comenius im 17. Jh. angewandt, s. Stroh, W., Latein ist tot, es lebe Latein, Berlin 2008, S.245.

> **Zusammenfassung:** Was bedeutet »induktive Grammatikeinführung« im Latein-
> unterricht?
> – Funktion vor Form
> – Aus dem Kontext wird eine tragbare Übersetzung oder ein Repertoire für die
>   Übersetzung per se klar.
> – Der Text enthält das Phänomen so häufig, dass eine Regelhaftigkeit erkannt
>   werden kann.
> – Schüler entwickeln mit Hilfe des Lehrers (durch mündlich vorgetragene Impul-
>   se oder gut formulierte schriftliche Arbeitsaufträge) Regeln für Funktion und
>   Form selbst.
> – Sie formulieren diese Regeln (mit Lehrerhilfe) selbst.
> – Sie können diese Regeln jederzeit in einem anderen Kontext reaktivieren.
> – Induktive Grammatikeinführung ist nicht an eine bestimmte Arbeitsform oder
>   Sozialform gebunden.

3.   Präsentierende Grammatikeinführung

3.1   Grenzen der Induktion

Die induktive Methode ist, insbesondere für jüngere Schüler und für Schüler, die
Latein als erste oder zweite Fremdsprache lernen, wegen des hohen motivationalen Gehalts auf jeden Fall vorzuziehen. Doch: So spannend sie auch ist, hat sie
einen Nachteil: Manchmal dauert das Lösen des Rätsels zu lang und steht nicht
unbedingt im Verhältnis zum »Ertrag«. Auch gibt es sprachliche Phänomene, die
zu so komplexen »Rätseln« führen, dass sie fast nicht mehr lösbar sind. In Anbe-
tracht des immer geringeren Stundenumfangs, der in der Unterrichtspraxis für
die Erarbeitung der lateinischen Sprache zur Verfügung steht, muss man doch
hin und wieder zu deduktiven Verfahren greifen. Denn ein schlagkräftiges Argu-
ment für das deduktive Verfahren ist vor allem der deutlich geringere Zeitbedarf.
Auch ist es für Schüler, die Latein als 3. oder gar 4. Fremdsprache erlernen, ermüdend, Funktionen, die aus anderen Sprachen bekannt sind, zum wiederholten
Mal erarbeiten zu müssen. Hier wird der Lateinlehrer, wie es vermutlich auch
der Spanisch- oder Italienischlehrer in der Sekundarstufe II praktiziert, in der Regel an vorhandenes Wissen anknüpfen und dies um die Morpheme des Lateinischen ergänzen. Aber auch hierbei sind noch Mischformen zwischen Deduktion und Induktion denkbar. Einen Nachteil der deduktiven Methode haben Sie
vielleicht in Vorlesungen an sich selbst erfahren: Das Behalten von Dingen, die
nur erklärt, aber nicht »entdeckt« werden, fällt schwer und führt unter Umständen zu verstärktem Auswendiglernen. Auch ist der Weg der Aneignung weniger
motivierend, da Schüler lediglich die Rolle des Rezipienten, nicht des aktiv Han-
delnden, einnehmen können.

3.2   Was bedeutet Deduktion?

Um den Unterschied zwischen Induktion und Deduktion noch einmal erfahrbar zu machen, können Sie die verschiedenen Lehrverfahren im Überblick an sich selbst erproben. Beispiel 2 soll zeigen, dass es auch Mischformen zwischen beiden Verfahren geben kann, daher wurden diese unter dem Begriff »Präsentierende Grammatikeinführung« zusammengefasst:

Der AcI – dreimal anders
Übung (6): Überlegen Sie anhand der drei Beispiele, die hier stellvertretend für zahlreiche andere Varianten stehen, welche Chancen, Vor- und Nachteile die jeweiligen Verfahren haben.

Unterrichtsbeispiel 1: Induktion
Im Colosseum[16]

Der Vater nimmt Marcus, seinen 6-jährigen Sohn, zum ersten Mal mit ins Colosseum.
Hodie pater cum Marco, filio parvo, in Colosseo est, nam ludi sunt. Tubae iam sonant, homines valde clamant, gladiatores enim exspectant.
P: Ecce, Marce: Gladiator iam intrat.
M: Quid dixisti? Non bene audivi.
P: Dixi gladiatorem iam intrare. Nomen eius nescio, certe novus est.

---

16 Text von Süßbrich, E.

M: Repete, pater. Non audivi. Quid dixisti?
P: Dixi gladiatorem novum esse. Calvus narravit hodie multos gladiatores novos pugnare. Fortasse est Syrus, gladiator clarus. Ecce, ibi etiam Africanus intrat.
M: Quid dixisti?
P: Dixi fortasse Syrum, gladiatorem clarum, esse. Dixi gladiatores iam intrare. Ecce: Nunc ludi incipiunt.

Arbeitsaufträge

Überlege mithilfe der Einleitung, der Überschrift und des Bildes, wovon der Text handelt.
– Lies den Text gründlich. Was fällt dir auf?
  Gib den Inhalt des Textes mit eigenen Worten wieder. (Alternative z. B. für ein Klassengespräch: Gemeinsame Übersetzung des Textes)
– Was erwartest du für den Fortgang der Geschichte?
– Sprache: Vergleiche Z. 3 und Z. 5. Warum taucht der Satz in ähnlicher Form doppelt auf? Beziehe dich dabei auf den Textinhalt.
– Beschreibe die Veränderungen und notiere die entsprechenden Übersetzungen.
– Suche nach weiteren »Doppelungen«.
– Entwickle eine Regel: Wozu dient die neue sprachliche Erscheinung und wie sieht sie formal aus?
Das Ergebnis der Aufgabe finden Sie im Tafelbild S. 49.

Beispiel 2: Mischform

Textpräsentation

Dominus videt: Servi in horto laborant. Vilicus cum servis in horto est.	*Dominus videt servos in horto laborare. Videt vilicum cum servis in horto esse.*
Gaudet: Servae in culina cenam parant. Omnes sedulae sunt.	*Gaudet servas in culina cenam parare. Gaudet omnes sedulas esse.*

Arbeitsaufträge

Übersetze die Sätze in beiden Spalten und vergleiche sie. Bei welchen Sätzen musst du beim Übersetzen vom lateinischen Satz abweichen? Begründe.
Beschreibe, wie die Sätze in der rechten Spalte jeweils aufgebaut sind, und gib eine Regel für die Übersetzung an.

Beispiel 3: Deduktion

Erklärung des Lehrers / der Systemgrammatik

Der AcI ist eine Konstruktion, die es im Deutschen nicht gibt. Der AcI steht nach den Verben der sinnlichen Wahrnehmung, des Sagens, Denkens, Meinens und nach unpersönlichen Ausdrücken. Er wird meist mit einem dass-Satz wiedergegeben. Man nennt ihn daher auch eine »satzwertige« Konstruktion.

Beispiel

Magister discipulos laborare scit. – Der Lehrer weiß, dass die Schüler arbeiten.
Scio me nihil scire. – Ich weiß, dass ich nichts weiß.

Arbeitsaufträge
Unterstreiche im folgenden Text (das kann nun jeder beliebige Lehrbuchtext zum AcI sein) alle Prädikate, die einen AcI auslösen, rot. Markiere den Subjektsakkusativ mit der Abkürzung SA und das Infinitivprädikat als IP grün. Übersetze danach den Text.

3.3   Deduktion im lateinischen Sprachunterricht

Deduktion im Lateinunterricht kann bedeuten, dass der Lehrer das Phänomen zunächst an gezielt konstruierten Beispielen erarbeiten und danach eine Regel formulieren lässt (Mischform zwischen Induktion und Deduktion) oder aber, dass er selbst die Regel zunächst formal abstrakt erklärt, und anschließend an ausgewählten Beispielen erproben lässt; außerdem gibt es viele weitere Mischformen.[17] Dem Lehrer kommt dabei vor allem die Aufgabe der Strukturierung zu. Er muss also, wie beim induktiven Arbeiten auch, genau überlegen, welche Aspekte eines Phänomens gelernt werden sollen, wie Regeln adressatengerecht formuliert werden und durch welche Beispiele das Phänomen prägnant illustriert wird. Dabei kann er im Sinne der Erarbeitung einer systematischen Grammatik Beziehungen zu schon bekannten Phänomenen aus dem Lateinunterricht (etwa die Füllungsarten eines Objekts oder eines Adverbiales) herstellen oder auch auf Bekanntes aus anderen Fremdsprachen zurückgreifen. Zur Sicherung notieren sich die Schüler nach oder während der Präsentation die Regeln, erhalten ein fertiges Arbeitsblatt mit Regeln oder erarbeiten und lernen diese unter Zuhilfenahme der vorhandenen Grammatiken. Die notwendigen Übungen, das heißt die Lektüre von Texten oder »Trockenübungen« zur Festigung und Habitualisierung werden in der Regel erst nach der Sicherung des Phänomens durchgeführt.
Gemeinsam ist allen Formen der Deduktion: Erst wird das Phänomen (meist in formaler Hinsicht) erarbeitet, danach wird ein Text, in dem es vorkommt, behandelt. Die Bedeutung des Phänomens, vor allem in seiner Wirkung auf die Textaussage, wird meist erst nach der Texterarbeitung deutlich.

3.4   Wichtige Überlegungen zur Planung von deduktivem Grammatikunterricht

3.4.1   Auswahl des richtigen Phänomens

Geht man davon aus, dass im Grammatikunterricht für jüngere Schüler in der Regel das induktive Verfahren angewendet wird, muss man sich fragen, welche Phänomene überhaupt deduktiv eingeführt werden sollen. Es bleiben nur die üb-

---

17 In den Lehrbüchern findet man sowohl Material für induktive als auch deduktive Grammatikeinführung, z. B. Einzelsätze oder »Bausteine«.

rig, bei denen es nichts zu »entdecken« gibt. Außer solchen gibt es aber auch Phänomene, die man erklären muss, weil sie für uns zunächst unverständlich sind, oder solche, die so kompliziert sind, dass man sie nicht im Rahmen eines Textes einführen kann.

Anregung (3): Überlegen Sie, welche sprachlichen Phänomene zu komplex sind, um sie von Schülern selbstständig erarbeiten zu lassen, und bei welchen es nicht möglich ist, etwas zu »entdecken«.

3.4.2   Die Erklärung des Phänomens und seine Strukturierung

Wie schon oben erwähnt, ist es sowohl beim induktiven als auch beim deduktiven Verfahren sehr wichtig, Phänomene möglichst adressaten-, also schülergerecht, zu erklären. Daher ist es auch bei einer deduktiven Einführung notwendig, das Phänomen didaktisch so zu reduzieren, dass es mit möglichst wenig umständlicher Erklärung einsichtig wird. Spezialfälle (wie z. B. besondere Funktionen der Kasus, die eher selten auftreten, besondere Junkturen, Ausnahmen usw.) können ggf. zu einem späteren Zeitpunkt (z. B. während der Lektüre, wenn sie in einem Originaltext wirklich einmal auftreten) thematisiert oder aber als Vokabel angegeben werden. Es ist dabei vielfach auch nicht angebracht, die genaue sprachwissenschaftliche oder historische Erklärung für das Phänomen zu geben, wenn sie für das Verständnis nicht wichtig und für eine angemessene Umsetzung ins Deutsche nicht relevant ist. Was gemeint ist, sei an einem Beispiel demonstriert.

Ein Negativbeispiel für Deduktion
So könnte in den Siebzigerjahren des vergangenen Jahrhunderts eine Einführung der Konstruktion *Gerundivum pro Gerundio* (mit Objekt) ausgesehen haben.

»Das Gerundivum ist ein Verbaladjektiv. Es kann anstelle des Gerundiums mit Objekt verwendet werden. Der Ausdruck *libros legendo* wird häufig zu einer Gerundivkonstruktion umgeformt. Weil die nd-Form dann ein Adjektiv ist, passt sie sich in Numerus und Genus dem Objekt *libros* an. Der Kasus von *legendo* bleibt aber erhalten. Nun passt sich *libros* im Kasus wieder *legendo* an. Wie heißt der neue Ausdruck?«

Nun sind Sie mit Ihrem Latein sicher auch fast am Ende. Zum Glück begannen wir als Schüler immerhin mit dem Beispiel, die Erklärung schloss sich an. Vor- und Nachteile der Methode liegen auf der Hand: Der Schüler kann das Phänomen nun vielleicht genau erklären und weiß, wie es entstanden ist. Nur: Er weiß nun leider immer noch nicht, wie er den Ausdruck übersetzen muss.

☞ Grammatik sollte so einfach wie möglich erklärt werden, auch bei eher deduktiven Verfahren. Am günstigsten formulieren die Schüler die Grammatikregeln (mit Unterstützung durch den Lehrer) selbst, und zwar in ihrer eigenen, möglichst einfachen Sprache. Unterstützt werden sollte dies durch alle möglichen Formen der Visualisierung.

3.4.3   Sieben Möglichkeiten deduktiver Grammatikeinführung

Die Gemeinsamkeiten der deduktiven Zugänge wurden schon oben erarbeitet und genannt, daher werden im Folgenden nur noch einige methodische Variationen zusammengefasst:

(1.) Einführung anhand von Einzelsätzen (Mischform)
Diese Methode hat im Lateinunterricht eine lange Tradition. Anhand von Einzelsätzen wird der Fokus der Aufmerksamkeit ganz bewusst auf das Neue gelenkt, sodass es relativ zielstrebig erarbeitet werden kann. In den Lateinbüchern der neueren Generation werden Einzelsatzeinführungen meist als Alternative angeboten. Hier muss der Lehrer gemessen am Schwierigkeitsgrad des grammatischen Phänomens abwägen, ob eine grammatische Vorentlastung zugunsten einer späteren, zügigeren Durchnahme des Textes notwendig ist. Auch wenn es dem Schüler möglich ist, im Rahmen der Erschließung und Übersetzung eines Einzelsatzes etwas zu »entdecken«, kann man diese Methode doch eher dem deduktiven Verfahren (Mischform) zurechnen. Die Sätze sind vom Instrukteur bewusst so gesteuert, dass dem Schüler gar nichts anderes übrig bleibt, als das vom Lehrer Intendierte zu erkennen. Diese Methode bietet sich z. B. bei der Einführung der Deponentien an, denn sie sind als besondere Formalität schnell erklärt, wenn die Schüler das Passiv kennen.[18]

So könnte eine kurze Einführung der Deponentien aussehen:

Unterrichtsbeispiel:
Magister discipulos hortatur (hortari wird vom Lehrer als »ermuntern« angegeben). Sofort kommen die Schüler aufgrund ihres grammatischen und kontextuellen Wissens darauf, dass vermutlich eher der Lehrer die Schüler ermuntert, als dass er von ihnen ermuntert wird.

Kurze Erläuterung des Lehrers: »Wir haben *hortatur* als Aktiv übersetzt, obwohl die Form eigentlich Passiv ist. Es gibt im Lateinischen weitere Verben, die formal passivisch aussehen, aber aktivisch übersetzt werden. Diese Verben nennt man Deponentien.

Arbeitsauftrag: Suche aus dem Wörterverzeichnis die Deponentien heraus. Überlege, woran du sie erkennen kannst.

Der Rest der Aufgabe ist damit Wortschatzarbeit und wieder einmal das Einüben durch Anwendung.

---

18 Deponentien werden in den meisten Lehrbüchern viel zu spät eingeführt, der Lehrer sollte die Einführung daher ggf. vorziehen. Sie sind als Phänomen nicht schwierig und eher der Wortschatzarbeit zuzurechnen, andererseits für die Lektüre von Originaltexten nicht wegzudenken.

(2.) Einführung anhand von »Gleichungen«

Im Eingangsbeispiel wurde eine sehr abstrakte Einführung des *Gerundivums pro Gerundio* vorgestellt. Eine einfache Alternative findet man in vielen Lehrbüchern:

consilium linguam Latinam discendi = consilium linguae Latinae discendae

Diese Variante hat den Vorteil, dass die Schüler, obwohl sie das Phänomen an einem Einzelbeispiel kennenlernen, in den Erarbeitungsprozess einbezogen sind. Die genaue Beobachtung der Struktur, ggf. mit unterstützenden Lehrerimpulsen (z. B. »Vergleiche!«) kann immer noch zu einer eigenständigen Regelbildung führen. So ist der Weg der Entdeckung zwar gelenkt, doch kann die Regel noch selbstständig gefunden werden. Statt wortreicher Analyseübungen, ob es sich um ein Gerundium oder um ein Gerundivum handelt, bieten sich zahlreiche Übersetzungsübungen ähnlicher Redewendungen zur Habitualisierung an. Wieder gilt also: Übung, Übung, Übung!

Zu überlegen ist auch, wann solche doch nicht ständig auftretenden Phänomene eingeführt werden sollen: Im Sinn einer Effizienzsteigerung des Grammatikunterrichts bietet sich das dann an, wenn die sprachlichen Erscheinungen wirklich auftauchen, also z. B. während der Caesar-Lektüre. Wegen der Häufigkeit des Auftretens ist es sinnvoll, dass dann, auch gefördert durch »Trockenübungen«, eine angemessene Übersetzung abrufbar ist, z. B. durch separates Herausheben einzelner Wendungen:

Orgetorix ad eas res conficiendas deligitur.
Helvetii parati sunt ad omnia pericula subeunda.
Helvetii ad eas res conficiendas biennium satis esse duxerunt.
(Caes. Gall. 1,3–5).

Auch bei der Einführung der Deponentien könnte als Alternative zu Variante 1 eine Gleichung angeführt werden:

Helvetii vim facere conantur. = Helvetii vim facere temptant.

Bei dieser Umformung wurde nicht die formale Erscheinung transformiert, sondern nur eine Vokabel durch ein Synonym ersetzt. Auch wenn die Aussagen in semantischer Hinsicht nicht hundertprozentig übereinstimmen, kann man auf diese Methode gelegentlich zurückgreifen, um die Vorkenntnisse der Schüler zu nutzen. Diese »Ersetzungen« können zur Einführung an der Tafel erklärt werden, aber auch in einem Kommentar zum Text oder in einem vereinfachten Paralleltext als Hilfe gegeben werden.

Weitere Beispiele für diese Methode könnten die Einführung des Abl. und Gen. qual. oder des Dat. poss. sein:

vir fortis → vir magna vi corporis
femina prudens → femina summae prudentiae
patri currus novus est. → pater currum novum habet.

Gewarnt wird jedoch vor einer allzu exzessiven Anwendung, da unter Umständen auch ein völlig falscher Eindruck entstehen kann, wie aus dem Beispiel des Abl. abs. deutlich wurde, der plötzlich vom Rang eines Adverbiales in einen lateinischen Hauptsatz erhoben wurde.

(3.) Vergleich mit anderen Fremdsprachen

Für Schüler, die Latein als dritte Fremdsprache erlernen, ist die Vernetzung der Sprachen für das Erlernen des Lateinischen besonders fruchtbar, weil die Vorkenntnisse zur zügigen Behandlung grammatischer Phänomene genutzt werden können. Im Bereich der Wortschatzarbeit bieten die Lehrbücher immer mehr Hilfen, im Bereich der Sprachvermittlung sollte der Lateinlehrer sich nicht scheuen, die Kollegen der anderen Sprachen um Rat zu fragen. Dabei kann man sowohl Unterschiede als auch Ähnlichkeiten nutzen.

Deutsch – Englisch ↔ Französisch – Latein

D: Claudia liest ihr Buch.	F: *Claudine lit son livre.*	L: *Claudia librum suum legit.*

Arbeitsauftrag
Das Possessivpronomen richtet sich im Lateinischen nach dem _____, es wird also verwendet wie ein _____. In welcher Sprache ist es ebenso?____.
Wie hieße derselbe Satz auf Englisch?

Latein – Französisch

F: *J'écrivais une lettre, quand tout à coup mon ami est arrivé.*	L.: *Litteras scribebam, cum subito amicus meus intravit.*

Arbeitsauftrag
Vergleiche die Tempusverwendung. Wiederhole die Bildung der Formen im Französischen. Sieh dir die Bildung der Formen im Lateinischen in der Grammatik an.

Weitere Beispiele finden Sie im [→ DLB].

(4.) Einführung durch einübenden Umgang

Eine weitere Mischform der Grammatikeinführung ist der einübende Umgang anhand von Einzelwörtern oder Kola. Diese Methode ist probat, wenn die Neueinführung im Kontext so kompliziert wird, dass ein Textverständnis ohne die Vorentlastung nur mühsam erzielt werden kann. In solchen Fällen erreicht man durch vorherige Einübung des Phänomens schon eine gewisse Sicherheit im Umgang (Erkennen und angemessenes Übersetzen). Da diese Methode trocken ist – es sei denn, dem Lehrer fielen originelle Beispielsätze ein – und eher die seltene Spezies des abstrakt-formal denkenden Schülers anspricht, sollte von ihr im Sprachunterricht eher sparsam Gebrauch gemacht werden. Ein Phänomen, wo diese methodische Variante angezeigt ist, sind die oben angeführten Gerundivkonstruktionen (Gerundivum pro Gerundio) und das Gerundivum als solches, insbesondere da beide innerhalb des Lehrgangs meist auch erst sehr spät, vielleicht erst bei der Originallektüre, eingeführt werden.[19] Durch Einübung einer Vielzahl von Ausdrücken kann eine gewisse Routine im Übersetzen erreicht werden, wie das folgende Beispiel zur Einführung des Gerundivums verdeutlichen soll:

Unterrichtsbeispiel: Azubi = *(iuvenis) erudiendus*

Naja, vielleicht war "Azubi" ja doch kein so schlechter Begriff.

– Was verbindet ihr mit dem Wort Azubi?
– Was soll es bedeuten? Welches Sinnpotenzial steckt in dem Wort?
– Ist ein Azubi das, was ihr auf dem Bild seht?
– Überlege dir nun eine geeignete Übersetzung für:
  vocabula discenda
  oppidum visendum
  leges servandae
  officia non neglegenda
– Aber: In deiner näheren Umgebung hast du vielleicht auch schon einmal solche Sprüche gehört:
  vocabula discenda sunt!
  liber legendus est!
– Oder noch schlimmer:
  vocabula tibi discenda sunt!
  liber discipulis legendus est!
  discipulis vinum bibendum non est!
– Welchen Satzteil bildet das Gerundivum hier jeweils? In welchem Kasus steht die handelnde Person?

Ein anderes Beispiel für die Einführung findet man bei Harry Mount: »She who must be obeyed«[20] – gemeint ist: die Ehefrau! Für Schüler kann man hier wahlweise andere Personen ergänzen.

(5.) Präsentation von Regeln mit Beispielen
Regeln werden vom Lehrer vorformuliert und den Schülern anhand von Beispielen transparent gemacht. Ein Beispiel sehen Sie oben bei der Aufgabe zu »AcI – dreimal anders«. Wenn möglich sollte jedoch das Beispiel vorangestellt und die Regel anhand des Beispiels verdeutlicht werden.

---

19 Das bloße Gerundium dagegen kann schon zu einem sehr frühen Zeitpunkt als besondere Form des Infinitivs induktiv eingeführt werden (vgl. die Lehrwerke Ostia Altera, Lekt. Caput 7, Lekt. 21 und Novum Fundamentum Latinum).
20 Mount, H., Latin lover. Latein lieben lernen, München 2007, 71.

(6.) Nachlesen im Lehrbuch oder in der Lehrbuchgrammatik

Manche Lehrbücher, insbesondere solche für Latein als dritte Fremdsprache, bieten für die Grammatikpräsentation fertig vorbereitete Texte und Tabellen innerhalb des Lehrwerks an. Diese sind sehr nützlich für Schüler, die sich aufgrund ihrer Spracherfahrung vielleicht sogar ohne systematische Erarbeitung Regeln selbst herleiten und hier nur nachlesen möchten. Dennoch ersetzen diese Erklärungen natürlich eine gründliche Erarbeitung und Einübung an Beispielen nicht, wenn auch eine echte induktive Grammatikarbeit mit solchen Lehrwerken eigentlich ausgeschlossen wird. Hier muss man letzten Endes die mit dem neuen Phänomen einhergehende Sprachreflexion »Was bewirkt das neue Phänomen im Text?« – wie bei allen deduktiven Verfahren – stärker für die Interpretation als für die Erschließung nutzen.

(7.) Eigenständige Erarbeitung mithilfe der Lehrbuchgrammatik

Eine Mini-Sequenz, in der das Plusquamperfekt deduktiv eingeführt wird, kann zum Beispiel so aussehen:

Unterrichtsbeispiel:

1. Stunde (gegen Ende)

Lehrer: Was verbindet ihr mit dem Bild?
Wir werden morgen einen Text lesen, in dem von einem Ereignis im Kontext des Bildes berichtet wird. Welche Tempora erwartet ihr in einer solchen Erzählung?

Hausaufgabe:
Bitte informiert euch anhand eures Grammatikbandes noch einmal über die Verwendung der Tempora Imperfekt und Perfekt. Tragt diese und das Plusquamperfekt in einen Zeitstrahl ein (verwendet dabei auch eure Kenntnisse aus dem Deutsch- und Französischunterricht).

Seht euch an, wie das Plusquamperfekt im Lateinischen gebildet wird.

Anfang der 2. Stunde

Beginn der Textarbeit. Es wird vorausgesetzt, dass die Schüler die Hausaufgaben erledigt haben.

Als Vorerschließung nun z. B. Gliederung des Textes aufgrund der Tempora (Tempusprofil).

Zusammenfassung: Planung und Durchführung von deduktivem Grammatikunterricht:
– Regeln oder geeignete Beispiele werden vom Lehrer gezielt vorstrukturiert.
– Anhand ausgewählter Beispiele (Einzelsätze, Kola usw.) wird eine Regel erarbeitet oder erläutert.
– Musterübersetzungen werden erarbeitet.
– Regeln und Musterübersetzungen werden gesichert und eingeübt.
– Nach der Sicherung werden sie bei der Textarbeit angewendet.
– Bei der Textarbeit wird die Funktion des neuen Phänomens im Rahmen der Interpretation herausgestellt.

4. Ordnung muss sein: Sicherung und Orientierung des Wissens

Aus den obigen Ausführungen wurde deutlich, dass, je nach Situation, sowohl deduktive als auch induktive Verfahren der Grammatikeinführung ihre Berechtigung und Vorzüge haben. Entscheidend ist dabei allein die Funktionalität der gewählten Methode.

Gleichgültig jedoch, wie Sie ein Phänomen eingeführt haben, ganz wichtig ist eine ständige Einordnung des neu Erarbeiteten in bereits Bekanntes. Dadurch wird auf Dauer nicht nur die Sprachkompetenz der Schüler erweitert, sondern es hilft ihnen zunächst einmal, in dem komplexen System »den Durchblick« zu behalten. Daher sollten im Lateinunterricht immer wieder vertikale Verbindungen aufgerufen werden. Dies können im Bereich der Funktion eines Kasus die unterschiedlichen Verwendungsmöglichkeiten des Akkusativs sein: Akk. als Objekt, zur Richtungsangabe, zur Angabe der zeitlichen Ausdehnung, usw. Auch im Bereich der Formen sollten nach bewährter Manier Schemata erstellt, neue Formen eingeordnet und zur sicheren Abrufbarkeit auswendig gelernt werden, insbesondere Deklinationsschemata. Dies fällt den Schülern zunehmend schwer; umso wichtiger ist es, dass das Memorieren nicht vernachlässigt wird. Durch ein intelligentes Ordnungssystem sind viele Dinge, die eingeführt werden, manchmal gar nicht mehr neu und andererseits auch bei der Texterschließung wesentlich leichter abrufbar. Im Folgenden seien einige weitere Beispiele für die Organisation des textrelevanten Sprachwissens genannt:

1. Zur Vernetzung des Wissens ist es unabdingbar, auch Horizontalverbindungen aufzuzeigen und zu wiederholen: Dies können im Bereich der Funktionen eines Phänomens zum Beispiel die verschiedenen Füllungsarten eines Attributs sein.

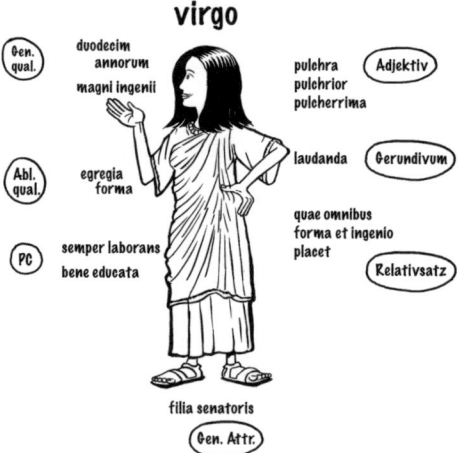

Im Bereich der Formen wären dies dann z.B. alle möglichen beim Akkusativ auftretenden Endungen.[21] Dadurch haben die Schüler schneller parat, worauf sie achten müssen, wenn sie ein Akkusativ-Objekt als notwendige Ergänzung eines Verbs suchen. Ganz besondere Bedeutung kommt hier auch den Tempusmorphemen zu. Der Lernaufwand reduziert sich für Schüler erheblich, wenn sie wissen, dass man zum Beispiel das Imperfekt immer an dem Morphem -(e)ba erkennt, und das Wissen erspart in diesem Falle sogar das Auswendiglernen von Konjugationstabellen.

Ein weiteres Beispiel zum spiralförmigen Wissensaufbau ist der Abl. abs. Bevor dieser neu eingeführt wird, sollte der Ablativ, d.h. seine Funktion als Adverbiale und seine Formen (a, e, i, o, u, is, ibus), wiederholt werden. Die Kenntnis der Formen hilft beim Aufspüren von Abl. abs., die Kenntnis der Funktionen führt wie in obigem Beispiel zu einer tragfähigen Übersetzung. Als Merkhilfe können sich die Schüler mithilfe ihrer Lieblingskonsonanten und der Ablativ-Endungen ein Medikament gegen die »Adverbialitis« erfinden.

Bei der Lektüre der Ars Amatoria von Ovid kann man anhand eines Textbeispiels wiederholen, welche Möglichkeiten es gibt, Wünsche oder Aufforderungen im Lateinischen auszudrücken. Dies erleichtert das Entschlüsseln und Verstehen des Lehrgedichts während der gesamten Kursreihe. Auch die Möglichkeiten, Attribute zuzuschreiben, können sowohl im Rahmen des Sprachunterrichts, wenn die Phänomene nach und nach eingeführt werden, als auch im Rahmen der Lektüre wiederholt werden.

2. Auf der anderen Seite steht der Sprachvergleich, mit dessen Hilfe es gelingt, sowohl Parallelen als auch gravierende Unterschiede der Sprachen aufzuzeigen. So ist das Partizip Perfekt Passiv und auch die Bildung des Perfekt Passivs im Vergleich zum Deutschen nichts Besonderes:

---

21 S. Akkusativtorte in Keip, M., Wieviel Grammatik muss sein? in: AU 2003/3–4, 21.

gelobt – *lauda**tus***
gefeiert – *celebra**tus***
geschick**t** – *mis**sus***

Bildungselement ist im Deutschen häufig ge- und / oder -t, im Lateinischen -tus, -sus.

Neu ist aber die Verwendung. Daher sollten nach der Einführung der Funktionen und Formen des lateinischen Passivs die unterschiedlichen Möglichkeiten, im Deutschen etwas Unpersönliches auszudrücken, ausprobiert werden, um das Übersetzungsrepertoire zu erweitern. Im Deutschen verwendet man das Passiv ja viel seltener und greift stattdessen oft auf Umschreibungen zurück: »man hat mir geholfen«, »die Tür öffnete sich langsam«, »der Vorschlag fand Anerkennung«, »er bekam Hilfe von höchster Stelle« usw.

3. Eine dritte Möglichkeit ist die reflektierte Systematisierung. Dies muss nicht unbedingt die Lektüre der Systemgrammatik sein. Insbesondere für jüngere Schüler bieten sich Visualisierungen und spielerische Formen der Systematisierung durch Nachsprechen oder Hören an.

Subjekt und Prädikat passen stets zusammen!

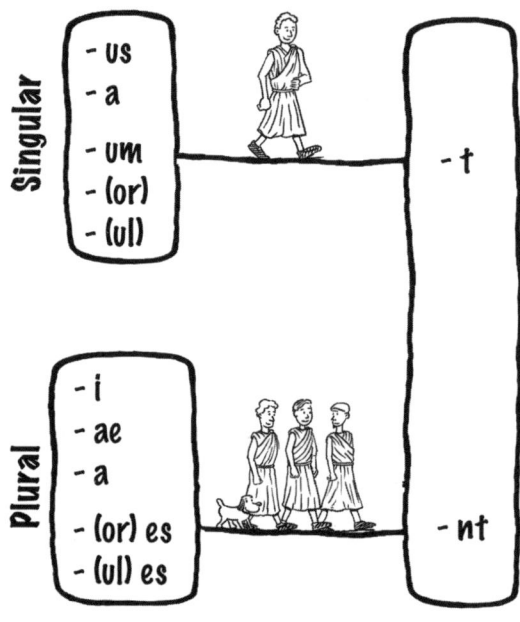

| Singular | - us
- a
- um
- (or)
- (ul) | - t |
| Plural | - i
- ae
- a
- (or) es
- (ul) es | - nt |

Also: Servus   ambulat
  Servi   ambulant

Notwendig ist dies insbesondere wegen der inzwischen zum Standard gewordenen parallelen Einführung grammatischer Phänomene in den Lehrbüchern, die Schülern das Verständnis nicht immer erleichtern. So kann man Schülern schon im Anfangsunterricht die Kongruenz von Subjekts- und Prädikatsendung durch ein Bild verdeutlichen, oder, was besonders häufig Probleme macht, die Kongruenz zwischen Substantiv und Adjektiv. Bei der Einführung weiterer Endungen kann man diese Zeichnungen sukzessiv im eigens angelegten Grammatikheft ausbauen, indem man in vorhandene Zeichnungen Ergänzungen einträgt oder neue anfertigt. Auch durch Mindmaps können solche Zusammenhänge sehr prägnant visualisiert werden.

5.   Literaturhinweise

Bell, B., Minimus, Cambridge 2004.

Drumm, J., Lernzirkel zum ablativus absolutus, Göttingen 2000.

Glücklich, H.-J., Interpretatio, Würzburg 1980.

Glücklich, H.-J., Ziele und Formen des altsprachlichen Grammatikunterrichts, Handbuch der Fachdidaktik, München 1979, 222–240.

Heilmann, W., Die Beziehung zwischen Textarbeit und Grammatikarbeit im Lateinunterricht der Sekundarstufe I, in: Höhn, W., Zink, N., Handbuch für den Lateinunterricht. Sekundarstufe I, Frankfurt 1987, 76–78.

Keip, M., Wieviel Grammatik muss sein? in: AU 2003/3+4, 18–30.

Mount, H., Latin Lover – Latein lieben lernen, München 2007.

Niemann K.-H., Textverständnis im Anfangsunterricht, in: AU 1987/1, 64–76.

Spitzer, M., Lernen – Gehirnforschung und die Schule des Lebens, Heidelberg / Berlin 2003.

Stroh, W., Latein ist tot, es lebe Latein, Berlin 2008.

Visser, T., Bilder(geschichten) zur Grammatik, in: AU 1994/1, 8–26.

Waiblinger, F. P., Vorschläge zu einem neuen Konzept des Sprachunterrichts auf der Grundlage psycholinguistischer Erkenntnisse, in: Forum Classicum 2001/3, 160–167.

Weitere verwendete Literatur

Armilla: Lehrfilm, Bamberg 2006.

Meyer, H., Was ist guter Unterricht? Berlin 2004.

Prima C. Begleitband, Bamberg 2008.

Rubenbauer, H., Hofmann, J., Lateinische Grammatik, München 1977.

Fink, G., Maier, F., Konkrete Fachdidaktik – Latein L2, München 1996.

III. Übung

1. Standortbestimmung

Repetitio est mater studiorum heißt es so schön. Doch liegen Üben, Wiederholen und Festigen in Zeiten der Erlebnis- und Spaßgesellschaft überhaupt noch im Trend? Haftet dem Üben nicht häufig der Stallgeruch der Muffigkeit und Langeweile an?

Üben scheint sich weder bei Schülern noch bei Lehrern großer Beliebtheit zu erfreuen und führt im Unterrichtsalltag eher ein Schattendasein. Woran liegt das?

Ich bitte Sie, kurz innezuhalten und einige Minuten lang nachzudenken und aufzuschreiben, welche Erfahrungen Sie als Schüler und als Lehrer mit Übungen gemacht haben. Die folgenden Fragen sind als Anregungen zur Klärung Ihrer eigenen Rolle gedacht.

Fragen zur eigenen Standortbestimmung

– Welche Erfahrungen haben Sie in Ihrem Lateinunterricht mit Übungs- und Wiederholungsphasen gemacht?
– Wann hat Ihnen das Üben innerhalb oder außerhalb des Unterrichts Spaß gemacht? Wann nicht?
– Haben Sie von Ihren Lehrern Übungsmethoden kennengelernt (z. B. für das Vokabellernen)?
– Welchen zeitlichen Anteil nehmen Übungsphasen in Ihrem Lateinunterricht ein?
– Empfinden Sie Übungen eher als lästige Pflichtübung oder als wichtigen Baustein Ihres Unterrichts?
– Was sollte man Ihrer Meinung als Lehrer und Schüler bei Übungsphasen unbedingt beachten?
– Welche Ziele verfolgen Sie mit Übungen?

Das negative Image der Übungen ist vor allem dadurch begründet, dass Übungsphasen von Lehrern nur selten abwechslungsreich gestaltet und von den Schülern entsprechend lustlos und widerwillig ausgeführt werden.

Gerade im Lateinunterricht erschöpfen sich die Übungsphasen bisweilen im inhaltsleeren Formendrill und im sturen Auswendiglernen, sodass die anfängliche Begeisterung der Schüler für die alten Sprachen zunehmend verlorengeht. Erschwerend kommt hinzu, dass Übungen häufig nicht auf die unterschiedlichen Fähigkeiten und Bedürfnisse der einzelnen Schüler abgestimmt sind, sodass der ersehnte Erfolg ausbleibt. In verschiedenen Studien wurde deutlich, dass das regelmäßige übende Wiederholen bei leistungsschwächeren Schülern nur geringen Erfolg bewirkt und bei leistungsstärkeren Schülern den Lernfortschritt behindert, da das Lerntempo für sie meist zu langsam ist.[1]

> ☞ Übungen sollten intelligent und abwechslungsreich gestaltet sein und unterschiedliche Interessen und Fähigkeiten der Schüler aufgreifen – mit dem Ziel, sie möglichst passgenau zu fördern und zu fordern.

Schließlich werden viele Übungsphasen vor allem im Zuge der Verkürzung der Gymnasialzeit noch stärker in die Hausaufgaben verlegt und damit der häuslichen Zufallssituation überlassen.[2] Dies bereitet vor allem leistungsschwächeren Lateinschülern aus einem bildungsfernen Elternhaus Probleme, da sie weder die erforderlichen Hilfestellungen erhalten noch über die nötigen Lernstrategien verfügen.

> ☞ Übungsphasen sollten stärker in den Lateinunterricht integriert werden. Denn nur unter kompetenter Anleitung und Begleitung können unsere Schüler sukzessive individuelle Methoden erwerben, Unterrichtsinhalte selbstständig und erfolgreich zu üben und zu wiederholen.

An dieser Stelle sei noch auf eine Besonderheit unseres Faches hingewiesen: Im Unterschied zu anderen Fächern können beim Erlernen einer Fremdsprache einzelne Unterrichtsinhalte nicht beiseite geschoben oder ausgeblendet werden, sobald sie abgeschlossen sind. Vielmehr müssen möglichst alle im Laufe des Lateinunterrichts eingeführten sprachlichen Elemente in angemessenen Zeitabständen aufgefrischt werden, sodass sie jederzeit verfügbar sind.

> ☞ Insbesondere im Fach Latein mit seinem systematisch-sequentiellen Aufbau sind Übungs- und Wiederholungsphasen als integraler Bestandteil des Unterrichts unerlässlich.

---

1 Vgl. dazu Meyer, H., Intelligentes Üben, in: Was ist guter Unterricht? Berlin 2004, 104–112, besonders 107–108. Nach den Untersuchungen von Klaus Hage u. a. werden im Gymnasium nur 4,46 % der gesamten Unterrichtszeit für die Übung, 14,81 % für die Wiederholung, 1,42 % für die Anwendung und 8,52 % für die Kontrolle des Lernstoffs verwendet (im Unterschied zu 57,40 % für die Aneignung Lernstoffes). Vgl. im Einzelnen Hage, K., u. a., Das Methoden-Repertoire von Lehrern. Eine Untersuchung zum Schulalltag der Sekundarstufe I, Opladen 1985, 57.

2 Umfragen und Fallstudien an verschiedenen Schulen zeigen, dass die meisten Schülerinnen und Schüler nicht über entsprechende Übungskompetenzen verfügen und grundlegende Regeln konsequent außer Acht lassen, indem sie meist ohne Sinn und Verstand stur auswendig lernen, sobald die nächste Prüfung ansteht. Vgl. dazu besonders: Paradies, L., Linser, H. J., Üben, Wiederholen, Festigen. Praxishandbuch für die Sekundarstufe I und II, 5. Aufl. Berlin 2007, 15–16.

Denn es gilt nach wie vor der Satz: *Exercitatio est magister optimus.* Um ein Sachgebiet wirklich zu beherrschen, ist die sichere Verankerung und Vernetzung zahlreicher Informationen im Langzeitgedächtnis unerlässlich, was nur durch regelmäßige und intelligente Übungsphasen gewährleistet werden kann.

2.   Üben: Definition und Intention

Üben erfolgt in der Regel nach einer Erarbeitungsphase und kann verschiedene Ziele verfolgen:

– Automatisierung und Konsolidierung,
– Aneignung und Vertiefung,
– selbstständige Übertragung des neuen Lernstoffes auf andere Gebiete (Transfer).

Durch regelmäßige Übungsphasen werden neu angeeignete Lerninhalte zu anwendbarem Wissen und Können verdichtet, sodass die Schüler entsprechende Kompetenzen entwickeln können.
Im Lateinunterricht sind in folgenden Bereichen regelmäßige Übungsphasen erforderlich:

– Wortschatz
– Formenlehre und Syntax
– Realienkunde
– Texterschließung
– Interpretation

Dabei gilt der Primat der Textorientierung: Alle Kenntnisse und Fertigkeiten, die die Schüler im Laufe der Jahre erwerben, sollen sie vor allem dazu befähigen, lateinische Texte zu erschließen und angemessen ins Deutsche zu übertragen. Übungen müssen daher die Fähigkeit der Satz- und Texterschließung im Blick haben.

☞ Isoliertes Vokabel- oder Formentraining (»Dekliniere *res magna*«) sollte durch Übungen im sprachlichen Kontext ergänzt bzw. weitergeführt werden, z. B. »Ordne zu passenden Pärchen: *res homines vocibus servus – multi stultus magnis magna.*«

3.   Tipps für das Üben, Wiederholen und Festigen

Überträgt man die Erkenntnisse der Gedächtnispsychologie, Neurobiologie und Neurodidaktik auf die Praxis, kann man folgende Grundregeln für Übungs- und Wiederholungsphasen aufstellen:

Einmal ist keinmal! Nach der ersten Aneignung eines neuen Inhaltes sollte man möglichst rasch mit der ersten Wiederholung beginnen, da die Vergessenskurve zu Beginn steil abfällt. Zu spätes Üben gleicht fast dem Neulernen.

Nicht klotzen, sondern kleckern! Kurz andauernde, über einen längeren Zeitraum verteilte Wiederholungen sind wirkungsvoller als lang andauernde Wiederholungen, die nur selten zum Einsatz kommen. Das Prinzip des verteilten Übens sollte auch bei der Behandlung einer Lehrbuchlektion beachtet werden. Ungünstig ist eine ausgedehnte Übungsphase en bloc nach der Behandlung des gesamten Lektionstextes und der kompletten Einführung aller neuen grammatischen Phänomene. Stattdessen empfiehlt es sich, den Lernstoff aufzuteilen und einzelne Aspekte des Lektionstextes und der neuen Grammatik an geeigneter Stelle durch entsprechende Übungen zu konsolidieren.[3]
Bei der Einführung des AcI in Lektion 8 des Lehrwerks Lumina ist es z. B. nicht ratsam, erst nach der Durchnahme sämtlicher Aspekte anhand des gesamten Lektionstextes eine ausgedehnte Übungsphase anzusetzen. Besser ist es, unmittelbar im Anschluss an die erste Begegnung der Schüler mit dem AcI (Zeile 1–11) die grundlegenden Elemente mit einer kurzen Übung zu festigen, bevor sie mit weiteren neuen Aspekten konfrontiert werden.

So können die Schüler z. B. anhand einer kleinen Transformationsaufgabe das Gelernte aktiv anwenden:

Beispiel: Ein Tag in den Thermen (Lumina Lektion 8)
Titus videt: *Quintus per vias urbis ambulat.*
Titus audit: *Quintus in thermas it.*
…

Arbeitsauftrag:
Mache die Sätze der rechten Spalte als AcI von den Sätzen der linken Spalte abhängig.
Übersetze die neu gebildeten Sätze ins Deutsche.

Transparenz ist Trumpf! Oft kann der Übungserfolg gesteigert werden, wenn die Schüler das Prinzip der Übung verstanden haben. Bei dem Übungsauftrag »Dekliniere *rex superbus, tempus iucundum, mulier Romana!*« ist es durchaus hilfreich, vorab zu klären, dass es darum geht, Substantive der konsonantischen

---

3 Da die Gedächtnisleistungen der Schüler von zahlreichen Faktoren abhängen und deshalb sehr stark differieren können, ist es kaum möglich, sichere Aussagen über den günstigsten Übungsrhythmus zu treffen. Jank und Meyer empfehlen folgenden Wiederholungsrhythmus: erste Wiederholung nach etwa 15 Minuten, zweite Wiederholung nach etwa 2 Stunden, dritte Wiederholung nach etwa 12 Stunden, vierte Wiederholung nach etwa 2 Tagen, fünfte Wiederholung nach etwa 1 Woche, sechste Wiederholung nach etwa 2 Wochen. Vgl. Jank, W., Meyer, H., Didaktische Modelle, 6. Aufl. Berlin 2003, 184–185 in Anlehnung an: Decker, F., Die Neuen Methoden des Lernens und der Veränderung. Lern- und Organisationsentwicklung mit NLP, Kinesiologie und Mentalpädagogik, München u. a. 1995, 228.

Deklination in Kombination mit Adjektiven der o/a-Deklination zu deklinieren und die Prinzipien ggf. noch einmal vor Beginn der Übung zu wiederholen.

Gleich und gleich gesellt sich nicht immer gern! Es ist nicht sinnvoll, ähnliche Lerninhalte, die sich gegenseitig behindern könnten, nacheinander zu lernen, da pro- und retroaktive Hemmungen eintreten könnten. Es wäre z. B. mehr als fragwürdig, in ein und derselben Lektion die Verben *parere* (*pareo*), *parare*, *parere* (*pario*) und *portare* ohne Kontextbezug einzuführen.

Vom Leichten zum Schweren! Im Allgemeinen hat es sich bewährt, mit leichten Übungen zu beginnen (Motivation) und erst allmählich die Komplexität und den Schwierigkeitsgrad zu steigern.

Netzwerke sind gefragt! Übungen sollten nach Möglichkeit mit bereits gewonnenen Kenntnissen und Fertigkeiten verknüpft werden und auf künftige Inhalte vorbereiten.
Vor der Einführung des AcI kann man z. B. die Akkusativ- und Infinitivformen in Form eines Ping-Pong-Spiels wiederholen:

Beispiel: Infinitiv-Ping-Pong		**Beispiel**: Akkusativ-Ping-Pong	
venitis	→ venire	amici	→ amicos
ambulas	→	puer	→
capit	→	venditores	→

Je mehr Lernkanäle, desto erfolgreicher! Bei den Übungsphasen sollten möglichst viele Sinnesorgane aktiviert werden. So kann man z. B. bei der Wiederholung verschiedener Verben durch entsprechende Skizzen oder Bewegungen den Merkeffekt erheblich steigern.[4] Beispiele finden Sie im Kapitel Wortschatzarbeit.

Rhythm is it! Eingängige Rhythmen sind insbesondere für das Einprägen der Formenlehre eine hilfreiche Stütze. Die jüngst erschienene mentor Audio-Lernhilfe »Lateinische Verben« präsentiert die Stammformen mit eingängigen Rap-Melodien, die die Jugendlichen mit- und nachsingen können. Das Lehrwerk Intra bietet den Schülern auf einer beiliegenden Hör-CD wichtigen Lernstoff in gereimten Merkversen, die von der Gruppe ISTA als Raps dargeboten werden und bei den Jugendlichen nicht nur zu großer Begeisterung, sondern auch zum besseren Übungserfolg führen.[5]

---

4 Vgl. dazu auch die Ausführungen zu den unterschiedlichen Lernwegen der Schüler in: Steinhilber, J., Die Übung im lateinischen Sprachunterricht. Grundlagen, Methoden, Beispiele, Bamberg 1994, 13–15.

5 Vgl. mentor Audio-Lernhilfe (Musik-CD mit Begleitheft): Lateinische Verben. Leichter lernen mit Rap und Hip-Hop, München 2008.
Intrate. Raps zur lateinischen Grammatik. Audio-CD, Göttingen 2008.

Variatio delectat! Übungen sollten geeignete Variationen enthalten. Auf diese Weise wird gewährleistet, dass die Schüler bekannte Inhalte unter jeweils neuen Aspekten immer wieder aktiv durchdringen und sich diese damit besser einprägen. Gleichzeitig wird ihre geistige Flexibilität trainiert, die einem schematischen Umgang mit Sprache entgegenwirkt und eine wesentliche Grundlage für die erfolgreiche Erschließung lateinischer Texte bildet. Insbesondere Formenübungen zu den Konjugationen und Deklinationen sollten sich nicht im stereotypen Aufsagen der Paradigmata erschöpfen, sondern die Schüler zur aktiven Mitarbeit einladen:

Beim Durchkonjugieren gibt es zahlreiche Variationsmöglichkeiten, von denen nur eine skizziert werden soll:

Ein Schüler beginnt mit der 1. Person Singular und ruft den nächsten Schüler auf, der die 1. Person Plural bildet. Dieser ruft einen weiteren Schüler auf, der mit der 2. Person Singular fortfährt usw. Ebenso könnte man Formenpaare mit Aktiv- und Passivformen oder Präsens- und Perfektformen bilden lassen.

Denkprozesse verbalisieren und visualisieren! Der Übungseffekt wird gesteigert, wenn Schülerinnen und Schüler dazu angeleitet werden, anderen ihren Denkprozess und ihr Ergebnis zu erläutern und ggf. zu veranschaulichen.

Auf die Passung kommt es an! Günstig ist es, wenn die Übungen den unterschiedlichen Vorlieben, Stärken und Fähigkeiten der einzelnen Schüler gerecht werden und für jeden ein passendes Angebot bereitstellen. Denn Unterforderung führt zu Langeweile und Lernverdruss und Überforderung führt zu Misserfolgen und langfristig zu Lernunwilligkeit.

Was interessiert, wird registriert! Inhalte, zu denen die Schüler einen persönlichen Bezug haben und für die sie sich interessieren, werden tiefer verarbeitet als solche ohne persönliche Bedeutung. Dies ist im Lateinunterricht mitunter schwer zu verwirklichen, doch gelingt es im Rahmen der Interpretation manchmal, an den Interessen und Vorlieben der Schüler anzusetzen.

Nichts motiviert so sehr wie Erfolg! Besonders nach der Einführung eines neuen grammatikalischen Phänomens ist darauf zu achten, dass die Übungen nach Möglichkeit von allen Schülern bewältigt werden können.[6] Denn Erfolg ist für das Weiterüben ganz wichtig. Misserfolge »am laufenden Band« zerstören die Lernbereitschaft.

---

6 Im Idealfall sollen die Anforderungen an den einzelnen Schüler so gestaltet sein, dass er sie gerade noch erfüllen kann. Vgl. Heilmann, W., Lernpsychologische Grundlagen des Übens im einführenden lateinischen Sprachunterricht, in: Höhn, W., Zink, N. (Hg.), Handbuch für den Lateinunterricht Sekundarstufe I, Frankfurt am Main 1987, 119.

Gute Interaktion bewirkt Motivation! Soziale Anerkennung und persönliche Wertschätzung sind ganz entscheidende Voraussetzungen für die Motivation und den Lernerfolg unserer Schülerinnen und Schüler. Umgekehrt lösen Strafe und Notendruck bei vielen Schülern Denkblockaden aus, die dem Lernprozess nicht förderlich sind. Nach unseren Erfahrungen ist es deshalb angeraten, Übungszeiten als notenfreie Zonen zu gestalten und dies den Schülern auch ganz offen mitzuteilen.

Hilfe zur Selbsthilfe! Auch der Umgang mit Fehlern will gelernt sein. Der Schüler sollte wissen, dass er sich jederzeit an die Mitschüler oder den Lehrer wenden kann, wenn er einmal nicht so richtig weiter kommt. Die Hilfe sollte allerdings nicht darin bestehen, dass dem betreffenden Schüler die richtige Lösung ohne weiteren Kommentar mitgeteilt wird. Diese häufig zu beobachtende Praxis ist zwar der schnellste, aber zugleich der schlechteste Weg. Erfolgversprechender ist es, den Schüler durch geeignete Fragen oder Denkanstöße zum eigenen Nachdenken und im Idealfall zur richtigen Lösung anzuregen.

Selbstbestimmung statt Fremdbestimmung! Maßgebend ist nicht die Logik des Lehrers, sondern die Kreativität des Lerners. Oberstes Ziel einer jeden Übungs- und Wiederholungsphase ist es, möglichst viele Schüler zur Eigentätigkeit anzuregen.
Der Lehrer sollte den Schülern eine möglichst große Vielfalt an Übungs- und Wiederholungsmöglichkeiten vorstellen und sie dazu ermuntern, aus der Fülle unterschiedlicher Lernmethoden und Lernwege diejenigen auszuwählen, die ihren eigenen Denk- und Assoziationsmustern und Stärken jeweils am ehesten entsprechen.

Es kommt auf jeden Einzelnen an! Für den Lernerfolg ist es entscheidend, dass jeder einzelne Schüler im Rahmen der Übungsphase seinen Beitrag leisten kann. Bei Wiederholungen, die ausschließlich im Klassenverband durchgeführt werden, kommen in der Regel nur wenige Schüler zum Zuge. Deshalb ist darauf zu achten, dass im Lateinunterricht ausreichend Zeit für individuelles Üben in Einzel-, Partner- und Kleingruppenarbeit zur Verfügung steht.

Individuelles Training und Teamgeist sind gefragt! Viele Schüler sind deutlich motivierter, wenn sie das Wortschatz-, Grammatik- oder Übersetzungstraining im Team absolvieren können.
In der Praxis hat es sich vor allem bei Übungsphasen bewährt, nach dem Dreischritt THINK – PAIR – SHARE bzw. Ich – Du – Wir zu verfahren. Die Schüler üben zunächst in Einzelarbeit und tauschen sich erst anschließend in Partnerarbeit über ihre Ergebnisse aus. Eventuell kann die Partnerarbeit in Kleingruppenarbeit münden, was sich besonders bei komplexen Aufgabenstellungen im Rahmen der Übersetzung und Interpretation anbietet.

Der Lehrer sollte den Schülern im Unterricht die zuvor genannten und weitere Lernstrategien keinesfalls auf einen Schlag, sondern in angemessener Dosierung und Akzentuierung vermitteln (nicht klotzen, sondern kleckern …), damit sie sukzessive entsprechende Übungskompetenz erwerben, weiterentwickeln und selbstständig anwenden können.

Anregung (1): 1. Wählen Sie aus der obigen Liste drei Kriterien aus, auf die Sie sich in der nächsten Unterrichtseinheit besonders konzentrieren möchten. – **2.** Überlegen Sie, wie Sie die ausgewählten Kriterien in Ihrem Lateinunterricht umsetzen können.

4.   Praktische Umsetzung

Die Empfehlungen des vorigen Kapitels machen deutlich, dass Übungsphasen einer ebenso sorgfältigen und ideenreichen Planung und Durchführung bedürfen wie jede andere Unterrichtsphase auch.

> ☞ Gerade in Übungsphasen zeigt sich das didaktisch-methodische und pädagogische Geschick eines Lehrers, seine Schüler zu motivieren und differenziert zu fördern und zu fordern.

Anhand verschiedener Beispiele aus unterschiedlichen Arbeitsbereichen des Lateinunterrichts soll exemplarisch gezeigt werden, wie dies in der Praxis gelingen kann.[7] Übungen zur Wortschatzarbeit werden bewusst ausgespart, da diesem Thema ein eigenes Kapitel gewidmet ist.

4.1   Formenlehre und Syntax

Insbesondere bei Übungen der Formenlehre darf die Textorientierung nicht außer Acht gelassen werden. So stellt z. B. die ausschließliche Bestimmung und vor allem Übersetzung von Einzelformen ohne jeglichen Kontextbezug ein fragwürdi-

---

7 Auf die verschiedenen Übungsarten kann an dieser Stelle nicht näher eingegangen werden. Steinhilber unterscheidet fünf Übungstypen: Einübung, Vorübung, immanente Wiederholung, okkasionelle Wiederholung und systematische Wiederholung; vgl. Steinhilber, J., Die Übung im lateinischen Sprachunterricht. Grundlagen, Methoden, Beispiele, Bamberg 1986, 29–31. – Weitere Kategorisierungen von Übungen in: Bönsch, M., Nachhaltiges Lernen durch Üben und Wiederholen, Baltmannsweiler 2005, 81–85; Paradies, L., Linser, H. J., Üben, Wiederholen, Festigen. Praxishandbuch für die Sekundarstufe I und II, 5. Aufl. Berlin 2005, 57–58; Maier, F., Üben und Übungen im Sprachunterricht, in: Lateinunterricht zwischen Tradition und Fortschritt, Band 1: Zur Theorie und Praxis des lateinischen Sprachunterrichts, 3. Aufl. Bamberg 1988, 219–228; Glücklich, H.-J., Übungsformen im lateinischen Grammatikunterricht, in: Lateinunterricht. Didaktik und Methodik, 3. Aufl. Göttingen 2008, 108–111.

ges Unterfangen dar. Denn wie ein Imperfekt, Perfekt, Futur II oder wie die Konjunktivformen zu übersetzen sind, kann eben erst aus der sprachlichen Umgebung sinnvoll erschlossen werden.

Die Konsequenz kann selbstverständlich nicht heißen, Formenbestimmungen als Übungsform abzuschaffen, sondern sie durch weitere Übungsformen auf der Satz- und Textebene zu ergänzen. Fachliteratur, Lehrbücher und Computerprogramme bieten inzwischen eine erfreuliche Vielfalt an abwechslungsreichen und altersgemäßen Übungen zur Analyse, Synthese, Bestimmung, Zuordnung und Bildung von Formen.

Dabei gilt es jeweils zu bedenken, wann isolierte Übungen zur Formenlehre sinnvoll sind und wann ein Textbezug erforderlich ist.

Reine Formenübungen bieten sich vor allem für die Einübung und Wiederholung der Paradigmata in den verschiedenen Konjugations- und Deklinationsklassen an. Doch auch diese Übungen sollten nicht im reinen Formendrill erstarren, sondern die Schüler anregen, sich die Bausteine der Verb- und Substantivformen immer wieder aktiv zu vergegenwärtigen und verschiedene Konjugations- und Deklinationsklassen auf spielerische Art miteinander zu kombinieren und mit ihnen die Texterschließung zu entlasten.

Als Vorbereitung auf die Übersetzung von Ovids Metamorphosen 1,548–558 kann man z.B. eine Zuordnungsübung voranstellen, bei der die Schüler den Substantiven der linken Spalte die Adjektive, Pronomina und Partizipien der rechten Spalte zuordnen sollen. Dabei soll nicht nur auf die formalen Kriterien (KNG-Kongruenz), sondern auch auf die semantische Verträglichkeit geachtet werden:

Beispiel: Zuordnungsübung (Ov. met. 1,548–558)

praecordia	*velox*
dextra	*suis*
pes	*finita*
prece	*mollia*
lacertis	*posita*

Diese Übung kann im Schwierigkeitsgrad ohne Probleme gesteigert werden:

Beispiel: Formenübung (Ov. met. 1,548–558)

praecordia (mollis)	→	*praecordia mollia*
radicibus (piger)	→	
dextra (PPP von *ponere*)	→	
pes (velox)	→	
lacertis (suus)→		

Dank dieser Übungen können die Schüler bei der anschließenden Lektüre von Ov. met. 1,548–558 die Hyperbata rasch erkennen, was den Übersetzungsvorgang erheblich erleichtert.

Die verschiedenen Funktionen der lateinischen Tempora und Modi wie auch der Kasus oder die Sinnrichtungen der Partizipialkonstruktionen lassen sich nur mit einem Kontextbezug sinnvoll erschließen und einüben. Die satzwertigen Konstruktionen wie auch zahlreiche lateinische Nebensätze verdienen besondere Aufmerksamkeit, da sie in der Fehlerstatistik ganz weit vorne stehen. Sie sollten stets kontextbezogen präsentiert und eingeübt werden.

4.2   Realienkunde

Auch bei der Realienkunde benötigen unsere Schülerinnen und Schüler ähnlich wie in der Formenlehre oder bei den Vokabeln regelmäßig Übungs- und Wiederholungsphasen.

Besonders in diesem Bereich des Lateinunterrichts sollte das ganzheitliche, spielerische und handlungsorientierte Lernen nicht zu kurz kommen. So kann man den Schülern z.B. im Rahmen der Mythologie die Möglichkeit bieten, Kenntnisse über die antiken Gottheiten anhand eines Mythologie-Memorys zu erwerben oder aufzufrischen: Zu verschiedenen Gottheiten gibt es je ein Kartenpaar. Eine der beiden Karten enthält die wichtigsten Informationen. Auf der anderen befindet sich die entsprechende bildliche Darstellung.

Beispiel: Mythologie-Memory

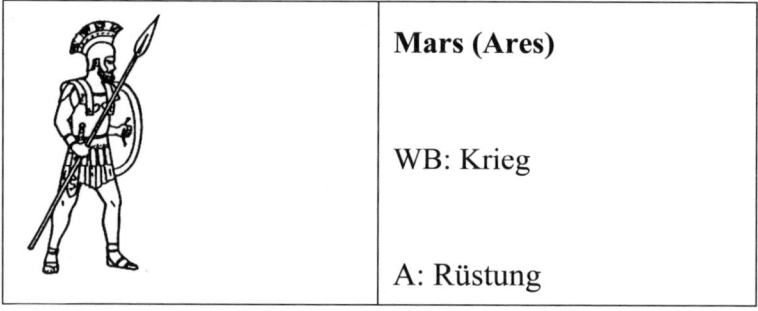

WB = Wirkungsbereich   A = typische Attribute

Die Karten mit der verbalen Information weisen eine rote und die Karten mit der bildlichen Darstellung eine gelbe Rückseite auf.

Der erste Spieler dreht je eine rote Informationskarte und eine gelbe Bildkarte um. Für den Fall, dass die Bild- und Informationskarte zusammenpassen, weil sie sich auf dieselbe mythologische Gestalt beziehen, darf er das Kartenpaar behalten und die nächsten zwei Karten umdrehen. Dies kann er so lange machen, bis er zwei Karten umdreht, die nicht zueinander passen. In diesem Fall ist der nächste Spieler an der Reihe. Das Spiel dauert so lange, bis alle Kartenpaare gefunden sind. Gewonnen hat der Spieler, der am Ende über die meisten Kartenpaare verfügt.

Als weitere Möglichkeit bietet sich im Rahmen der Autorenlektüre z.B. an, die Schüler ein Plakat zu Leben und Werken des Autors ausarbeiten zu lassen.

4.3   Texterschließung

Oft erschöpfen sich die Übungsphasen zur Texterschließung darin, dass die Schüler eine im Unterricht bereits mündlich besprochene Übersetzung schriftlich »nachübersetzen« oder eine selbstständig angefertigte Übersetzung vortragen, die anschließend im Klassenunterricht besprochen wird. Als Ergänzung zu diesen traditionellen Verfahren sollen im Folgenden alternative Übungsmethoden vorgestellt werden, die nicht nur eine willkommene Abwechslung zum Übersetzungseinerlei darstellen, sondern darüber hinaus die Schüler zur eigenständigen und produktiven Auseinandersetzung mit dem lateinischen Text einladen.

> ☞ Mit lateinischen Texten des Lehrbuch- und Lektüreunterrichts kann man ohne allzu großen zeitlichen Aufwand Übungen auf unterschiedlichen Anforderungsniveaus gestalten, die den Schülern neue intellektuelle Herausforderungen bieten und sie zur rekonstruierend-produktiven Textarbeit anregen.

Anregung (2): 1. Formulieren Sie anhand von Phaedr. 1,1 Übungen, mit denen das Sprach- und Textverständnis der Schüler gefördert und weiterentwickelt werden kann. – **2.** Wie könnte es durch entsprechende Änderungen am Text gelingen, die Schüler dazu anzuregen, sich aktiv mit dem bereits im Unterricht Übersetzten auseinander zu setzen?

Die folgenden intralingualen Übungen zur Texterschließung können je nach Leistungsniveau der Schüler sowohl vor als auch nach der Übersetzung von Phaedr. 1,1 zum Einsatz kommen. Sie wurden allesamt in der Unterrichtspraxis erprobt und haben nicht nur die Motivation meiner Schülerinnen und Schüler gestärkt, sondern ihre sprachlichen Fähigkeiten und ihr Textverständnis nachhaltig gefördert.[8]

Beispiel: Lückentext – Phaedr. 1,1

*Ad rivum eund_____ lupus et agnus vener_____
siti compuls____ : superior stabat lup___
longeque inferior agnus. Tunc fauce improb___
latro incitatus iurgii caus____ intulit:
»Cur«, inquit, »turbulentam fec____ mihi
aquam bibenti?« Laniger contra timens:
»Qui poss____, quaeso, facere, quod quereris, lupe?
A te decurr___ ad meos haustus liquor.«
Repulsus ille veritatis viribus:
»Ante hos sex menses male«, ait, »dixisti mihi.«
Respondit agnus: »Equidem nat___ non eram.«*

---

8 Weitere Beispiele in: Scholz, I., Sauter, J., Phaedrus Fabeln – Ein kompetenzorientiertes Lektüreprojekt mit Binnendifferenzierung, Göttingen 2009 (mit zahlreichen Kopiervorlagen).

»Pater hercle tuus«, ille inquit, »maledi____ mihi.«
Atque ita correptum lacerat iniusta nec___.
Haec propter ill___ scripta est homin___ fabula,
qui fict___ causis innocentes opprim____.

Arbeitsaufträge: Die Fabel ist leider nicht mehr ganz vollständig.
1. Stellt den vollständigen Text wieder her, indem ihr die Lücken ergänzt.
2. Erläutert bitte, welche Kriterien für eure Textgestaltung maßgebend waren.

Der Lückentext bietet zahlreiche Vorteile:
– Die Lücken können im Rahmen der gezielten Wiederholung bestimmter Phänomene aus dem Bereich der Grammatik oder der Syntax ganz gezielt gesetzt werden: Dadurch wird die Konzentration auf das einzuübende Phänomen gelenkt, ohne dass der Textbezug verloren geht.
– Da einige Texte der Antike uns leider tatsächlich nicht mehr vollständig erhalten sind, erhalten die Schüler durch die Methode des Lückentextes einen Eindruck davon, in welch mühevoller Arbeit Altertumswissenschaftler teilweise zerstörte Texte wiederherstellen müssen, um sie für die Nachwelt lesbar zu machen.

Beispiel: Textpuzzle – Phaedr. 1,1

»Cur«, inquit, »turbulentam fecisti mihi«
»Pater hercle tuus«, ille inquit, »maledixit mihi.«
Atque ita correptum lacerat iniusta nece.
latro incitatus iurgii causam intulit:
qui fictis causis innocentes opprimunt.
Ad rivum eundem lupus et agnus venerant
A te decurrit ad meos haustus liquor.«
aquam bibenti?« Laniger contra timens:
longeque inferior agnus. Tunc fauce improba
siti compulsi; superior stabat lupus
Repulsus ille veritatis viribus:
»Ante hos sex menses male«, ait, »dixisti mihi.«
siti compulsi; superior stabat lupus
Haec propter illos scripta est homines fabula,
»Qui possum, quaeso, facere, quod quereris, lupe?

Arbeitsaufträge: Ihr habt bestimmt schon bemerkt, dass die Verse ein wenig durcheinander geraten sind ...
1. Bringt die Verse wieder in die richtige Reihenfolge. Schneidet dazu die einzelnen Textbausteine aus und probiert und diskutiert verschiedene Möglichkeiten der Anordnung.
2. Haltet bitte schriftlich fest, welche Gründe für eure Textgestaltung maßgebend waren.

Die Buchstabenkette sowie die Sentence-Switchboard-Methode eignen sich besonders für die Unterstufe und damit für die Lehrbuchphase, können aber auch im Lektüreunterricht zum Einsatz kommen.

Beispiel: Lumina, Lektion 4, Zeile 1–5 (Auf dem Lande)

1 *Felicio vilicus*	**a**	*multos servos multasque ancillas vident.*
2 *Circumeunt et*	**b**	*dominum salutat.*
3 *Gnaeus Cornelius*	**c**	*hortum, vineam, silvam agrosque.*
4 *Tum spectant*	**d**	*hodie villam visitat.*

Arbeitsaufträge:
1. Ordne zunächst die Halbsätze des Lehrbuchtextes einander durch entsprechende Zahlen-Buchstaben-Kombination zu.
2. Bringe die Sätze anschließend in eine sinnvolle Reihenfolge.

Beispiel: Buchstabenkette

GNAEUSCORNELIUSHODIEVILLAMVISITATFELICIOVILICUSDOMINUMSALU-
TATTUMSPECTANTHORTUMVINEAMSILVAMAGROSQUECIRCUMEUNTET-
MULTOSSERVOSMULTASQUEANCILLASVIDENT

Arbeitsaufträge: In dieser Buchstabenkette sind die Trennungen zwischen den Wörtern verlorengegangen.
1. Suche die Wortgrenzen und markiere sie jeweils durch einen senkrechten Strich.
2. Überlege anschließend, wo ein Komma, Punkt oder sonstige Satzzeichen sinnvoll sind, und halte stichwortartig die wesentlichen Gründe für deine Entscheidung fest.

Anregung (3): 1. Überlegen Sie, was Sie in der nächsten Lektion Ihres Buches üben möchten. – **2.** Prüfen Sie anschließend, was der Übungsteil bietet (Was wird jeweils geübt, wie wird geübt?), und wägen Sie Stärken und Schwächen ab. – **3.** Sind aus Ihrer Sicht weitere Übungen wünschenswert? Falls ja, welche Übungen würden Sie empfehlen?

5.   Ausblick

Im Unterrichtsalltag dürfte es vermutlich nur mit einem sehr langen Atem und einer großen Portion Geduld und Humor zu leisten sein, all die genannten Empfehlungen in kleinen Schritten zu verwirklichen und entsprechende flankierende unterrichts- und schulorganisatorische Maßnahmen zu initiieren. Doch der Einsatz dürfte sich lohnen.

6.   Literaturhinweise

Bönsch, M., Nachhaltiges Lernen durch Üben und Wiederholen, Baltmannsweiler 2005, 81–85.

Esser, D., Ohne Flei_ kein Prei_. Üben in kreativ-produktiven Übungsformen, in: AU 1992/4, 42–56.

Glücklich, H.-J., Übungsformen im lateinischen Grammatikunterricht, in: ders., Lateinunterricht. Didaktik und Methodik, 3. Aufl. Göttingen 2008, 108–111.

Glücklich, H.-J., Übungen im lateinischen Grammatikunterricht, in: ders., Lateinunterricht. Didaktik und Methodik, 3. Aufl. Göttingen 2008, 110–119.

Heckner, A., Übungsformen, in: Höhn, W., Zink, N., Handbuch für den Lateinunterricht. Sekundarstufe I, 125–138.

Heilmann W., Lernpsychologische Grundlagen des Übens im einführenden lateinischen Sprachunterricht, in: Höhn, W., Zink, N., Handbuch für den Lateinunterricht. Sekundarstufe I, Frankfurt am Main1987, 104–124.

Maier, F., Üben und Übungen im Sprachunterricht, in: Lateinunterricht zwischen Tradition und Fortschritt, Band 1: Zur Theorie und Praxis des lateinischen Sprachunterrichts, 3. Aufl. Bamberg 1988, 219–228.

Paradies, L., Linser, H. J., Üben, Wiederholen, Festigen. Praxishandbuch für die Sekundarstufe I und II, 5. Aufl. Berlin 2005, 57–58.

Scholz, I., Offene Unterrichtsformen im Lateinunterricht, Auxilia 53, Bamberg 2003, 109–133. (inkl. Kopiervorlage für das Mythologie-Memory)

Scholz, I. (Hg.), Der Spagat zwischen Fördern und Fordern. Unterrichten in heterogenen Klassen, Göttingen 2008.

Scholz, I., Sauter, J., Phaedrus Fabeln. Ein kompetenzorientiertes Lektüreprojekt mit Binnendifferenzierung, Göttingen 2009.

Steinhilber, J., Die Übung im lateinischen Sprachunterricht. Grundlagen. Methoden. Beispiele, Bamberg 1986.

IV. Übersetzung und Texterschließung

Das Proprium des Lateinunterrichts ist die Übersetzung. Der Lateinunterricht ist immer zweisprachig, denn es geht um die Vermittlung von Deutsch und Latein. Dies unterscheidet Latein wesentlich vom Unterricht in den modernen Fremdsprachen.

Die Übersetzungstätigkeit umfasst zwei Bereiche: Im ersten Schritt geht es um das Entschlüsseln und Verstehen des lateinischen Textes, seine Dekodierung. Im Anschluss steht die Rekodierung, also die Formulierung eines deutschen Textes, der dem lateinischen entspricht. Beide Bereiche beeinflussen sich wechselseitig.

Es werden zunächst Fragen der Rekodierung erörtert, denn nur wenn das Ziel klar vor Augen steht, kann der Weg dorthin beschritten werden. Im Bereich der Texterschließungsmethoden wird danach das notwendige Handwerkszeug beschrieben, das Lehrer und Schüler benötigen, um den Text auch bei schwierigeren Stellen und Formulierungen zu bewältigen. Dies ist das Gebiet der Dekodierung. Die Dekodierung ist dabei nicht immer nur »Hilfsmittel« auf dem Weg zur Rekodierung, sondern kann durchaus eigenständig zu einem Textverständnis führen.

1. Rekodierung in der Schule

1.1 Problemaufriss

»Gut«, meinte am 14. Juli 1871 Professor Haupt zu seinem Kandidaten Ulrich v. Wilamowitz-Moellendorf im Rigorosum. Er hatte ihn einen Text lesen lassen und stellte fest: »Verstehen tun wir's beide und übersetzen können wir's beide nicht.«

Die Feststellung klingt paradox und steht im Gegensatz zu vielen Empfehlungen bei der Sprachenwahl im Gymnasium, bei der häufig genug die scheinbar mathematische Klarheit der Sprache und des Übersetzungsvorgangs als ein Vorteil des Lateinunterrichts hervorgehoben wird. Dabei fängt das Übersetzungsproblem nicht erst in der Universität, sondern schon in den ersten Lateinstunden an, so auf der Ebene der Semantisierung von Vokabeln (wenn *magnus* »groß« heißt, was bedeutet dann *vox magna*?) oder spätestens bei der Einführung des AcI. Denn man darf nicht von Schülern erwarten, dass sie z. B. bei *pueros gratis intrare scio* treffgenau die von der Schulbuchgrammatik gewünschte Hilfskrücke des deutschen Objektsatzes mit »dass« finden, wo sie doch von selbst auf viele andere

Möglichkeiten (z. B. »Die Kinder haben freien Eintritt, das weiß ich«) kommen. Vor diesem Hintergrund steht auch folgender Unterrichtsausschnitt zu Caesars Bericht über die gallischen Druiden (Caes. Gall. 4,14,1–4): *Multi in disciplinam conveniunt* wird mit »Viele junge Gallier gehen in die Lehre« übersetzt, das nachfolgende *itaque annos nonnulli vicenos in disciplina permanent* dann mit »Daher bleiben zahlreiche Gallier zwanzig Jahre in der Schule« und der wenig später folgende Satzteil *quod neque in vulgum disciplinam efferri velint* mit »weil sie nicht wollen, dass ihr Unterricht im Volk verbreitet wird«. Wo liegt das Problem? *Disciplina* heißt laut Wörterbuch »Schule, Lehre, Unterricht«. Also alles richtig übersetzt – oder?

1.2   Theorie der Übersetzung

Dass Übersetzung offenbar mehr ist als ein Operieren mit Wortgleichungen und einem festen Regelsystem für syntaktische Strukturen, zeigt nicht nur der Blick in den lateinischen Anfangsunterricht, sondern auch die Technikgeschichte: Die Erfindung einer Übersetzungsmaschine lässt sehr auf sich warten.

Bei der Übersetzung handelt es sich vielmehr um die Vermittlung zwischen zwei ungleichen Sprachsystemen: Die im Prinzip immer unvereinbare Strukturdifferenz zwischen Ausgangssprache und Zielsprache (aber auch die unterschiedliche Denkweise verschiedener Epochen) findet einen Ausgleich in der Tätigkeit des Übersetzens. Erfolgt dies nicht, gelangt man zu Ergebnissen wie bei diesem Verbotsschild aus einem Nachbarland.

Der Übersetzer muss sich also, wie es Herkendell[1] deutlich gemacht hat, bei jedem Einzelfall entscheiden, ob er sich eher *ut interpres* an den Konventionen und Denkmustern der Ausgangssprache oder *ut orator* an denen der Zielsprache orientieren soll. Die erste Möglichkeit arbeitet anti-illusionistisch, sodass der Leser auch bei der Übersetzung merkt, dass es ein befremdlicher, nicht seiner eigenen Zeit entspringender Text ist: Hier muss der Leser sich zum Text hinbewegen – Schadewaldts Homerübersetzung ist ein gutes Beispiel dafür. Ganz anders dagegen die Übersetzung von Schrott: Der Leser der Übersetzung hat den Eindruck, einen Text seiner Zeit vor Augen zu haben.[2]

---

1 Herkendell, H. E., Textverständnis und Übersetzung, in: AU 2003/3, 4–13.
2 Homer, Ilias. Neue Übertragung von W. Schadewaldt, Frankfurt 1975. – Homer, Ilias. Übertragen von R. Schrott. Kommentiert von P. Mauritsch, München 2008.

Die Entscheidung, ob man sich mehr in die eine oder in die andere Richtung bewegt, wird man von den Kriterien abhängig machen, die man seiner Übersetzung zugrunde legt. Diese können je nach Adressat und Situation stark schwanken.

1. Normen: Hierzu gehört die Orientierung über die zugrunde liegenden Normen, wie z. B. im schulischen Bereich der eindeutige Vorrang des Sinnverständnisses vor einer Strukturerfassung (vgl. die Richtlinien und Lehrpläne der einzelnen Bundesländer).

2. Äquivalenzkriterien: Keine Übersetzung hat einen unendlichen Interpretationsspielraum, der Ausgleich zwischen Ausgangs- und Zielsprache erfolgt aufgrund von Äquivalenzkriterien.
Hierzu gehört z. B. die Größe der Übersetzungseinheiten (im Lateinunterricht traditionell das Wort und jedes bedeutungstragende Morphem; in der literarischen Übersetzung dagegen meist der ganze Text).
Ein weiteres Kriterium ist der durch Wörterbuch und Kontext festgelegte Bedeutungsrahmen eines Wortes (De- und Konnotation; z. B. kann *altus* je nach Fügung »hoch« oder »tief« bedeuten, aber niemals »flach«).
Es gibt noch weitere Äquivalenzkriterien, deren Einhaltung aber einen Schüler in der Regel überfordert: textnormative Äquivalenz (Schüler können z. B. nicht den zwanglosen Briefstil des Plinius bewusst nachahmen) und pragmatische Äquivalenz (*primus amor Phoebi Daphne Peneia*, Ov. met. 1,452: Nur ein Kommentar kann klären, dass Daphne die Tochter des Flussgottes Peneus ist). Ein letztes Kriterium wäre die formal-ästhetische Äquivalenz (Metrik, Rhythmus, poetische Wortwahl, Metaphorik, Wortspiel etc.). Auch dies ist für Schüler nur in wenigen Ausnahmefällen leistbar.

3. Zielsprache: Schließlich muss klar sein, welche sprachlichen Konventionen auf der Ebene der Zielsprache gelten. Das deutsche Zeitgefüge folgt z. B. anderen Regeln als das lateinische, und es ist daher schlichtweg falsch, lateinisches Plusquamperfekt immer mit deutschem Plusquamperfekt wiedergeben zu lassen.

Die Komplexität und Differenziertheit der Regeln, die den Hauptvorgängen der Übersetzung, Modulation, Transposition sowie Substitution / Adaption zugrunde liegen, ist dabei abhängig von der erworbenen Sprachkompetenz: In den ersten Stunden wird ein Schüler das neue Passiv in der Regel mit deutschem Passiv übersetzen; erst später treten Alternativen hinzu.

Modulation: Bedeutungsveränderung auf der semantischen Ebene, z. B. Vokabelbedeutung (*disciplina*) oder das Paraphrasieren von Kola (*res adversa, clamorem tollere*) oder ganzen Sätzen (*ab ovo usque ad mala* entspricht etwa »von der Vorspeise bis zum Dessert«).

Transposition: Umstellung, z.B: Wortartenwechsel (*urbe expugnata* – nach der Eroberung der Stadt) oder Änderungen auf der syntaktischen Ebene (Umkehrung Aktiv-Passiv, Auflösung der Hypotaxe oder Änderung der Satzstruktur bei ganzen Sätzen (*liber mihi est usui*; *Laokoon, qui magna vi corporis erat*)).

Substitution / Adaption: Ersetzung von Begriffen, die eigentlich unübersetzbar sind, da sie in einem spezifischen Milieu verankert sind (*virtus, voluptas* oder der *pannus* der *agitatores* in Plin. epist. 9,6). – In der Regel ist dies von Schülern nicht leistbar.

Es gibt also nicht »die« einzige als richtig zu akzeptierende Übersetzung. Eine Übersetzung ist vielmehr immer das Ergebnis der ihr zugrunde gelegten Vereinbarungen. Eine Klarstellung hierüber gehört zu den wichtigsten Aufgaben im Unterricht. Denn eine Übersetzung, die von anderen Vereinbarungen als denen ihres Benutzers ausgegangen ist, kann fehlerfrei sein und trotzdem unbrauchbar.

In der Schule gestalten sich die Aufgaben der Modulation und der Transposition als die beiden Hauptbereiche der Übersetzungsarbeit. Beide Aufgabenfelder lassen sich übersetzungstechnisch oft separat behandeln: Probleme der Transposition (wie z.B. die Stellung des Hauptprädikats an zweiter Satzstelle im deutschen Hauptsatz) werden von speziellen Dekodierungsmethoden aufgegriffen, während Bereiche der Modulation sich oft erst später aufgrund einer interpretatorischen Gesamtschau auf den Text erschließen.

1.3   Definition von Übersetzungstypen

Im Schulalltag kursieren verschiedene Begriffe, um Unterschiede zwischen Übersetzungen zu verdeutlichen. Sie sind jedoch nicht sehr trennscharf. So ist z.B. die Unterscheidung zwischen »wörtlicher« und »freier« Übersetzung geläufig. Das erscheint als nicht sinnvoll, da eine Sprachvermittlung weder strikt wörtlich noch völlig frei sein kann. Unscharf sind auch die Bezeichnungen »genaue Übersetzung« »richtige Übersetzung« oder »Meisterübersetzung«. Denn eine Übersetzung kann natürlich falsch sein, aber selbst eine »richtige« Übersetzung bietet nur eine von mehreren Lösungen, z.B. bei der Wiedergabe eines Abl. abs. (*me absente* – in meiner Abwesenheit? während ich abwesend bin? obwohl ich abwesend war?).

Ebenso fragwürdig ist der Ausdruck »Arbeitsübersetzung«. Mitunter wird er mit »so wörtlich wie möglich, so frei wie nötig« umschrieben – womit man das logische Problem von wörtlicher oder freier Übersetzung nur durch eine freundliche Formulierung kaschiert, aber nicht in der Sache entschärft. Sinnvoll wäre am ehesten noch die Definition von »Arbeitsübersetzung« als einer Übersetzungsleistung, die in Hinblick auf das anvisierte Übersetzungsziel noch »in Arbeit ist«, also z. B. eine sinngerechte Textwiedergabe auf Deutsch, wobei man letztlich eine zielsprachenadäquate Übersetzung anstrebt.

Tautologisch ist schließlich der Begriff »kreative Übersetzung«, weil jede Übersetzung die Probleme der Unvereinbarkeit zweier Sprachsysteme zu lösen hat und dadurch per se kreativ ist.

Für die weitere Arbeit ist es notwendig zu definieren, was man unter einer Übersetzung versteht. Für den schulischen Bereich scheint es sinnvoll, zwischen drei grundsätzlichen Ausrichtungen zu unterscheiden:[3] Am Beispiel einer Plautustextstelle (Plaut. Most. 51–54) wird dies kurz vorgestellt:

Quasi invidere mi hoc videre, Grumio, quia mihi bene est et tibi male est; dignissumumst: decet me amare et te bubulcitarier, me victitare pulchre, te miseris modis.

Typ I:[4] Möglichst weitgehende Nachahmung der Struktur bei Vermeidung semantischer Modulation, z. B.:

Gleichsam scheinst du mich darin zu beneiden, Grumio, dass es mir gut ist und dir schlecht ist; das ist am würdigsten: Es ziemt sich, dass ich liebe und dass du die Ochsen antreibst, dass ich schön esse und du auf elende Weisen.

Häufig wird dieses Verfahren von den Schülern selbst zur Konstruktion einer ersten Übersetzungslösung herangezogen, indem sie z. B. alle Vokabelbedeutungen über den lateinischen Text schreiben und dann Wort für Wort übersetzen. Dieses Verfahren ist durchaus beliebt und wird von Schülern häufig benutzt, denn man bleibt immer nah am Text und geht kaum ein Risiko ein. Die Vorteile dieses Vorgehens sind aber zugleich seine Gefahren: Die teilweise sehr grobe Behandlung der Zielsprache, die je nach Wahrnehmung des Lesers auch nicht mehr tragbar sein kann (z. B. »auf elende Weisen«), ist symptomatisch dafür. Denn man kann den Text in der Zielsprache wiedergeben, ohne ihn richtig verstanden haben zu müssen. Die Texterfassung verbleibt auf der sprachlichen Oberfläche, das Ver-

---

3 Eine Einteilung der Übersetzungsleistung der Schüler ergibt sich aus der doppelten Bindung der Übersetzung an die Ausgangs- und Zielsprache. Die EPA (Einheitliche Prüfungsanforderungen in der Abiturprüfung Latein. Beschluss der Kultusministerkonferenz vom 10.02.2005) berücksichtigen ebenfalls zwei Ziele der Übersetzung: die sachliche Richtigkeit und das angemessene Deutsch. Die Aufgabe einer Übersetzung, Inhalt, Aufbau und Aussage eines lateinischen Textes zu erfassen, kann damit allein noch nicht ganz erfasst werden; hierzu wird eine eigene Interpretation dienen. Diese Überlegungen können in eine dritte Form der Übersetzung einfließen, die neben sachlicher und sprachlicher Richtigkeit auch die Adäquatheit in der Mitteilungsabsicht berücksichtigt. Eine derartige Einteilung korrespondiert auch mit der Einteilung der modernen Übersetzungswissenschaft in verschiedene Bearbeitungsformen, vgl. Koller, W., Einführung in die Übersetzungswissenschaft, 5. Aufl. 1997, 203.

4 Zur Terminologie (»Stufe« oder »Typ«): Der Begriff »Stufe« impliziert eine notwendige Abfolge. Die Schulrealität zeigt, dass Schüler in der Lage sind, sofort eine Übersetzung des Typs II vorzulegen, ohne zuvor die andere Form erkennbar durchlaufen zu haben. Daher ist der Begriff »Typ« angemessener, da er eine Hierarchisierung nicht erzwingt, sie aber auch (aufgrund anderer didaktischer, pädagogischer oder fachlicher Überlegungen) nicht ausschließt.

ständnis lateinischer Satz- und Denkstrukturen wird durch Nachahmung statt durch Neubildung bezeugt und die Semantisierung bleibt auf der Ebene der Grundbedeutungen und folgt dem Schema von Wortgleichungen. Fragt man die Schüler, ob sie diesen Satz verstanden haben, hört man oft die Äußerung: »Eigentlich nicht, aber das ist doch sowieso Latein!«

Typ II: Zielsprachlich angemessene Übersetzung, die vielfältige Transpositionen und Modulationen benutzt, um den Sprachkonventionen des Deutschen zu entsprechen, z. B.:

Ich habe das Gefühl, Grumio, du beneidest mich deshalb, weil es mir gut geht und dir schlecht; das ist nur gerecht. Denn ich darf lieben und du musst die Ochsen antreiben, ich habe gutes Essen, du dagegen hast ein erbärmliches Essen.

Die Übersetzung folgt anerkannten *Äquivalenzkriterien* (z. B. berücksichtigt sie die unterschiedliche Verbvalenz von *invidere* / beneiden, die semantische Breite von Lexemen wie *dignus* oder *decet* oder die Wiedergabe von Plural als Singular etc.). Eine derartige Übersetzung beachtet die kommunikative Funktion der Übersetzung. Der Sinn des lateinischen Textes wird erst dadurch wirklich verstehbar. Die Übersetzung ist auf diese Weise immer auch eine Interpretation, denn der Übersetzer muss sich zwischen verschiedenen Möglichkeiten der Zielsprache (z. B. *decere*, zieren, kleiden, sich gehören, sich schicken ...), die jeweils eine andere inhaltliche Ausrichtung zur Folge haben, entscheiden.

Tpy III: Wirkungsgerechte Übersetzung. Sie berücksichtigt die kontextuellen und pragmatischen (außertextlichen) Zusammenhänge der zu übersetzenden Aussage. Bei der Plautusstelle liefern sich zwei einfache Sklaven in einer sehr burlesken Komödienszene einen deftig-anzüglichen Schlagabtausch – heutzutage würden sich vielleicht Hausmeister Krause und ein Pizzabote in einer Soap-Opera so begegnen:

Eh Grumio, ich glaub fast, du bist echt neidisch auf mich, weil es mir so gut geht und dir so schlecht. Aber so ist es halt: Ich hab 'ne geile Braut und du die Arbeit, ich leb in Saus und Braus und du frisst Dreck.

Wer sich die Szene anders vorstellt, z. B. als mundartliches Volksstück, wird eine andere sprachliche und stilistische Umsetzung wählen.
Je nach Zusammenhang (literarisches Genus, stilistisch-rhetorische Gestaltung, philosophische oder politische Hintergründe, ursprüngliche Funktion oder Adressatenkreis des Textes) ergibt sich für jeden Text eine andere Herausforderung bei dem Versuch, der lateinischen Sprache zu einem zeitgemäßen und zugleich sinngemäßen Abbild in der aktuellen Sprache zu verhelfen. In Abgrenzung zu einer lediglich idiomatischen Übersetzung versucht die wirkungsgerechte Übersetzung auch, historische, philologische und literaturwissenschaftliche Erkenntnisse zu

berücksichtigen. Die gewählte Lösung ist häufig sehr umstritten, wie gerade die Diskussion um die Homer-Übersetzung von R. Schrott zeigt.

Übung (1): **1.** Übersetzen Sie selbst Sall. Catil. 6,2–3 zuerst zielsprachlich angemessen und dann wirkungsgerecht. Anregungen zu möglichen Lösungen sowie ein weiteres Beispiel zu Tacitus finden Sie im [→ DLB]. – **2.** Formulieren Sie selbst eine Musterlösung für eine Klassenarbeit, in der klargestellt wird, welche Übersetzungsvarianten Sie selbst als »richtige« Schülerlösung zulassen und welche nicht.

Die verschiedenen Übersetzungstypen beschränken sich jedoch nicht nur auf die späte Lektürephase. Sie lassen sich schon ab der ersten Lateinstunde anwenden. Allein schon bei der Übersetzung von *Salve pater* werden zehnjährigen Lateinschülern sehr komplexe sprachreflektorische Operationen abverlangt: Heißt es »Hallo Papi«, eine bei uns gängige Anrede, oder »Guten Morgen, Herr Vater«, was bei Berücksichtigung der kontextuellen und pragmatischen Zusammenhänge eine adäquatere Anrede für den *pater familias* wäre.

1.4   Übersetzung als komplexes Unterrichtswerkzeug

Die deutsche Übersetzung ist das *instrumentum universale* des Lateinunterrichts; dies begründet nicht nur ihre Bedeutung, sondern führt auch zu mannigfaltigen Problemen. Denn die Übersetzung dient

– der Lerngruppe zur Verständigung über den Textinhalt und Textsinn (kommunikative Funktion);
– dem Schüler zum Verstehen des Textes, indem der Leseprozess von den Schülern gleichsam schriftlich durchgeführt wird (Problemlösefunktion);
– beim Lernen zum Entdecken, Einüben und Wiederholen neuer Vokabeln und Grammatik (Spracherwerbsfunktion);
– zum Nachweis und zur Kontrolle von sprachlichen Fähigkeiten (Diagnosefunktion);
– für Lehrer und Schüler zur Sicherung der Unterrichtsergebnisse z.B. nach einer Interpretation (Darstellungsfunktion).

Die unterschiedlichen Funktionen der Übersetzung sind nicht widerspruchsfrei. Die in der Unterrichtspraxis häufig betonte Diagnosefunktion durch den Lehrer führt zu einer Übersetzungstätigkeit der Schüler, die Experimente vermeidet, nach Möglichkeit simple Wortgleichungen benutzt und nur sehr zurückhaltend das Mittel der Transposition aufgreift (Typ I). In der Konsequenz führt dies dann zu abstrusen Fehlentwicklungen, z.B.:

»Du wirst mit dem Tod versehen werden, Brutus, wenn du die Worte der Pythia verkündet haben wirst.«

für

Morte afficieris, Brute, si verba Pythiae enuntiaveris.

Die Übersetzung darf nicht der Kontrolle der grammatischen Kenntnisse dienen, dafür stehen andere Mittel zur Verfügung, z. B. Rückfragen, warum im Lateinischen ein anderes Tempus als in der passenden Übersetzung steht.

Ein zweiter Problembereich wird deutlich, wenn man sich vor Augen hält, welche Anforderungen für eine gelungene Rekodierung zu leisten sind. Die Schüler benötigen dafür ausgeprägte Fähigkeiten:

- zur semantischen Modulation im Deutschen, da die gelernten Grundbedeutungen spätestens ab der zweiten, dritten Verwendung im Lehrbuch keinen Sinn mehr machen. (*castra ponere* macht als »ein Lager setzen / stellen / legen« wenig Sinn, *milites ad nos adeunt* bedeutet nicht »die Soldaten gehen an uns heran«.)
- zur syntaktischen Variation im Deutschen, um z. B. beim Abl. abs. die verschiedenen Möglichkeiten der Transposition zu überblicken. Dies ist nicht automatisch vorauszusetzen, denn Schüler, die bei Sätzen wie »Der Herr ist streng, aber gerecht« das zweite Kolon »aber gerecht« als Nebensatz begreifen, haben mit Sicherheit auch Probleme in der Umsetzung einer lateinischen Hypotaxe.
- zur Metakognition über den Übersetzungsvorgang. Diese Fähigkeit umfasst sowohl ein Mindestmaß an grammatischen Kenntnissen und Begriffen wie auch die Fähigkeit zur Fehleranalyse (z. B. gegenüber Mitschülern) wie zur Selbstreflexion über den Übersetzungsprozess (»Was ist mir schwergefallen, worauf muss ich achten?«).
- Des Weiteren benötigen die Schüler noch ein umfangreiches Vokabel- und Formenwissen, Kenntnisse von zentralen grammatischen Phänomenen und von Regeln zu deren Umsetzung im Deutschen. Sie brauchen auch ein vielfältiges kontextuelles Wissen zu den inhaltlichen Zusammenhängen der Textstelle für die Bereiche Philosophie, Geschichte und Literatur.

Die Übersetzung aus dem Lateinischen stellt also eine der anspruchsvollsten Aufgaben für den Schüler dar (Anforderungsbereich III gemäß den einheitlichen Prüfungsanforderungen für das Abitur). Den Schülern die Übersetzung eines völlig unbekannten Textes einfach als Hausaufgabe zu geben, ist eine starke Fehleinschätzung.

Übung (2): Analysieren Sie die Schwierigkeiten, die sich für Lateinschüler des ersten Lernjahres stellen, wenn sie den folgenden Satz rekodieren:

Luna Romanis saluti, latronibus autem perniciei est, nam milites e turri viros palos transcendere vident.

Einen Lösungsvorschlag finden Sie im [→ DLB].

2.   Unterrichtspraxis der Rekodierung

2.1   Metakognition über den Übersetzungsvorgang

Da die Übersetzung so viele unterschiedliche Problembereiche berührt, besteht die beste Lösung darin, diese Vorgänge von Anfang an permanent zu üben. Es ist sinnvoll, die Schüler schon in den ersten Lateinstunden dazu anzuhalten, ihre Übersetzungsleistung über Typ I hinauszuführen. Die Aufforderung, den übersetzten Textabschnitt mit eigenen Worten zu paraphrasieren oder die Aufgabe, nach einem passenden deutschen Ausdruck für *vos furorem patris timetis* zu suchen, sind gute Hilfsmittel, den Schritt zu Typ II zu erleichtern.

Ein Problem stellen dabei veraltete Wortgleichungen dar: »es ziemt sich« gehört nicht zum aktiven oder passiven Wortschatz der Schüler. Durch Einführung dieser Wendungen entsteht eine Kunstsprache, die »Übersetzung aus dem Lateinischen«. Es ist daher dringend notwendig, mit Schülern immer wieder den aktuellen Sprachgebrauch zu reflektieren und auch wirkungsgerechte Übersetzungen, etwa in die Sprache der Schüler, zu versuchen. Dabei lernt auch der Lehrer etwas, nämlich die Jugendsprache.

Anregung (1): Untersuchen Sie die ersten Lektionen Ihres Lehrbuches und ermitteln Sie die Stellen, an denen Sie mit Schülern gut die Unterschiede zwischen einer Übersetzung des Typs I, II und III thematisieren können. Beispiele für Intra, Lektion 1–6, finden Sie im [→ DLB].

Gegenstand des Lateinunterrichtes muss aber auch eine Reflexion über den Übersetzungsprozess an sich sein. Ins Grammatikheft gehört daher auch mindestens ein Tafelbild zum Übersetzungsvorgang:

Was passiert bei einer Übersetzung?			
📖 lat. Text	→ erste Übersetzung	→ Text verstehen, Paraphrase	→📄 »gutes« Deutsch
me manus omnis habet.	Mich hat jede Hand.	*me* = Martial ist mit seinem Buch identisch.	Mein Buch ist in aller Munde.
→ Übersetzung als mehrschrittiger Vorgang			

Es ist dabei nicht so wichtig, dass Sie die Typologie der Übersetzungsformen adäquat nachbilden. Entscheidender ist, dass die Schüler die Übersetzung als Konstruktions- und Interpretationsprozess verstehen.

2.2   Übersetzungsgespräch und Fehlerkorrektur

Das Hauptmedium der Reflexion von Übersetzungsleistungen im Unterricht ist das Übersetzungsgespräch, also der plenare Diskurs über Übersetzungsmöglichkeiten eines lateinischen Textes. Es kann zu verschiedenen Gelegenheiten stattfinden, sei es bei der Erstellung einer ersten Arbeitsübersetzung, sei es bei der Präsentation von Schülerergebnissen nach einer Stillarbeit oder beim Abgleich von Hausaufgaben. Letztendlich wird dieses Instrument auch bei Schülern in ihrer selbstständigen Arbeit benutzt, wenn sie sich untereinander, in Partner- oder Gruppenarbeit, auf eine gemeinsame deutsche Übersetzung verständigen. Allerdings gibt es auch hier sinnvolle und weniger sinnvolle Lösungen, wie das Beispiel von zwei Unterrichtsgesprächen zeigt.

Unterrichtsbeispiel: Caes. Gall. 6,14
Tantis excitati praemiis et sua sponte multi in disciplinam conveniunt et a parentibus propinquisque mittuntur. Magnum ibi numerum versuum ediscere dicuntur. Itaque annos nonnulli vicenos in disciplina permanent...

Unterrichtszusammenhang: Die Schüler haben den Text schriftlich in Einzelarbeit übersetzt. Jetzt erfolgt ein Vergleich der Ergebnisse satzweise, in Form eines Klassengespräches:

Version 1
Tantis excitati praemiis et sua sponte multi in disciplinam conveniunt et a parentibus propinquisque mittuntur.

Schüler:	Durch solche Belohnungen verlockt und freiwillig gehen viele in die Lehre und die Eltern und Verwandten schicken sie dahin.
Lehrer:	Bestimme mittuntur.
Schüler:	3. Pers. Pl. Präsens Indikativ.
Lehrer:	Welches genus verbi?
Schüler:	Passiv. Die Gallier werden von den Eltern und Verwandten geschickt.
Lehrer:	Richtig. Und was heißt *et – et*?
Schüler:	Sowohl als auch. Durch solche Belohnungen verlockt gehen viele sowohl freiwillig in die Lehre als sie auch von den Eltern und Verwandten geschickt werden.
Lehrer:	Sehr gut.

Version 2
Itaque annos nonnulli vicenos in disciplina permanent.

Schüler:	Daher bleiben viele Gallier zwanzig Jahre in der Schule.
Schüler 2:	Daher bleiben manche Gallier zwanzig Jahre in der Schule.
Lehrer:	Was sagen die anderen dazu?
Schüler 3:	*Nonulli* bedeutet »manche«, »viele« sind *multi*.
Lehrer:	Was fällt noch auf?
Schüler 3:	Vorher hieß *disciplina* »Lehre«, jetzt heißt es »Schule«.
Lehrer:	Richtig, im Wörterbuch steht »*diciplina* = Schule, Lehre, Unterricht«. Was nun?

Mehrere Schüler melden sich, entwickeln Ideen, grenzen aufgrund ihrer historisch-pragmatischen Kenntnisse »*disciplina* = Schule, Unterricht« von der heutigen Institution ab.
Die weitere Textarbeit zeigt, dass es auch nicht die »Lehre« im Sinne einer heutigen Ausbildungslehre ist. Am Ende der Stunde wird deutlich, dass »Geheimlehre« und »Unterweisung« hier die besten Umschreibungen für *disciplina* sind.

Voraussetzung für ein solches Gespräch ist, dass der Lehrer blitzschnell quasi den »Urfehler« der Übersetzung analysiert, um dann durch möglichst effiziente Impulse oder Fragen den »Finger in die Wunde« legen zu können. Oftmals ist es nämlich nur ein Fehler, aus dem die anderen Fehler als Folge resultieren. Übungsmaterial zur Fehleranalyse finden Sie im [→ DLB].
Damit der Lehrer in dieser Phase nicht zum Paris wird, der der schönsten Übersetzung den goldenen Apfel zuteilt, sind einige methodische und didaktische Voraussetzungen nötig:

Lehrerrolle: Der Lehrer hält sich zurück und gibt Fragen an die Gruppe weiter. Er lenkt dadurch, dass er nur eine Übersetzung als Grundlage für die Diskussion auswählt. Er verhindert Abschweifungen und verdeutlicht Wiederholungen.

Gesprächskultur: Fehler sind erlaubt, ja erwünscht, denn man kann aus ihnen lernen. Der Schüler, der die Übersetzung vorgetragen hat, erhält nur Lösungshinweise von den Mitschülern (z.B. »Du hast das Wort … vergessen«, »Das Tempus ist Perfekt, nicht Präsens« usw.), wobei der Lehrer Impulse setzen kann. Der Schüler korrigiert danach selbst. Die Schüler müssen untereinander zuhören, sich zurücknehmen und nicht sofort eine Lehrerhilfe erwarten. Man braucht eine angstfreie Atmosphäre: So entsteht aus der Fehlerkorrektur ein produktiver Vorgang.

Denkkultur: Alle Fragen sind zulässig; eine Progression und die quantitative Begrenzung stellen sich durch zunehmende Qualifikation der Gruppe von selbst ein. Abstraktion und Metareflexion (Wo lag der Fehler? Welche grammatische Regel ist betroffen?) müssen gefördert werden.

Lehrerlob: Lob nicht nur für richtige Lösung, sondern auch für richtige Hilfe und für eine selbstständige Fehlerverbesserung; Lob nicht nur für den letzten Beitrag, sondern für alle beteiligten Schüler. (»Du hast bei den Fragen zur Grammatik hilfreiche Antworten gegeben, du aber konntest die Vokabeln sehr gut einbringen« etc.)

Die entscheidenden Impulse für das Gespräch gehen dabei von dem Gesprächsleiter (häufig der Lehrer) aus.

Beispiele für gesprächsfördernde Fragen und Impulse
- »Was halten die anderen davon?«
- »Was hat Sandra schon alles richtig gemacht?«
- Oder enger: »Die Übersetzung von Sandra ist schon sehr schön, hat aber ein Problem. Wo?«
- »Wiederhole bitte noch einmal deine Übersetzung.«
- oder enger: »Wiederhole... Ihr anderen achtet dabei auf die Wortbedeutung / Prädikat / Syntax« etc. (= Nennung der Kategorie)
- »Was ist dir / euch bei der Übersetzung schwergefallen? Worüber habt ihr am meisten nachgedacht?« (für den Fall, dass ein reflexionswürdiger Satz sofort gut übersetzt wurde)
- »Warum seid ihr euch unsicher? Woran liegt es?«
- »Fasse den Satz noch einmal in eigenen Worten zusammen.« (Aufforderung zur Paraphrase, um von einer simplen Wort-für-Wort-Übersetzung zur Reflexion zu kommen)
- Alternative: »Was meint Caesar ... damit?«
  Alternative: »Wer ist mit *eos* gemeint? Warum schreibt Ovid hier *petunt amicam* statt *veniunt ad amicam*?« etc.

2.3   Der »Übersetzungsvertrag«

Ein weiteres Instrument zur Förderung der Rekodierungsfähigkeit ist der Übersetzungsvertrag. Die Übersetzung ist ja nicht eine mathematisch exakte Lösung, sondern die Vermittlung zwischen zwei Sprachen anhand von bestimmten Äquivalenzkriterien. Über die Auswahl der Kriterien wird der Lehrer nur am Anfang des Sprachunterrichts allein entscheiden. Spätestens bei der Einführung des AcI, der Vergangenheitstempora oder des Passivs können aber anstelle unreflektierter (und oft auch intransparenter) Lehrerentscheidungen gemeinsame Vereinbarungen treten, z. B., dass der Aspekt des Imperfekts durch ein entsprechendes Adverb wie »lange«, »dauernd«, »häufig«, »immer wieder« etc. ausgedrückt wird; oder dass das Passiv je nach Situation auch durch Aktiv oder unpersönliche bzw. reflexive Konstruktionen wiedergegeben werden kann, sofern sich hinter der Übersetzung eine passende Anmerkung (z. B. »L: Pass.«) befindet. Ein derartiger Übersetzungsvertrag unterliegt natürlich der permanenten Weiterentwicklung: Im zweiten Lehrgangsjahr sollte ein sicherer Umgang mit Aktiv-Passiv zur Selbstverständlichkeit geworden sein. Jetzt könnte es z. B. darum gehen, das lateinische Futur II zwar in der Übersetzung auf der Metaebene als Futur II zu benennen, es aber im Deutschen selbstverständlich durch Perfekt wiederzugeben.
Schulen müssen den Übersetzungsvertrag natürlich zum Thema der Fachkonferenzarbeit machen (analog zu den Absprachen zur Leistungsbewertung), denn sonst werden die Schüler durch einen Lehrerwechsel nach zwei Jahren benachteiligt, wenn plötzlich andere Kriterien herangezogen werden.

Übung (3): Erstellen Sie einen Übersetzungsvertrag für den Abschluss der Lehrbuchphase. Berücksichtigen Sie, dass nur kurze Vorgaben gute Vorgaben sind:

Höchstens 8 Gebote. Ein Beispiel für die Lektürephase (Cic. Verr. 2,4) finden Sie im [→ DLB].

2.4   Übersetzungsvergleich

Ebenso kann man auf das Mittel des Übersetzungsvergleichs zurückgreifen. Schüler greifen sowieso auf gedruckte Übersetzungen zurück, sei es auf Reclam-Ausgaben oder eine Internetversion. Sogar von aktuellen Lehrwerken gibt es komplette Übersetzungen aller Lesestücke im Internet. Warum also nicht aus der Not eine Tugend machen und die Schüler eine schon vorhandene Übersetzung reflektieren lassen? Dabei entstehen viele Lernmöglichkeiten.

Simili ratione ibi Vercingetorix, Celtilli filius, Arvernus,	Dort hatte der Averner Vercingetorix, ein Sohn des Celtillus, seine Anhänger zusammengerufen und auf ähnliche Weise Begeisterung erregt.
summae potentiae adulescens, cuius pater principatum Galliae totius obtinuerat et ob eam causam,	Er war ein junger Mann mit größtem politischen Einfluss. Schon sein Vater hatte die Vorherrschaft über Gallien ausgeübt und war dann,
quod regnum appetebat, ab civitate erat interfectus,	weil er das Königtum einführen wollte, von seinem Stamm getötet worden.
convocatis suis clientibus facile incendit.	

<u>Arbeitsauftrag</u>: Vergleiche die Übersetzung mit dem Original (Caes. Gall. 7,4,3–4). Welche Gemeinsamkeiten und Unterschiede lassen sich feststellen?

Man kann den Vergleich variieren, indem man z. B. Lücken setzt, die die Schüler ausfüllen müssen. So lässt sich gezielt Wortschatzarbeit mit Texterschließung und Übersetzungsreflexion verbinden. Oder Sie geben den Schülern eine Übersetzung, in der Sie (natürlich deutlich markiert) fehlerhafte Lösungen liefern, die die Schüler dann selbst verbessern sollen. Neben der Textsemantik lassen sich so auch andere Elemente der Übersetzung bzw. Rekodierung gezielt ansprechen: Die Unterschiede in der Wortfolge, die Intention eines Textes, seine rhetorisch-stilistische Ausformung, überhaupt alle grammatischen Phänomene.[5]
In der Konsequenz bedeutet dies auch in der Lektürephase einen anderen Umgang mit Übersetzungen. Statt moralisierendem Verbot würde dann die Aufgabenstellung heißen:
»Finde die beste Übersetzung für Martials *laudat, amat, cantat*. Begründe deine Entscheidung unter Bezug auf den Übersetzungsvertrag.«

---

5 Weitere Beispiele für den Übersetzungsvergleich finden Sie in den Kapiteln Wortschatzarbeit und Diagnose und Differenzierung; außerdem im AU 2004/1 (Synoptisches Lesen) mit Beiträgen von Nickel u. a.

Sofern die Kriterien für eine »gute« Übersetzung klar sind und die Schüler durch die regelmäßigen Übersetzungsgespräche in der Methode des Vergleichs geschult sind, dürfte diese Aufgabenstellung keine Schwierigkeiten bereiten.

Übung (4): Suchen Sie nach kurzen Texten (z. B. auch aus dem Lehrbuch) oder nach Textstellen klassischer Autoren, bei denen die Schüler sinnvoll verschiedene Übersetzungsvarianten vergleichen können. Anregungen finden Sie auch im [→ DLB].

2.5   Hausaufgaben

Problemzone Hausaufgabenkontrolle: Nichts kann quälender für den Lateinunterricht sein als eine regelmäßige ausführliche mündliche Besprechung der schriftlichen Hausaufgaben. Die Fehlbildungen kennt vermutlich jeder aus der eigenen Schulzeit: Die Hälfte der Klasse hat nichts und schreibt die Hausaufgaben im Bus oder in der Pause heimlich vom Nachbarn ab, die andere Hälfte starrt auf ihr Heft und hofft auf Unsichtbarkeit, einige wenige sprechen mit dem Lehrer, der alle Hände voll zu tun hat, um Schüler aufzurufen, das Gespräch zu leiten, Fehler zu erkennen, zu bewerten und zu korrigieren. Nach 45 Minuten ist dann die Stunde um, eine neue Hausaufgabe wird gestellt.
Dabei gibt es doch sinnvolle Alternativen:

– Die Schüler tauschen ihre Hefte untereinander aus und korrigieren sich gegenseitig; sie lernen, ihren Mitschülern zu helfen, Fehler selbst zu erkennen und Respekt vor der Leistung des anderen zu haben. Oder die Schüler lesen sich in kurzer Stillarbeitsphase ihre jeweilige Übersetzung vor.
– Ein oder mehrere Schüler erstellen eine »Tischvorlage«, die ausgeteilt oder per Tageslichtprojektor allen zur Verfügung gestellt wird; im nachfolgenden Gespräch werden die Stärken dieser Übersetzungsleistung gewürdigt und Fehler gemeinsam verbessert. Denkbar sind hier auch Formen des kooperativen Lernens: think-pair-share, placemats, stummes Schreibgespräch.
– Die Schüler paraphrasieren den Text; an einzelnen Stellen kann im Unterrichtsgespräch genauer auf bestimmte Formulierungen und Ausdrücke eingegangen werden.
– Der Lehrer kontrolliert die Regelmäßigkeit und die Qualität der Hausaufgaben, indem er pro Stunde zwei zufällig gewählte Übersetzungshefte mitnimmt und nach dem Unterricht in Ruhe begutachtet. Da keiner weiß, wann er an der Reihe ist, und da ein längerer Beobachtungszeitraum zur Verfügung steht, ist die Effektivität der Kontrolle sehr groß.

Grundsätzlich gilt bei Hausaufgaben,[6] dass nur »Übersetzbares« mit mittlerem Schwierigkeitsgrad aufgegeben werden sollte. Die Hausaufgaben dienen nicht

---

6 Anregungen für alternative Hausaufgaben erhalten Sie im Kapitel Motivation.

primär der Neuerarbeitung eines Lektionstextes, sondern der Sicherung des im Unterricht erschlossenen und z. T. schon vorübersetzten Textes. Natürlich darf man – ja, man muss es sogar – auch die Übersetzung neuer Textstellen aufgeben, aber dies sollte dann immer der Übung oder Vertiefung des Unterrichtsthemas dienen, indem z. B. die Fortsetzung eines Textes, der keine neuen semantischen, syntaktischen oder inhaltlichen Schwierigkeiten enthält, bearbeitet wird. In allen anderen Fällen führen solche Hausaufgaben nur zur regen Tätigkeit von Nachhilfelehrern.

3.   Texterschließung

3.1   Nutzen, Notwendigkeit und Methoden

Accipiat hoc malum pulcherrima dearum!
»Es steht fest, dass dieser Apfel der schönste der Götter ist!«

Eine solche »Übersetzung« kennt jeder Lehrer aus Klassenarbeiten. Sie ist das typische Produkt eines Schülers, der Probleme im Bereich des Wortschatzes hat, sowohl Transposition als auch Modulation nicht beachtet hat, und vor allem viel zu voreilig »übersetzt« hat. Um solche und ähnliche eklatante Fehler schon im Vorfeld zu verhindern, wurden zahlreiche Dekodierungsmethoden entwickelt, die insgesamt dazu führen, einen Text zunächst einmal länger zu beobachten. Eine Rekodierung kann sich dann anschließen, ist jedoch nicht immer zwangsläufig notwendig.

> ☞ Die Schüler sind in der Lage, jeden für sie angemessenen Text zu dekodieren und zu rekodieren, wenn sie über eine geeignete Texterschließungsmethode und einen gut gesicherten Wortschatz verfügen.

Texterschließungsmethoden sind notwendig, denn

- lateinische Texte sind zu komplex, als dass sie beim Lesen adhoc detailliert verstanden werden könnten.
- für Schüler ist es interessanter, den Textinhalt zu verstehen, als die Grammatik zu entschlüsseln.
- das längere Beobachten und das Textvorverständnis erleichtern Modulation und Transposition. Beides zusammen führt zu qualifizierteren Übersetzungen.

Die Diskussion um die »richtige« Texterschließungsmethode ist so alt wie die Lateindidaktik selbst. Bitte bilden Sie sich doch selbst mithilfe der folgenden Aufgaben eine Meinung dazu. Übung (5) lädt Sie dabei zu einem Perspektivwechsel ein, während Übung (6) die Problematik von spezifisch lateinischer Seite präsentiert.

Übung (5): **1.** Suchen Sie im Internet eine Seite mit kostenlosem Spanischunterricht, z. B. www.spanisch-lehrbuch.de. (Falls Sie Spanisch gut beherrschen, wählen Sie bitte eine andere, Ihnen nicht bekannte romanische Sprache). Wählen Sie einen nicht allzu leichten Text aus. Hören und lesen Sie den Text einmal. – **2.** Notieren Sie nun mit spanischen Textbelegen, was Sie alles verstanden haben und geben Sie den Textinhalt (auf Deutsch) wieder.

Zur Bedeutung dieses Experimentes

Das Experiment kann zeigen, dass es tatsächlich möglich ist, den Sinn eines Textes grob zu erfassen, ohne ihn Wort für Wort zu verstehen. Unbewusst wendet man diese Form der Texterfassung beim Lesen von Texten permanent an, z. B. beim morgendlichen Zeitunglesen oder bei einem Gespräch in einem Urlaubsland, dessen Sprache man nur fragmentarisch beherrscht. Im Bereich des Lateinunterrichts war es aber bis zur »Erfindung« der sogenannten »Ganzheitsmethode« (die im eigentlichen Sinne keine Methode ist, da sie auf Systematik, Begriffe und schematische Abläufe verzichtet) üblich, lateinische Texte Satz für Satz (linear und phrastisch) zu analysieren und zu übersetzen. Das Ende des Lesevorganges war jeweils die Satzgrenze. Durch die »Ganzheitsmethode« und später durch Einflüsse der Textlinguistik kam erstmals der Gedanke auf, auch in lateinischen Texten die Satzgrenze bewusst zu überschreiten und den gesamten Zusammenhang und den gedanklichen Fortschritt des Textes für seine Erschließung und Übersetzung zu nutzen. Das Wesen der satzübergreifenden Erschließung ist es, dass eben nicht der Reihe nach die Gedanken des Textes erarbeitet werden, sondern die Erschließung auch von sogenannten »Verstehensinseln« hin- und herspringen kann, sodass sich der Sinn des Textes eher zirkelförmig erschließt.

In der Unterrichtspraxis ergänzen sich ganzheitliche und lineare Zugangsweisen häufig. Im weiter unten angeführten Beispiel Catull carmen 13 wird deutlich, dass oft erst die Kombination von ganzheitlicher Texterschließung, die einen Blick auf den Inhalt des gesamten Textes ermöglicht, und phrastischer Übersetzung eines Textdetails ein genaues Verständnis ermöglicht. Deshalb sind die traditionellen Methoden des Übersetzens, die sich mehr am Satz orientieren, nicht überflüssig geworden, sondern gerade für Klassenarbeiten besonders nützlich. Gemeinsam ist allen Verfahren darüber hinaus, dass man im Allgemeinen dazu übergegangen ist, einen Text länger zu beobachten und sich Zeit für die Dekodierung zu nehmen, bevor man in die Phase der Rekodierung tritt. Das Ziel ist eine von Anfang an tragfähige Übersetzung.

Übung (6): Leider sind durch ein Missgeschick zwei Texte durcheinander geraten. Bitte sortieren Sie die Textabschnitte wieder auseinander, ohne dabei eine Reihenfolge herzustellen. Bitte reflektieren Sie, wieso es Ihnen gelungen ist, die Texte eindeutig zu trennen. Den Text mit zusätzlichen Hilfen finden Sie im [→ DLB] zum Ausdrucken und Puzzlen.

Tu tamen quam frequentissime scribe, licet hoc ita me delectet ut torqueat.	Quae genus utrumque nosset cum pulcherrime, legem duabus hanc proposuit partibus:
»Sed ne religio peccet imprudens mea, alvos accipite et ceris opus fundite,«	Invicem ego epistulas tuas lectito atque identidem in manus quasi novas sumo.
Nam cuius litterae tantum habent suavitatis, huius sermonibus quantum dulcedinis inest!	Apes in alta fecerant quercu favos: Hos furti inertes esse dicebant suos.
»Ut ex sapore mellis et forma favi, de quis nunc agitur, auctor horum appareat.«	Scribis te absentia mea non mediocriter affici unumque habere solacium, quod pro me libellos meos teneas, saepe etiam in vestigio meo colloces.
Gratum est quod nos requiris, gratum quod his fomentis acquiescis;	
Tunc illa talem protulit sententiam: »Apertum est quis non possit et quis fecerit. Quapropter apibus fructum restituo suum«.	Fuci recusant: apibus condicio placet. »Non inconveniens corpus et par est color, in dubium plane res ut merito venerit.«
Sed eo magis ad desiderium tui accendor.	Lis ad forum deducta est, vespa iudice.
	Vale.

Diese Übung macht deutlich, dass jeder Text (fast eindeutig) durch Kohärenzmerkmale zusammengehalten wird, die es ermöglichen, jeden Textabschnitt entweder Text A oder Text B zuzuordnen. Diese textgrammatischen Beziehungen kann man bei ganzheitlichen Zugangsweisen nutzen, wobei man zunächst die Reihenfolge der Informationen nicht beachten muss.

Übersicht über mögliche Zugangsweisen zum Text

Insgesamt kann man im Wesentlichen vier Zugangsweisen zu lateinischen Texten unterscheiden, die allerdings nicht frei von Überschneidungen sind. Diese wiederum kann man in eher ganzheitliche und eher lineare Zugangsweisen einteilen.

☞ **ganzheitlich:**[7] Der Text wird zunächst als Ganzes, ohne Beachtung der Reihenfolge, betrachtet und erschlossen.
linear:[8] Der Text wird in seiner Reihenfolge erschlossen.

7 In der fachdidaktischen Literatur auch als »transphrastisch« bekannt.
8 In der fachdidaktischen Literatur auch als »satzweise« bekannt.

	Textebene ←——————————→ Satzebene			
ganzheitlich ↕ **linear**	textlinguistische (vor-)Erschließung aufgrund von Kohärenzmerkmalen			
			Thema-Rhema-Verfahren: Ausnutzung der Textgrammatik und -semantik	
	lineares Dekodieren: systematische Erschließung vorwiegend über Verbalinformationen			
				Konstruieren: systematische Analyse aufgrund der Satzgrammatik

Im weiteren Verlauf des Kapitels finden Sie Erläuterungen zu diesen Methoden sowie Anregungen zur Weiterarbeit. Es handelt sich um eine Auswahl, mit der man, nach Einschätzung der Verfasser, immer erfolgreich sein kann. Das Wesentliche ist dabei, dass bei allen vorgestellten Methoden die inhaltliche Arbeit an den Texten im Vordergrund steht.[9]

---

9 Die Gesamtheit aller praktikablen Methoden finden Sie bei Meincke, W., Handreichungen zur Satz- und Texterschließung im Lateinunterricht, in: AU 1993/4+5, 69–84.
Dort findet man ebenfalls die verbreitete »Dreischrittmethode« (auch »Pendelschwünge« in Cursus Continuus z.B. 46–47). Die Dreischrittmethode ist nach Einschätzung der Hrg. aus Gründen der Nachhaltigkeit nicht für die Unterrichtspraxis geeignet, denn spätestens bei einer ausgedehn-

3.2   Textlinguistische (Vor-)Erschließung[10]

In der Schulpraxis wird man den Weg der Textrekonstruktion mit einem Text-puzzle nur gelegentlich gehen, zumindest wird man sich dort auf nur einen Text beschränken. In der Regel präsentiert man den Schülern einen Text als Ganzes. Vergleichen kann man dies mit dem Betrachten eines fertigen Pullovers, wobei nach und nach immer mehr Details auffallen.

Bei der ganzheitlichen Texterschließung kommen die Merkmale zum Tragen, die Ihnen geholfen haben, die beiden Texte aus Übung (6) zu trennen: Jeder Text weist eine Vielzahl von Kohärenzmerkmalen auf, die aufgrund des Themas, der Textgattung, der Autorintention etc. unabdingbar sind.[11]

Kohärenzmerkmale (am Beispiel von Text A aus Übung 6)

Semantische Kohärenzen und Isotopien (Bedeutungskonstitution eines Textes, didaktisierbar über die Frage nach Sach- und Wortfeldern[12]), z. B. *alvus, cera, fundere, sapor, me*

- Rekurrenzen (Wiederholungen), z. B. *favos, favi;*
- Paraphrasen (variierende Wiederholungen)
- Handelnde Personen und ihre Konstellation
- Eigennamen
- Verbaler Bereich (Personenzeichen, Personalendungen, Tempus-Modusrelief etc.)
- Proformen (Verweise), z. B. *quae, illa*
- Syntaktischer Bereich, v. a. Konnektoren[13]

In Schülerausgaben lassen sich weiterhin nutzen:

- Interpunktion (Doppelpunkt, Parenthese etc.)

Eine umfangreichere Aufstellung der Kohärenzmerkmale am Beispiel von Text A aus Übung (6) finden Sie im [→ DLB].

Textlinguistische Erschließung in der Schule: Die eben genannten textlinguistischen Merkmale sind Grundbestandteile eines jeden Textes, ohne jedoch immer vollständig vorzukommen. Daher können sie auch in der Schule genutzt werden,

---

ten Prädikatsklammer im Deutschen funktioniert sie nicht mehr. Als Beweis diene folgender Satz: *Eos impeditos et inopinantes adgressus magnam partem eorum concidit.* (Caes. Gall. 1,12).

10 In der fachdidaktischen Literatur auch als »transphrastische Texterschließung« bekannt.

11 Die Begriffe aus der Textlinguistik wurden in Hinblick auf Terminologie und Umfang für den Schulgebrauch adaptiert.

12 Ein Sachfeld beinhaltet Wörter zu einem Oberthema: *bellum – pugnare – arma – Ares – crudelis – subito*. Ein Wortfeld beinhaltet nur bedeutungsähnliche Begriffe derselben grammatischen Kategorie, die sich gegenseitig begrenzen (z. B. *interficere – necare – occidere*), vgl. Lewandowski, Th., Linguistisches Wörterbuch, Wiesbaden 1985, 1200f.

13 Als Oberbegriff für Konjunktionen, Subjunktionen, Adverbien, Partikeln, die gedankliche Beziehungen herstellen.

um Texte zügig zu erfassen und schnell zu einer Interpretation des Textes zu gelangen.

Im folgenden Unterrichtsbeispiel werden nur die beiden Eingangsverse im Detail übersetzt, der weitere Text wird anhand der angeführten Merkmale lediglich erschlossen. Bereits an diese Phase kann sich dank der leichten Zugänglichkeit des Textes eine Interpretation anschließen:

Unterrichtsbeispiel: Ov. rem. 315–323a

Einstieg
»In den remedia amoris gibt Ovid Tipps, wie man über Liebeskummer hinwegkommen könnte. Welche Strategien könnten das sein?« (Schüleräußerungen). »Wir sehen uns nun an, wie Ovid sich dazu äußert.«

Erarbeitung 1
Lesevortrag V. 315–316.
Übersetzung der Verse und Paraphrase.
»Worüber würden wir jetzt gern etwas erfahren?«
(Erwartete Schüleräußerung [ES]: *vitia*)

Erarbeitung 2
Arbeitsauftrag:
»Achtet beim Lesevortrag darauf, welche *vitia* gemeint sind (achtet z. B. auf Sachfelder) und welche sprachlichen Formulierungen auffallen.«
(ES: Sachfeld »Körper«, Wiederholung von *vere* und *nec, et … erant*)

Erstellung einer Strukturskizze:

vitium	vere
mala … crura	*nec … erant*
bracchia … non formosa	*et … erant*
brevis	*nec … erat*
multum poscit amantem	
mala	*vicina* *bonis*

Erarbeitung 3
Paraphrase des Textes anhand der Skizze.
(Anthropologische) Interpretation: »Welche Strategie schlägt der Dichter ein? Was ist von dieser Strategie zu halten?«
(ES: Autosuggestion, ggf. Vergleich zu Selbstbeschwichtigungsversuchen nach Misserfolgen z. B. nach Klassenarbeiten: »Der Lehrer war schuld. Die Klassenarbeit zu schwer.«)
Ggf. entdecken die Schüler, dass der Autor nichts von seiner Strategie hält, da er selbst (rechte Spalte) seine eigenen Behauptungen ironisiert.
Falls die Schüler die Ironie jedoch nicht erkennen, was wahrscheinlich ist, wird Erarbeitung 4 zwingend notwendig.

Erarbeitung 4
ggf. Übersetzung des Textes in arbeitsteiliger Gruppenarbeit.

Erläuterung der Methode

A) Die Planungsphase

1. Gründliche Vorbereitung des Lehrers: Der Lehrer sollte den Text möglichst auswendig kennen und alle möglichen Kohärenzmerkmale durchgespielt haben, um vor Überraschungen sicher zu sein.
2. Planung der Wortschatzarbeit (s. dort): Der Textinhalt soll nicht über die Vokabelangaben im Kommentar, sondern aus dem Text erschlossen werden.
   – Planung von Hilfen, damit die Schüler möglichst selbstständig mit dem Text arbeiten können.
   – Planung für die Erarbeitung der Textpragmatik, die für das Textverständnis notwendig ist, z.B. durch Bildbetrachtung.
3. Planung der möglichen Form der Visualisierung: Besondere Bedeutung kommt der graphischen Darstellung der von den Schülern erarbeiteten Textelemente zu, da die eigentliche Übersetzung erleichtert werden oder sogar ganz entfallen soll, z.B. mit einer Textfolie mit unterschiedlich farbigen Markierungen, durch farbige Unterlegungen am Laptop, ein Tafelbild, einen Kurztext, eine Strukturskizze, eine Tabelle. Die beiden letzteren sollten in der Vorbereitung vom Lehrer besonders gründlich geprüft werden, um deren »Ergiebigkeit« im Hinblick auf das Textverständnis sicherzustellen.
4. Planung von Detailübersetzungen oder ersten Interpretationen aufgrund der Ergebnisse aus 3.

B) Die Durchführungsphase

1. Aufbau einer Erwartung beim Schüler durch Überschrift, ersten Satz eines Textes, deutschsprachige Einleitung, Bild, Lehrervortrag, Zusammenfassung.
2. Formulierung eines Arbeitsauftrags (der höchstens drei Merkmale umfasst). Ausrichtung der Leitfragen nach formalen Kriterien, ggf. Kombination mit der Frage nach intuitiver Texterfassung, z.B. »Was habt ihr vom Inhalt verstanden?«
   – Für Lerngruppen ohne breite Methodenkompetenz empfiehlt sich ein schrittweises Vorgehen: »Welches Thema wird in der Überschrift angesprochen? Welche Begriffe im Text passen zu dieser Thematik? Erstelle ein Sachfeld / Wortfeld zu folgenden Bereichen …! Stelle Wortblöcke / Verben etc. zusammen, die zum Themenbereich … passen.«
   – Bei fortgeschrittener Methodenkompetenz könnten die Arbeitsaufträge z.B. lauten: »Achte auf Verbformen, Konnektoren und Sachfelder, die Aufschluss über die Textsorte oder das Thema geben könnten.«
   – Lerngruppen mit ausgeprägter Kompetenz in dieser Methode sollten offene Aufgabenstellungen erhalten: »Wovon handelt der Text? Begründe deine Meinung anhand von Kohärenzmerkmalen.«
3. Lesevortrag des Lehrers (sinntragend), ggf. vorher stilles Lesen der Schüler zur Einarbeitung der unbekannten Vokabeln.

4. während des Lesevortrags oder im Anschluss: Schüler fertigen sich Notizen, Markierungen an.
5. Entwicklung eines übersichtlichen Schaubildes aufgrund der Schülerbeiträge. Da das Verfahren schülerorientiert sein soll, kein Nachbessern durch den Lehrer.
6. Paraphrase des Textes.
7. ggf. erste Interpretation.
8. ggf. Detailübersetzung (auch nur einzelner Abschnitte).

Zusammenfassung
Grundprinzip: schülerorientierte Vorerschließung; jeder Schüler kann kleine Beiträge leisten.
Durchführung: alle Sozialformen, jeder Unterricht. Der Einsatz in Klassenarbeiten ist ab der ersten Lektion der Spracherwerbsphase mit Einführung der Begriffe »Sachfeld«, »Konnektor« usw. möglich.
Geeignet für: Vorbereitung der statarischen Übersetzung, Vorbereitung erster Interpretationen, kursorische Lektüre.
Textsorte: alle Texte. – Bei Texten, die eine Pointe haben (Epigramme, kurze Pliniusbriefe, Witze), darf nur eine Teilerschließung erfolgen, denn es muss sich auch nach der Vorerschließung noch lohnen, den Text zu übersetzen.
Nachteile: zeitaufwändig; setzt bei Schülern Übung in der Methode, Kenntnis von Textsignalen und gute Vokabelkenntnisse voraus; auf Lehrerseite ist eine sehr intensive Vorbereitung notwendig.
Kombinierbar mit: lineares Dekodieren, Thema-Rhema, Konstruktionsmethode.

Anregung (2): Erproben Sie nun selbst diese Methode an dem folgenden Textbeispiel. Die Arbeitsaufträge könnten Sie in leicht abgewandelter Form auch mit Schülern im Unterricht durchführen. Weitere Aufgaben und Lösungen finden Sie im [→ DLB].
1. Lesen Sie den ersten Vers von Catull carmen 13. Was erwarten Sie in dem Gedicht zu lesen? – **2.** Unterstreichen Sie sämtliche Prädikate und markieren Sie wie oben Sachfelder sowie weitere sprachliche Auffälligkeiten. Fassen Sie Ihre Beobachtungen zusammen. – **3.** Welchen Teil des Gedichtes werden Schüler vermutlich bei der Aufgabenstellung nicht erfassen? (Dies wäre eine mögliche Rechtfertigung, dass der Text unbedingt noch im Detail übersetzt werden muss.)

Ähnlich wie die soeben beschriebene Erschließung eines Textes verläuft die Erfassung eines Textes mithilfe der »Ganzheitsmethode«. Hier bleibt es jedoch völlig offen, was der Schüler letzten Endes von einem Text versteht, der Zugang ist eher intuitiv und kann daher auch leichter in die Irre führen.[14]

---

14 S. Meincke und Zusatzübung im [→ DLB].

3.3   Lineares Dekodieren

Eine weitere am gesamten Text orientierte Methode ist das »lineare Dekodieren«, bei der der Text in seiner Reihenfolge »bearbeitet« wird. Bei der »Erfindung« durch H.-J. Glücklich in den 70er Jahren war dies zunächst ein eher technisches, an der Dependenzgrammatik orientiertes Verfahren. Inzwischen wurde es durch Kombination mit Methoden der Textlinguistik modifiziert.
Vorgestellt wird hier nur eine in der Unterrichtspraxis gängige Variante.[15]

Erläuterung der Methode

1. Ermittlung des Textinhalts nach den Verfahren der Textlinguistik, also anhand von Sachfeldern, Wortfeldern, Rekurrenzen usw. (s. ganzheitliche Texterschließung)
2. Ermittlung der Hauptsätze eines Textes im Ausschlussverfahren.
3. Auflistung der Hauptsatzprädikate und der zugehörigen Subjekte (oder alternativ Handlungsträger) Teilsatz für Teilsatz in eincr Tabelle, ggf. Ergänzung dieser Informationen durch Konnektoren. Da manche Prädikate aufgrund ihres semantischen Wertes nicht sinntragend sind (z. B. *est, habet*), empfiehlt es sich, auch die nach der Dependenzgrammatik notwendigen Ergänzungen (Prädikatsnomen oder Objekte) herauszuschreiben. Es entsteht ein Kurztext, dessen Übersetzung sich empfiehlt, um das Verständnis bei allen Schülern der Lerngruppe zu sichern. Eventuell bietet sich hier schon die Möglichkeit für eine erste Interpretation, z. B. eine Gliederung des Textes.

Anregung (3): 1. Lesen Sie Ov. met. 8,188–202 und die Tabelle, die durch das lineare Dekodieren entstanden ist. Gliedern Sie den Kurztext, und geben Sie den Abschnitten eine prägnante Überschrift. Überlegen Sie, welche Vorteile es haben könnte, eine Gliederung schon vor der eigentlichen Detailübersetzung zu erhalten. Eine Lösung finden Sie im [→ DLB].

---

15 Genauere Informationen finden Sie in Glücklich, H.-J., Lateinunterricht. Didaktik und Methodik, 3. Aufl. Göttingen 2008.

Konnektoren / Zeitangaben	Subjekt	Prädikat + notwendige Ergänzung
Nam Sic Tum atque	(Daedalus) rustica fistula (Daedalus) Puer Icarus opifex ipse	dixit animum dimittit naturam novat pennas in ordine ponit surgit media et imas alligat compositas flectit una stabat captabat plumas ceram molliebat impediebat opus suum corpus libravit pependit in aura

2. Bearbeiten Sie nun Caes. Gall. 1,12 nach dem oben beschriebenen Verfahren. Konnektoren bieten sich hier für die Vorerschließung nicht an. Fällt Ihnen ein anderes Merkmal auf, das man für die Texterschließung hinzunehmen könnte?

Zusammenfassung
Grundprinzip: möglicherweise zügige, aber eher technische Vorerschließung des Textes.
Durchführung: alle Sozialformen, jeder Unterricht. Der Einsatz in Klassenarbeiten ist schon am Anfang der Spracherwerbsphase, wenn Sätze etwas länger werden oder die ersten Satzgefüge auftreten, möglich.
Geeignet für: jede Textsorte.
Vorteile: universell einsetzbar.
Nachteile: für Schüler eher technisch, trocken; die Suche nach Subjekt und notwendiger Ergänzung kann sich schwierig gestalten, da teilweise doch übersetzt werden muss und gute Formenkenntnis notwendig ist; auf Lehrerseite ist eine gründliche Vorbereitung notwendig.
Kombinierbar mit: ganzheitliche Vorerschließung; Konstruktionsmethode, Einrückmethode.

3.4   Thema-Rhema-Verfahren

Übung (7): a) Nehmen Sie nun noch einmal die Textabschnitte des Plinius-Briefes aus dem Textpuzzle (S. 97) und stellen Sie die richtige Reihenfolge wieder her. Markieren Sie im Text, wie Sie die Reihenfolge begründen. b) Alternativ können Sie den Text im Zusammenhang betrachten und die logische Abfolge analysieren. Wäre eine andere Reihenfolge der Sätze möglich gewesen? Text, Lösung und detaillierte Begründung finden Sie im [→ DLB].

Durch die Rekonstruktion des Textpuzzles tritt die Thema-Rhema Struktur des Textes hervor. Auch wenn hier kein Krimi erzählt wird, sondern Plinius einen für ihn heißblütigen Liebesbrief verfasst, ist die Struktur gut erkennbar. Das Thema des Textes wird im ersten Satz angeführt, anschließend durch neue Informationen (Rhemata) ständig weiter entfaltet. Die Thema-Rhema-Struktur nutzt man aus, um einen Text linear zu erschließen, wobei jedoch die Satzgrenzen ausdrücklich überschritten werden. Besonders stützt man sich dabei auf die Erwartung des Lesers an den Fortgang des Textes. Diese Erwartung wird entweder erfüllt oder nicht erfüllt, was ebenfalls zu interessanten Betrachtungen Anlass geben kann. Ein Beispiel dafür ist das schon oben angeführte Einladungsgedicht von Catull (carmen 13), das geradezu mit den Erwartungen des Lesers spielt und dadurch witzig ist. Ein Text, der die Erwartungen des Lesers jedoch nie erfüllt, ist frustrierend.

In der Unterrichtspraxis ist die Texterschließung nach der Thema-Rhema-Struktur besonders geeignet, wenn man einerseits einen Text sehr zügig übersetzen will, um z. B. noch Zeit zu haben für eine sich anschließende Interpretation, andererseits aber den Schülern schon während des Erschließens und Übersetzens das Gefühl geben möchte, einen Text zu lesen. Das laute »Denken« ermöglicht es den Schülern, Fragen, die man an einen Text stellen kann, nachzuvollziehen und später selbst zu übernehmen.

Bei der Rekodierung hilft sie, sowohl Probleme der Modulation als auch der Transposition zu lösen, da sowohl sprachliche als auch inhaltliche Fragen kombiniert werden.

Fast jeder Text eignet sich zur Strukturierung mit der Thema-Rhema-Methode, auch die neueren Schulbuchtexte. Besonders bieten sich für die Strukturierung nach dieser »Methode« Texte an, in denen nach und nach Spannung aufgebaut wird, wie in Intra Lektion 15:

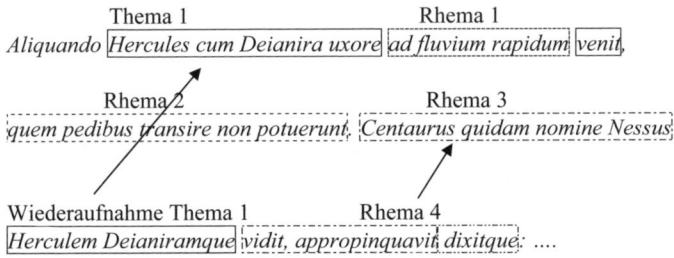

Thema 1   Es war einmal: Hercules und seine Frau waren unterwegs.
Rhema 1   Sie kamen an einen reißenden Fluss.
Rhema 2   Dieser war so tief, dass sie ihn nicht zu Fuß überqueren konnten.
Thema neu Hercules und seine Frau haben ein Problem.
Erwartung Sie kehren um oder sie lassen sich etwas einfallen oder es kommt Hilfe.
Rhema 3   Ein neues Wesen, der Centaurus, taucht auf: Alles deutet auf Hilfe hin.

Thema 1   wird wieder aufgegriffen: Dieses Wesen sieht Hercules und seine
           Gattin.
Rhema 4   Das Wesen geht auf sie zu.
Spannung   Was wird jetzt passieren? Wird das Monster ihnen helfen oder sie
           überfallen oder sie fressen?
Blick auf den nächsten Satz: Nein: Es spricht ...
Usw.

Anregung (5): Untersuchen Sie die Thema-Rhema-Struktur des folgenden Textes: Cic. off. 1,7,21–23. Formulieren Sie mögliche Fragen, mit denen Sie die Schüler zum Mitdenken bei der Texterschließung anregen können.

Erläuterung der Methode

Die Analyse der Thema-Rhema-Struktur des Textes ist Grundlage für die Erschließung eines Textes mithilfe von inhaltsanalytischen und satzanalytischen Fragen. Diese soll, im Gegensatz zur Konstruktionsmethode, bei der man rein formal vorgeht, helfen, den Kontext zu verstehen und so zu einer semantisch angemessenen Übersetzung zu gelangen.[16]
Es gibt ein immer wiederkehrendes Grundprinzip: Das Spiel mit Erwartungen. Im Idealfall stellen sich die Schüler die Fragen nach dem Fortgang des Textes selbst oder erkennen beim Lesen eines Anschlusssatzes Variationen des Themas. Bei der Einführung der Methode muss jedoch der Lehrer die Fragen stellen und sowohl Spannung erzeugen als auch die Struktur transparent machen. Dies können zum Beispiel inhaltsanalytische Fragen sein:

– »Was erwarten wir an dieser Stelle?«
– »Worüber erfahren wir an dieser Stelle etwas?« (ggf. syntaktische Hilfe z. B. »Achtet auf das Subjekt des Satzes, achtet auf das Prädikat ...)«
– »Welcher Gedanke wird wieder aufgegriffen?«
– »Welches Wort wird im nächsten Satz variierend wiederholt?«

In der Vorbereitung muss der Lehrer also sehr genau überlegen, worauf er das Augenmerk des Schülers lenken will. Dies können zum Beispiel die Themata sein, also Dinge, die schon genannt wurden, aber wiederholt werden, oder die Rhemata, zum Beispiel neu auftretende Personen, Ortswechsel oder neue Tätigkeiten der schon eingeführten Personen.
Auf der anderen Seiten stehen Fragen nach strukturalen Elementen, verbunden mit Hilfen zu grammatischen Schwierigkeiten. Der Lehrer entscheidet dabei, wie zielgerichtet die Fragen formuliert werden. Je offener die Fragen, desto mehr regen sie den Denkprozess an, aber desto mehr Antworten sind natürlich möglich. Das Ziel ist sowohl ein Textverständnis auf der inhaltlichen Ebene als auch die Vermeidung von sprachlichen Fehlern durch vorschnelles Übersetzen.

---

16 Im Kernlehrplan Latein für NRW heißt diese Methode auch »semantisches und syntaktisches Kombinieren«.

Durchführung

1. Vorlesen eines Satzes oder eines Teilsatzes (immer in der Reihenfolge des Textes!).
2. Übersetzung von (ggf. durch Lehrerimpulse) aufgefundenen Satzelementen.
3. Wiederholung von 1. und 2., bis der ganze Satz fertig erschlossen und teilübersetzt ist.
4. Übersetzung des Gesamtsatzes.
5. Paraphrase: »Was haben wir jetzt erfahren?«
6. Aufbau von Erwartungen an den Fortgang: »Was haben wir bisher erfahren? Was würde uns als Leser jetzt interessieren? Was möchten wir jetzt gern wissen?«
7. Beobachtung des folgenden Satzes oder auch nur eines Teilsatzes.

Ein Beispiel für ein Unterrichtsgespräch zu Intra Lektion 11 finden Sie im [→ DLB].

Zusammenfassung
Grundprinzip: sehr zügige gemeinsame Lektüre eines Textes.
Durchführung: vor allem im Plenum unter Anleitung des Lehrers; bei guter Vorbereitung durch Leitfragen und Hilfestellungen auch als Einzel-, Partner- und Gruppenarbeit möglich. Der Einsatz in Klassenarbeiten ist mit entsprechender Arbeitsanweisung schon ab der ersten Lektion der Spracherwerbsphase möglich.
Geeignet für: jede Textsorte.
Vorteile: wenig Übersetzungsfehler durch gut geplante Hilfen; jeder Schüler kann kleine Einzelbeiträge bei der Übersetzung von Elementen oder Teilsätzen leisten oder Teile zu Gesamtsätzen zusammenfügen.
Nachteile: kleinschrittiges Vorgehen und Engführung der Schüler, wenig Freiraum für eigene Ideen; stellt hohe Anforderungen an die Konzentration, nicht länger als max. 15 Minuten durchführbar; im plenaren Gespräch besteht die Gefahr der Lehrerzentrierung; setzt bei Schülern Sicherheit in der Methode, Fähigkeit zum Zitieren von Textbelegen und zum Übersetzen von kleinen Texteinheiten voraus; setzt auf Lehrerseite gründliche Vorbereitung mit genauer schriftlicher Planung der Fragen und möglichen Schülerantworten voraus.
Kombinierbar mit: ganzheitliche Vorerschließung; Konstruktionsmethode.

3.5   Konstruktionsmethode

Eine Methode »für alle Fälle« ist die Konstruktionsmethode. Sie wird von Schülern vermutlich auf jeden Fall in Leistungsüberprüfungen angewendet und kommt im Unterricht immer dann zum Tragen, wenn man mit einem Satz nicht weiterkommt. Möglicherweise ist sie auch die einzige Methode, die Schüler völlig selbständig anwenden können.

Erläuterung der Methode

1. Trennung von Hauptsatz und Nebensätzen im Ausschlussverfahren, möglichst gestützt durch Visualisierungen auf einer Folie oder an der Tafel. (Nebensätze sind leicht zu erkennen, wenn man es immer wieder trainiert.)
2. Übersetzung jedes Teilsatzes nach einem mehr oder weniger festgelegten Verfahren. Es empfiehlt sich, dass die Schüler dabei zunächst den Satzkern, also Prädikat und zugehöriges Subjekt, auffinden, damit sie anschließend vom Prädikat ausgehend im Sinne der Dependenzgrammatik nach notwendigen Ergänzungen suchen können. Nach den übrigen Wortblöcken, die im Satz vorhanden sind, sollten die Schüler aus dem Kontext oder aus der Form sinnvolle Fragen entwickeln.
3. Zusammenfügung der Teilsätze zu einem Gesamtsatz. Auch hier ist es zur Förderung des Textverständnisses immer wieder notwendig, zwischendurch Paraphrasen geben zu lassen, um mögliche Verständnisschwierigkeiten zu beseitigen. Diese können im Bereich der Textpragmatik, aber auch durch »hölzerne« Übersetzungsformulierungen entstehen.

Zusammenfassung

Grundprinzip: eher technische Lektüre eines Textes; die grammatischen Strukturen stehen im Vordergrund.

Durchführung: alle Sozialformen, jeder Unterricht. Besonders geeignet für Klassenarbeiten und Klausuren; Anwendung durch die Schüler ab der ersten Lektion der Spracherwerbsphase.

Geeignet für: jede Textsorte.

Vorteile: funktioniert immer; Schüler können die Methode jederzeit selbständig anwenden.

Nachteile: Übersetzungsprobleme im Bereich der Semantisierung werden nicht wahrgenommen, da die Aufmerksamkeit weg vom Inhalt hin auf die grammatischen Elemente gelenkt wird; insgesamt stellt das Verfahren hohe Anforderungen an die Konzentration; es setzt auf Schülerseite eine gute Kenntnis der Satzteile und Wortarten, insbesondere gute Formenkenntnis voraus; beim Einsatz im plenaren Gespräch besteht die Gefahr der Lehrerzentrierung.

Kombinierbar mit: ganzheitliche Vorerschließung.

3.6   Grammatikarbeit und ganzheitliche Texterschließung

Ganzheitliche Texterschließungsverfahren lassen sich von der ersten Lektion an einsetzen, insbesondere können sie auch mit funktionaler Grammatikarbeit kombiniert werden. Ein Beispiel sei die Einführung des Abl. abs. mithilfe des Textes »Ein Mann, auf den die Römer stolz waren« in Felix Lektion 35.[17]

---

17 Felix Ausgabe A 3. Bamberg 2002.

Unterrichtsbeispiel: Felix Lektion 35

Text

Nach der Vertreibung des Tarquinius Superbus, des letzten Königs in Rom, versuchte Porsenna, die verhasste etruskische Königsherrschaft neu zu errichten. Er zog mit einem mächtigen Heer gegen Rom und besetzte den Ianiculus, einen der Hügel auf dem rechten Ufer des Tiber. Die Stadt wäre beinahe erobert worden, hätte es da nicht einen Mann gegeben, auf den die Römer stolz sein konnten.

Hostibus impetum facientibus Horatius illos milites Romanos, qui trans Tiberim ad pontem positi erant, arma deponere ordinesque relinquere vidit. His restitit et magna voce clamavit: »Cur fugitis ignavi?« Tum eos monuit: »Observate, commilitones, virtutem illam Romanam! Fuga nobis inutilis erit. Nam ponte relicto mox plures hostes in Palatio Capitolioque quam in Ianiculo erunt. Vos oro: Delete hunc pontem gladio et igne! Ego impetum hostium meo corpore excipiam.« His verbis dictis ille in pontem processit, et statim duo viri Romani, Spurius Larcius ac Titus Herminius pudore commoti fuga destiterunt. Horatius cum eis primum impetum Etruscorum sustinebat. Deinde in tutum locum cedere eos coegit. Multa iam tela ab hostibus coniecta in scuto Horatii haeserunt. Etruscis hunc acriter prementibus denique pons a Romanis deletus est. Tum Horatius: »Tiberine pater«, inquit, »haec arma et hunc militem flumine tuo accipe.« Tum ille cum armis in Tiberim desiluit atque incolumis ad suos pervenit.

Die *civitas Romana*, die Gemeinschaft der römischen Bürger, bewies Horatius Cocles ihre Dankbarkeit für diese große Leistung (*virtus*). Um den Mann zu ehren, wurde ein Standbild für ihn errichtet, und er bekam so viel Land geschenkt, wie er an einem Tag mit dem Pflug umrunden konnte.

Möglicher Unterrichtsverlauf

Bei der Beobachtung des ersten Satzes werden die Schüler erkennen, dass der Protagonist Horatius (*Horatius*) ist, der etwas sieht (*videt*), und dass weitere Römer (*illos milites Romanos*) in dem Geschehen eine Rolle spielen. Diese Angaben des Hauptsatzes kann man nach dem Verfahren des linearen Dekodierens in eine Tabelle eintragen, deren Überschriften sukzessive eingetragen werden.

Subjekt	Prädikat
Horatius	*videt*

Als notwendige Ergänzung zu *videt* finden die Schüler *illos milites Romanos arma deponere, ordinesque relinquere* und tragen diese ebenfalls in die Tabelle ein. Damit ist der Satz in seiner Hauptaussage im Wesentlichen erschlossen. Es bleibt noch der Wortblock *hostibus impetum facientibus*, den die Schüler als Ablativ identifizieren. Am Anfang eines Textes könnte es sich dabei um eine Zeitangabe handeln. Hilfsübersetzung: »die Feinde machten einen Angriff / während die Feinde angriffen / als die Feinde angriffen«. Damit ist eine Grundfunktion des Abl. abs., nämlich eine adverbiale Bestimmung der Zeit, erkannt. Dieser Wortblock wird nun ebenfalls in eine neue Spalte der Tabelle aufgenommen.

Nun können die Schüler den gesamten Satz übersetzen. Danach kann man Erwartung aufbauen: Was erwartet ihr jetzt von Horatius? Der Lehrer liest den Text vor und bittet die Schüler, auf die Struktur und evtl. andere Auffälligkeiten zu achten. Man findet heraus, dass im ersten und dritten Textabschnitt wörtliche Rede überwiegt, der mittlere Teil Erzähltext ist. Nun können die Schüler unter Einbeziehung ihrer neuen Kenntnis über den Abl. abs. den Text nach dem Verfahren des linearen Dekodierens ganzheitlich erschließen, das Tafelbild übersetzen und den Text interpretieren. Der Abl. abs. wird während der Texterschließung eingeübt und gesichert.

Zeitangabe	Subjekt	notwendige Ergänzung + Prädikat
Hostibus impetum facientibus	*Horatius*	*illos milites Romanos arma deponere ordinesque relinquere* <u>*vidit*</u>

Weitere Beispiele können die Einführung des Dativs, des Ablativs oder der Relativsätze (z. B. mit Lückentexten) sein.[18]

4.   Graphische Texterschließung

Zur Visualisierung der Ergebnisse einer Satzanalyse eignet sich zum Beispiel das Einrückverfahren, das dem Schüler hilft, sich in komplexen Satzgefügen zurechtzufinden. Dabei werden die Hauptsätze an den linken Rand und die Nebensätze nach Grad der Abhängigkeit um eine bis drei Positionen nach rechts eingerückt. Prädikate und Subjekte werden zur Sicherheit unterstrichen, Konnektoren eingekreist. PCs können durch senkrechte Striche, Abl. abs. durch eckige Klammern, AcI durch Markierung des A und I über dem jeweiligen Wort gekennzeichnet werden. Viele Textausgaben sind schon nach der Einrückmethode vereinfacht. Um Schülern Schreibarbeit zu ersparen, kann das Einrücken am günstigsten am Computer durchgeführt werden.

Beispiel: Plin. epist. 10,96,2.

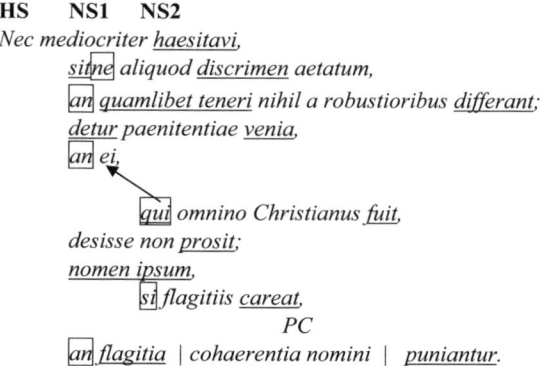

5.   Methoden und Schüler

Aus der Schülerperspektive ist es wichtig, dass ihnen verschiedene Texterschließungsmethoden zur Verfügung gestellt werden, damit jeder Schülertyp das für ihn geeignete Verfahren finden kann. Darunter sollten vor allem Methoden sein,

---

18 Weitere Beispiele in Keip, M., »Wieviel Grammatik muss sein?« in: AU 2003/4+5, 28–29.

die für die Schüler selbstständig nutzbar sind, das heißt auch in Einzelarbeit und bei Hausaufgaben, z. B.:

– Erkennen von textlinguistischen Elementen (teil-selbstständig)
– lineares Dekodieren (teil-selbstständig)
– Konstruktionsmethode (immer)

Auch die eher für den lehrergesteuerten Unterricht geeigneten Methoden (z. B. das Thema-Rhema-Verfahren) können gelegentlich thematisiert werden, um die Vorgehensweise transparent zu machen und das Schülerrepertoire zu erweitern. Damit eine solche Methodenübergabe stattfinden kann, ist es wichtig, in der Unterrichtspraxis die Texterschließungsmethoden von Zeit zu Zeit zu reflektieren, entweder nach Erarbeitung eines Textes oder in der Planungsphase. Auch eine explizite Einführung einer Methode ist mitunter von Nöten und natürlich auch hier wieder das beharrliche Üben. Eine explizite Aufgabenstellung zur Anwendung einer bestimmten Methode, etwa beim Anfertigen der Hausaufgaben oder in der Klassenarbeit, kann die Texterschließungskompetenz der Schüler vertiefen. Nur wenn eine Schulung in verschiedenen Methoden stattfindet und diese an die Schüler als ihre eigenen »übergeben« werden, sind die Schüler dazu befähigt, sie z. B. bei Klassenarbeiten anzuwenden.

6. Literaturhinweise

AU 2003/3: Übersetzung [mit den Beiträgen von Herkendell, Thies, Bertram].

AU 2004/1: Synoptisches Lesen [mit Beiträgen von Nickel u. a.].

Glücklich, H.-J., Lateinunterricht. Didaktik und Methodik, 3. Aufl. Göttingen 2008, 59–75.

Heilmann, W., Sprachreflexion im Lateinunterricht, in: Höhn, W., Zink, N., Handbuch für den Lateinunterricht Sekundarstufe II, Frankfurt 1979.

Herkendell, H. E., Überlegungen zu Textverstehen und Übersetzen, in: AU 1995/1, 19–32.

Höhn, W., Zur Anwendung textlinguistischer Verfahren im Lateinunterricht der Sekundarstufe II, in: Höhn, W., Zink, N., Handbuch für den Lateinunterricht. Sekundarstufe II, Frankfurt 1979, 133–150.

Keip, M., Wie viel Grammatik muss sein? in: AU 2003/4+5, 18–30.

Koller, W., Einführung in die Übersetzungswissenschaft, 5. Aufl. 1997, 214 ff., 291 ff.

Meincke, W., Handreichungen zur Satz- und Texterschließung im Lateinunterricht, in: AU 1993/4+5, 69–84.

Oertel, H.-L., Kursorische Lektüre, Bamberg 2006.

Seidel, Ch., Wirth, T., Unsere Sprachen sind vielfältiger, als wir meinen. Ein Plädoyer für realitätsnahen Sprachunterricht, in: Forum Classicum 2008/4, S. 220–232.

Siebenborn, E., Textbegriffe und Interpretationsweisen, in: AU 1987/6, 17–42.

Weddigen, K., Thema und Rhema, in: AU 1988/6, 7–28.

Zitierte Übersetzungen

Homer, Ilias. Neue Übertragung von W. Schadewaldt, Frankfurt 1975.

Homer, Ilias. Übertragen von R. Schrott. Kommentiert von P. Mauritsch, München 2008.

V. Interpretation

1. Problemaufriss: Was ist Interpretation?

Übung (1): Übersetzen Sie das Epigramm. Notieren Sie bitte, welche Gedanken Ihnen während des Übersetzens durch den Kopf gehen.

> *Quare non habeat, Fabulle, quaeris*
> *uxorem Themison? Habet sororem.*

Vermutlich haben Sie nicht eine bloße Übersetzung angefertigt, sondern gleichzeitig über den Text (Mart. 1,20) reflektiert und sich Gedanken über die Natur der Liaison zwischen Themison und seiner Schwester gemacht. Das Beispiel verdeutlicht in aller Kürze das Prinzip der Interpretation: Die Einbeziehung des Lesers in den Gedankengang des Textes. Dieser Zusammenhang findet sich bei der Lektüre eines jeden Textes. Andererseits stehen der Auseinandersetzung mit lateinischen Texten vielfältige Hürden entgegen. Für Schüler ist dies der Regelfall. Das folgende Beispiel (Mart. 1,69) simuliert für Sie diese Schülersituation:

> *Coepit, Maxime, Pana quae solebat,*
> *nunc ostendere Canium Tarentos.*

Das Problem bei der Entschlüsselung dieses Textes liegt in seiner allzu großen Fremdheit (hier auf semantisch-kontextuellem Gebiet), was zu einem mühseligen Blättern in Kommentaren und Lexika führt. Der Witz des Epigramms ist ohnehin verloren gegangen. Dieses Epigramm werden Sie nie mit Schülern lesen, aber gewiss lesen Sie mit ihnen Catull carmen 72 (*dicebas quondam* ...). Selbst bei diesem Gedicht, das nur 57 Wörter umfasst, geben die meisten Schüler-Textausgaben 20 Vokabeln und Hilfen an.

Interpretation lässt sich als ein kommunikativer Prozess der Auseinandersetzung mit Texten verstehen. Die Grundstruktur dieses Prozesses stellt dabei der hermeneutische Zirkel dar:

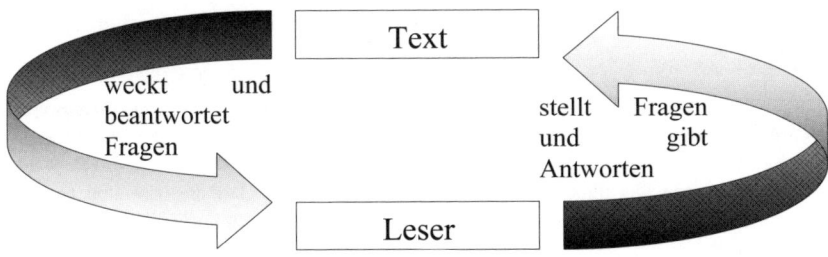

Die Interpretation erfolgt so lange, wie der gegenseitige Wechsel von Fragen und Antworten sinnvoll erscheint; sie bricht ab, wenn die Kommunikation gestört ist, z.B. weil der Text dem Leser keine für ihn sinnstiftenden Antworten gibt oder wenn die notwendige Entschlüsselungsfähigkeit fehlt. Das antreibende Moment dieses Interpretationsprozesses ist dabei das Leserinteresse.

Die Interpretation gilt seit etwa 30 Jahren als ein eigenständiger Lernbereich des Lateinunterrichts. Damit ist mehr gemeint als die Kommentierung einiger weniger Zentralstellen durch den Lehrer. Interpretation meint vielmehr die permanente, den Lektürevorgang begleitende Auseinandersetzung der Schüler mit den Inhalten des Textes. Daher sind Interpretation und Übersetzung auch die beiden zentralen Merkmale, aus denen die Qualifikation des Latinums in der Schule besteht.[1]

Die folgende Darstellung soll den Kommunikations- und Interpretationsprozess zwischen Leser und Text verstehbar und handhabbar machen.

Hierzu werden zunächst die wichtigsten fachdidaktischen Konzepte vorgestellt, nach denen dieser Prozess gestaltet werden kann. Ihnen liegen jeweils unterschiedliche literaturtheoretische Annahmen zugrunde, und sie haben dadurch auch eine andere Ausrichtung des Leserinteresses zur Folge. In einem zweiten Teil wird dann der Aspekt des Leserinteresses erörtert. Die Entscheidung darüber, welches Konzept man im Unterricht anwendet, trifft man unter Rückbezug auf das Leserinteresse – dies ist das zentrale Gestaltungselement einer Interpretation, denn ohne Interesse am Text entstehen keine Fragen. Erst in einem dritten Schritt kann schließlich auf die konkreten Verfahren im Unterricht eingegangen werden. Dies sind die Werkzeuge, mit denen Sie und die Schüler im Unterricht an Texten operieren. Ihre Auswahl ist aber abhängig von den grundlegenden Entscheidungen über das Interpretationskonzept. Diese Entscheidung ist eine strategische, oder, um eine handwerkliche Metapher zu bemühen, die Entscheidung für ein bestimmtes Arbeitsverfahren, das die Benutzung gewisser Werkzeuge impliziert oder auch ausschließt.

2.   Interpretationskonzepte der Fachdidaktik

2.1   Textimmanente Interpretationsarbeit

Die ersten Schritte zur Interpretation beginnen schon bei der Texterschließung, da der Leser im Prozess der Bedeutungsfestlegung eines sprachlichen Zeichens

---

1 Dazu mit weiteren Hinweisen Kipf, St., Altsprachlicher Unterricht in der Bundesrepublik Deutschland: Historische Entwicklung, didaktische Konzepte und methodische Grundfragen von der Nachkriegszeit bis zum Ende des 20. Jahrhunderts, Bamberg 2006, 101 f., 341 ff. – In den Rahmenlehrplänen aller Bundesländer ist die Interpretation in der Lektürephase – bis hin zu den Klausuren – obligatorisch. Dies gilt nicht für Latinumsprüfungen z.B. im Anschluss an universitäre Sprachkurse.

sich für eine Möglichkeit von mehreren entscheiden muss und dies nur in der Auseinandersetzung mit dem Textsinn gelingt.

Übung (2) Teil 1: Nehmen Sie sich bitte 15 Minuten Zeit, um den Text zu lesen und zu verstehen. Halten Sie sich dabei an drei Regeln:

– Sie lesen sich den Text mehrfach durch.
– Sie verwenden kein Wörterbuch. Hilfen und einen Text zum Ausdrucken finden Sie im [→ DLB].
– Sie versuchen, alle Fragen nur durch Nachdenken und durch Beobachtungen am Text zu lösen.

1   Arma deus Caesar dites meditatur ad Indos
*   et freta gemmiferi findere classe maris.*
*   magna, Quiris, merces: parat ultima terra triumphos;*
*   Tigris et Euphrates sub tua iura fluent;*
5   sera, sed Ausoniis veniet provincia virgis;
*   assuescent Latio Partha tropaea Iovi.*
*   ite agite, expertae bello date lintea prorae,*
*   et solitum armigeri ducite munus equi!*
*   omina fausta cano. Crassos clademque piate!*
10   ite et Romanae consulite historiae!
*   Mars pater, et sacrae fatalia lumina Vestae,*
*   ante meos obitus sit precor illa dies,*
*   qua videam spoliis oneratos Caesaris axes,*
*   ad vulgi plausus saepe resistere equos!*
15   inque sinu carae nixus spectare puellae
*   incipiam et titulis oppida capta legam,*
*   tela fugacis equi et bracati militis arcus,*
*   et subter captos arma sedere duces.*
*   ipsa tuam serva prolem, Venus: hoc sit in aevum,*
20   cernis ab Aenea quod superesse caput.
*   praeda sit haec illis, quorum meruere labores:*
*   me sat erit Sacra plaudere posse Via.*

Übung (2) Teil 2 – nach 15 Minuten zu bearbeiten: **1.** Halten Sie nun bitte schriftlich fest, welche Beobachtungen Sie gemacht haben. – **2.** Notieren Sie, was Ihnen das Textverständnis der Elegie (Prop. 3,4) ermöglicht hat. – **3.** Halten Sie die noch offenen Fragen fest und notieren Sie auch, was ein Textverständnis verhindert hat. Versuchen Sie, diese Aspekte nach Kategorien zu ordnen.

Vermutlich sind Sie zu dem Ergebnis gelangt, dass Ihnen viele Details der Elegie unklar geblieben sind (z. B. einige Begriffe des sehr poetischen Vokabulars, viele der zahlreichen Metaphern und Symbolismen sowie manche Spezialausdrücke). Dennoch werden Sie zu der Einschätzung gelangt sein, dass Properz sich hier auf sehr geschickte Art und Weise vom Krieg distanziert und seine private Liebschaft dem staatstragenden Pathos entgegenstellt.

Das Experiment zeigt, dass Interpretation weder die »Krönung« der Textarbeit sein muss noch ein vollständiges, auch die letzten Details reflektierendes Textverständnis voraussetzt. Im Beispiel von Prop. 3,4 war, obgleich der Text unter philologischen und historischen Gesichtspunkten nur sehr unvollständig durchschaut wurde, trotzdem eine sinnvolle Auseinandersetzung mit ihm möglich. Denn wenn Sie den zweiten Teil der Übung ausgeführt haben, haben Sie möglicherweise festgestellt, dass Sie über die kniffligen Details der Elegie einfach hinweggesprungen sind. Stattdessen haben Sie sich vielleicht auf einige markante Merkmale konzentriert und sind mit Ihrer Aufmerksamkeit zwischen den Gesichtspunkten hin und her gependelt. Markante Merkmale sind dabei:

– Textkohärenzen: Eigennamen, Sachfelder, Imperative
– Kernaussagen, insbesondere der Bruch in der thematischen Entwicklung (V. 15 ff.)
– Gliederung des Gedichtes (V. 1–10, V. 11–18, V. 19–22), formal gekennzeichnet durch die Apostrophe an Quirites, Mars, Vesta und Venus

Im Konzept der textimmanenten Interpretation geht es also darum, durch eine möglichst genaue Beobachtung des Textes auf der Inhalts- und Ausdrucksebene zu einem vertieften Verständnis des Textes zu gelangen.[2]

Arbeitsbereiche der textimmanenten Interpretation
Inhaltsebene

– Raum und Zeit: Im Properzbeispiel Klärung der entfernten Gegenwelt des Krieges über die geographischen Begriffe; bei Sall. Cat. dagegen die Beschleunigung und Verlangsamung der Handlung und der Wechsel der Handlungsorte
– Progression: Thema des Textes, seine Entwicklung und die Gedankenführung des Lesers
– Konfiguration: Die auftretenden Personen in ihren Beziehungen; bei Properz z. B. Augustus, der Dichter und die *puella*
– Perspektive des Textes, z. B. der Ich-Erzähler (*me*) bei Prop. 3,4 im Gegensatz zu Caes. Gall.

Ausdrucksebene

– Semantische Beobachtungen auf Wort- und Satzebene (z. B. Wortwahl, Wort- und Sachfelder, Schlüsselbegriffe)

---

2 Eine ausführliche Schulung in diesen Textbeobachtungsverfahren erfolgt im fachwissenschaftlichen Studium. Anregungen in der fachdidaktischen Literatur bieten die Beiträge von Nickel, R., Die Interpretation im altsprachlichen Unterricht, in: Handbuch der Fachdidaktik, München 1982, 21–35; Siebenborn, E., Textbegriffe und Interpretationsweisen. Zur semantischen Struktur als Grundlage unterrichtlichen Interpretierens, in: AU 30, 6/1987, 17–42; Glücklich, H.-J., Interpretation im Lateinunterricht. Probleme und Begründungen, Formen und Methoden, in: AU 30, 6/1987, 43–59. – Beispiele in Textausgaben finden Sie bei Ovid, Metamorphosen, bearbeitet von H.-J. Glücklich, Exempla 7, 4. Aufl. Göttingen 2001; Catull, Gedichte, von H.-J. Glücklich, Exempla 1, 3. Aufl. Göttingen 1993.

- Allgemeinere textlinguistische Beobachtungen auf Satz- und Textebene, z.B. Kohärenzmerkmale wie Tempusprofil oder Gliederung durch Zeit- und Modaladverbien
- Stilmittel (Wortstellung und Wortverwendung) und sprachprosodische Beobachtungen (Metrik, Rhythmus, Phonetik) in ihrer funktionalen Bedeutung

Für den Lateinunterricht hat dieses Konzept eine zentrale Bedeutung. Dies liegt einmal an seiner Nähe zum lateinischen Text. Zum anderen weist es eine große Affinität zu wichtigen fachwissenschaftlichen Interpretationsverfahren auf. Insgesamt gelangt man mit diesem Konzept und den damit verbundenen Textbeobachtungstechniken oft schon zu einem bemerkenswert tiefen Textverständnis. In vielen Fällen geht der textimmanenten Interpretation eine ausführliche Texterschließung mit Übersetzung voraus, obgleich dies, wie das obige Beispiel gezeigt hat, nicht immer notwendig ist. Die Entscheidung über die konkrete Schrittfolge ergibt sich in der didaktischen Analyse.

In der Schule werden die Arbeitsbereiche der textimmanenten Interpretation den Schülern sukzessive vermittelt: So lernen sie z.B. einige Stilmittel und ihre Funktion kennen und können dies dann auf andere Texte anwenden; später kommen Wort- und Sachfelder hinzu etc. Die Schulung in diesen Textbeobachtungsverfahren beginnt daher schon in der Lehrbuchphase.

Übung (3): Wählen Sie eine Lehrbuchlektion (z.B. Lumina, Lektion 20 »Ich klage an«) und interpretieren Sie den Text unter Beachtung von Progression, Wort- / Sachfeldern und Stilmitteln. Den Text und einen Lösungsvorschlag finden Sie im [→ DLB].

Die Vorteile des Verfahrens sind gleichzeitig auch seine Gefahren: Die intensive und kleinschrittige Beobachtung auf der Textebene lässt den Schülern wenig

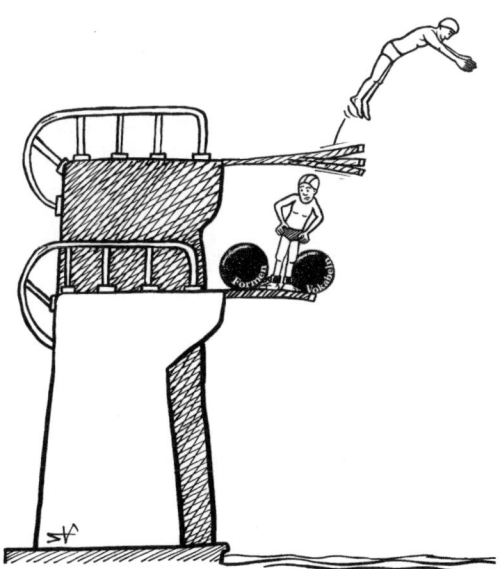

Selbstständigkeit in der Auseinandersetzung mit dem Text. Auch erfordert dieses Arbeiten in der Regel gute sprachliche Kenntnisse. Es kann langatmig wirken und beim Leser das Gefühl der Überforderung hervorrufen. Außerdem ist es nicht immer notwendig. Denn sogar in Latein gibt es Texte, die man im Wesentlichen richtig verstehen und interpretieren kann, ohne sie zuvor in allen Details erschlossen zu haben. Gedankensprünge sind dann auch in Latein möglich – trotz des Ballasts von Formen und Vokabeln.

2.2 Textüberschreitende Interpretationsarbeit

Das Frage-Antwort-Verfahren des hermeneutischen Zirkels kann zu einer Überschreitung der Textgrenze führen. Im Falle der Properzelegie könnte sich die Frage entwickeln, warum der Dichter sich so entschieden vom Krieg distanziert. Textpragmatische Aspekte kommen in den Gesichtskreis des Interpreten, wenn er berücksichtigt, dass die Texte von Autoren für die damalige Zeit geschrieben wurden und zunächst einmal eine Intention haben, die sich auf den damaligen Leser bezieht. Interpretationsansätze, die dies schwerpunktmäßig berücksichtigen, werden im Folgenden unter dem Titel »historisch-pragmatische Interpretation« zusammenfassend vorgestellt.

Eine Überschreitung der unmittelbaren Textgrenze geschieht auch dadurch, dass man die Wirkung eines Textes im Verlaufe seiner Rezeption berücksichtigt. Texte entwickeln nach ihrer Publikation ein Eigenleben und bei vielen in der Schule gelesenen antiken Texten ist dieses besonders intensiv. Das Verständnis eines Textes wird dadurch beeinflusst, wie er von anderen Rezipienten wahrgenommen wurde. Die Arbeit mit diesen Einflüssen und die Reflexion darüber ist der Bereich der »rezeptionsgeschichtlichen Interpretation«.

Schließlich ist auch der Leser ein Teil des Interpretationsprozesses. Das Verständnis, das er von einem Text gewinnt, kann reflektiert und wieder für eine vertiefende Textbetrachtung genutzt werden. Verfahren, die diesen Textzugang benutzen, zählen zu der »gegenwartsbezogenen Interpretation«.

2.2.1 Historisch-pragmatische Interpretation

Texte stehen immer in einem konkreten historischen Kontext. Erst die Berücksichtigung dieser Zusammenhänge ermöglicht z. B. die Interpretation, dass es sich beim *bellum Gallicum* um eine Rechtfertigungsschrift Caesars und beim *carmen saeculare* des Horaz um eine politische Auftragsarbeit handeln könnte, wohingegen die *carmina* des Horaz mehrheitlich allgemeine Welterfahrung in poetischer Gestaltung sein dürften. Seneca war reich und schrieb Ratgeber für Lebensfragen, Martial dagegen war auf Unterstützung durch adelige Gönner angewiesen – die Wahrnehmung seiner anzüglichen Epigramme wird vor diesem Hintergrund anders ausfallen.

Im Konzept der historisch-pragmatischen Interpretation geht es also darum, weitere Kenntnisse über die Antike dafür zu benutzen, um zu einem vertieften Verständnis eines Textes zu gelangen.[3]

---

3 Literatur: s. Anmerkung 2 sowie Glücklich, H.-J., Lateinunterricht. Didaktik und Methodik, 3. Aufl. Göttingen 2008, 14 ff., 20 ff. Gute Beispiele in Textausgaben, z. B: Caesar. Bellum Gallicum. Der Typus des Machtmenschen, bearb. von Maier, F., Bamberg 2000; Vom Vesuvausbruch des Jahres 79 n.Chr., bearb. vom Kölner Arbeitskreis, Frankfurt 1979. Weitere Beispiele in allen neueren Lehrwerken schon in den ersten Lektionen, z.B. Intra, Texte und Übungen I, Lektion 5 oder Cursus, Texte und Übungen, Ausgabe A, Lektion 2.

Arbeitsbereiche der historisch-pragmatischen Interpretation

- Autorenbiographie
- soziologische und ideologische Aspekte
- politikgeschichtliche Aspekte
- literaturgeschichtliche Aspekte (Motive, Vorbilder, Gattungsfragen)
- geistesgeschichtliche philosophische Zusammenhänge (bes. Mythos, Philosophie)

Diese Interpretation ist im schulischen Bereich ein zweischneidiges Schwert: Zum einen ist oftmals ein gewisses Mindestmaß an Textpragmatik notwendig, damit der Text überhaupt verstanden werden kann. Andererseits kann zuviel davon in bloße Gelehrsamkeit umschlagen und den Blick für die wirklich wichtigen Dinge verstellen. Es entscheidet zwar, wie in der Medizin, auch hier die Dosis, aber je deutlicher ein Text auf seine Zeit bezogen ist, desto schwieriger ist dabei die richtige Gewichtung – und zwar unabhängig vom Autor: Catull carmen 2 ist unmittelbar verständlich, carmen 3 braucht dagegen zum Verständnis Hintergrundwissen über Trauerlieder und Totenreichsvorstellungen – nur in welchem Umfang? In der Konsequenz bedeutet dies, dass gerade die historisch-pragmatische Interpretation eine sorgfältige Planung benötigt.[4]

Ebenso muss überlegt werden, wie das für die Interpretation notwendige Hintergrundwissen zur Verfügung gestellt wird: Denkbar sind hier entweder textbegleitende Hintergrundinformationen (einleitender oder erläuternder Informationstext, Referat, Lehrervortrag, Rechercheaufträge[5]) oder ein Vergleich mit einem antiken Paralleltext.[6]

Übung (4): 1. Nehmen Sie als Textgrundlage Plin. epist. 3,16 (Arria), 10–12. – **2.** Überlegen Sie, welche historischen Informationen für das Textverständnis notwendig sind, wann diese an einen Schüler gegeben werden müssten und wie dies erfolgen soll.

Anregungen und weiteres Übungsmaterial zu Cic. Verr. 2,4 finden Sie im [→ DLB].

2.2.2   Rezeptionsgeschichtliche Interpretation

Rezeptionsdokument meint den Aufgriff eines antiken Textes in Literatur, bildender Kunst, Musik, Theater etc. Die Interpretation auf der Grundlage des Ver-

---

4 S. 3. Didaktisierung von Texten.

5 Rechercheaufträge an Schüler im Internet sollten vom Lehrer nur in vorbereiteter Form eines »Webquest« gegeben werden (d.h. der Lehrer gibt eine Auswahl vorher geprüfter Websites vor, mit denen die Schüler ihr Referat erarbeiten).

6 Qualitativ hochwertige Grundlageninformation in für Schüler leicht zugänglicher Form vermitteln z.B. Krefeld, H. (Hg.), Res Romanae, Berlin 2008; Mühl, K., Felix – das Sachbuch, Bamberg 1999, oder das Geschichtsbuch Ihrer Schule. Lexikonartikel sind für jüngere Schüler weniger geeignet.

gleichs von lateinischem Text und Rezeptionsdokument bedeutet nicht die Auf-
lockerung des textlastigen Lateinunterrichts durch ein buntes Bild, sondern ermöglicht ein tieferes Verständnis des Textes. Darüber hinaus gewinnt man auf-
schlussreiche Einsichten in die europäische Kulturtradition. Die Bedeutung antiker Texte als Vorbilder und Denkmodelle wird deutlich, wenn etwa die Livius-
stelle über den Kampf der Horatier (1,24 f.) durch das Historiengemälde von J. L.
David, wenn der ovidische Orpheus-Mythos durch die Schlussszene der Or-
pheusoper von Chr. Gluck oder die Metamorphose der Daphne durch die Berni-
ni-Statuettengruppe kontrastiert wird. Insgesamt wird die Textwahrnehmung
durch die Schwerpunktsetzung auf andere sinnliche Eindrücke eines Kunstwer-
kes erweitert und verändert.

Im Konzept der rezeptionsgeschichtlichen Interpretation geht es also darum,
durch ein geeignetes Rezeptionsdokument den Schüler zu einem vertieften Verständnis der Textstelle zu befähigen. Dies erfolgt vorzugsweise über das Verfahren des Vergleichs.[7]

Arbeitsbereiche der rezeptionsgeschichtlichen Interpretation

– Rezeptionsgeschichte eines antiken Textes (z.B. Vergil – Dante; Properz –
  Goethe, Phädrus – Lessing)
– Parallelstellen in antiken Texten (*fama* bei Ovid und Vergil; Catull-Parodie
  bei Martial, Lucretia-Episode bei Livius und Ovid), auch innerhalb eines Au-
  tors (Ov. ars und rem.)
– Genus- und Motivtradition (Horaz, sermones – Satire heute; Briefliteratur;
  Ov. ars – Ratgeberliteratur etc.)
– Umsetzung von antiken Themen in Kunst, Literatur, Musik in Vergangenheit
  und Gegenwart, z.B. Bernini (Statuen), Historienmalerei, Thornton Wilder
  (Iden des März), Christa Wolf (Kassandra), Orff (Carmina Catulli) etc.

Im Lateinunterricht lässt sich dieses Interpretationskonzept in vier Formen anwenden:

1. im Anschluss an Übersetzung und textimmanente Interpretation, wodurch
   sich eine Vertiefung und Erweiterung der bisherigen Erkenntnisse erreichen
   lässt,
2. anstelle der textimmanenten Interpretation,
3. vor der Übersetzung zur Herstellung des Zusammenhanges und erster Deu-
   tungshypothesen für die Interpretation und
4. zur Anbahnung eines produktionsorientierten Arbeitens der Schüler.

---

7 Maier, F., Ovid. Dädalus und Ikarus. Die Wirkung eines antiken Mythologems. Met. VIII 183–
235, in: ders., Ovid. Dädalus und Ikarus. Der Prinzipat des Augustus. Interpretationsmodelle, Auxilia 2, Bamberg 1981, 5–46; Nickel, R., Vergleichendes Interpretieren, in: AU 1993/4+5, 37–53.
Beispiele für den Unterricht finden sie bei: AU 2007/2 (Vergil-Rezeption), 2006/5 (Oberstufe)
und 2005/1 (Film). Henneböhl, R., Ovid – Metamorphosen. Lehrerkommentar, 2. Aufl. Bad Dri-
burg 2007.

Version (1) stellt das herkömmliche Verfahren dar, da hier eine ausführliche Texterarbeitung vorausgeht. Dies ist aber nicht unbedingt immer nötig, wie Sie am folgenden Beispiel selbst untersuchen können. Es handelt sich um einen Ausschnitt aus dem Ikarusmythos: Daedalus hat für sich und Ikarus Flügel gebaut; jetzt legt er seinem Sohn die fertigen Fluggeräte an (vgl. Ov. met. 8,203 ff.). Die Auseinandersetzung mit dem Thema erfolgt dabei nicht über den Text, sondern über zwei Rezeptionsdokumente. Dies ist für die Schüler möglich, da sie den Kontext der Situation kennen und ihnen die Grundstruktur des Mythos schon aus der Lehrbuchphase bekannt ist.

Übung (5) Teil 1: **1.** Vergleichen Sie die beiden Darstellungen. Halten Sie Ihre Überlegungen stichwortartig fest.[8] – **2.** Geben Sie jedem Bild einen prägnanten Titel.

Neoklassizistische Statuengruppe des Venezianers Antonio Canova von 1779.

Ölgemälde in akademischem Stil des Engländers Lord Frederick Leighton von 1869.

---

8 Der Vergleich der Bilder soll keine komplexe, wissenschaftliche Bildanalyse sein. Versuchen Sie gleichwohl bei Ihren Beobachtungen die grundlegenden Elemente der Ikonographie zu berücksichtigen, wie die Größe der Figuren, ihre Position in der »Leserichtung« eines Bildes (Vorder- / Hintergrund, Bildachsen, linke und rechte Bildhälfte), ihre Körperhaltung und Mimik, ihre Anordnung zueinander und ggf. ihre Attribute und die Farbgebung.

Wenn Sie die Analyse der Bilder abgeschlossen haben, sind Sie bereit für die Lektüre des Ovidtextes (Ov. met. 8,203–211). Ein direkter Vergleich ist möglich, auch wenn das Ausdrucksmedium des Textes der ganzheitlichen Wahrnehmung eines Bildes bzw. einer Statuengruppe entgegensteht.

Übung (5) Teil 2: **1.** Lesen Sie den Textauszug und vergleichen Sie ihn mit den beiden Darstellungen. Welche Darstellung kommt der Szene bei Ovid am nächsten? Begründen Sie Ihre Antwort mit konkreten Beschreibungen der Darstellungen und mit genauen Textbelegen. – **2.** Geben Sie dem Textauszug von Ovid ebenfalls einen charakteristischen Titel. Eine Auflösung mit Tafelbild finden Sie im [→ DLB].

Daedalus unterweist (*instruit*) hier Ikarus (*natum*); Ikarus ist schon vorher von Ovid als *puer ignarus* charakterisiert worden.

> *203 Instruit et natum »Medio«que »ut limite curras,*
> *Icare,« ait »moneo, ne, si demissior ibis,*
> *205 unda gravet pennas, si celsior, ignis adurat:*
> *Inter utrumque vola! Nec te spectare Booten*
> *aut Helicen iubeo strictumque Orionis ensem:*
> *Me duce carpe viam!« Pariter praecepta volandi*
> *tradit et ignotas umeris accommodat alas.*
> *210 Inter opus monitusque genae maduere seniles,*
> *et patriae tremuere manus;*

Was ist aber nun das Ergebnis der ganzen »Operation«?
1. Das Bild macht neugierig auf den Text, denn der Betrachter will die Vorgeschichte und den Kontext des Bildes genauer erfahren. Das Bild motiviert zum Lesen.
2. Das Bild verschafft eine erste, ganzheitliche Vorstellung vom Text. Von Anfang an werden alle Textbeobachtungen in einen argumentativen Zusammenhang gesetzt (z.B. die paränetischen Merkmale der Rede oder die Semantisierung von *genae maduere* und *tremuere manus*).
3. Der Einsatz eines Bild-Text-Vergleiches führt in gleicher Weise wie die üblichen Arbeitsaufträge der textimmanenten Interpretation zu einer genauen Untersuchung der Textstruktur. Allerdings braucht man dafür nicht unbedingt eine Vielzahl von Arbeitsaufträgen, denn die Aufgabenstellung ergibt sich von selbst aus dem Vergleichsmaterial.
4. Der Ovidtext enthält an der Stelle *inter opus monitusque genae maduere seniles* einen interpretatorischen Freiraum, denn Ovid verschweigt die Reaktion des Ikarus auf die väterliche Mahnrede. Durch die beiden künstlerischen Darstellungen erhält der Leser unterschiedliche Deutungsangebote für diese vom Autor offen gelassene Textstelle. Der Vergleich der bildhaften Darstellungen mit dem Ovidtext zwingt den Leser zu einer interpretierenden Auseinandersetzung mit

dem Text, denn er muss sich zumindest für eine der Darstellungen entscheiden. Leitende Fragestellung dabei wäre, welche Ikarusdarstellung besser zur Aussageabsicht des Ovidtextes passt.

Für die Unterrichtspraxis bedeutet dies, dass ein Bildvergleich dann sinnvoll ist, wenn es Möglichkeiten für interpretatorischen Freiraum gibt. In der didaktischen Planung halten Sie diese deutungsoffenen Textstellen fest und entwickeln ein passendes Unterrichtsarrangement aus Arbeitsaufträgen und Arbeitsmaterial (Bilder, Texte), damit sich die Schüler dann selbstständig mit diesem Punkt auseinandersetzen.

Die vorige Übung hat gezeigt, dass Rezeptionsdokumente zu einer vertieften Analyse der Textstruktur führen. Sie eignen sich aber auch als ein Mittel zur wertenden Auseinandersetzung und sie können ebenso ein Anreiz dazu sein, sich selbst schöpferisch mit dem Text und seinem Thema auseinanderzusetzen. Der didaktische Vorteil ihres Einsatzes besteht darin, dass sie einen anderen, ganzheitlich-ästhetischen Blick eröffnen und damit zugleich Vorbild wie Anlass zur eigenen Positionierung sind.

Beispiele für Arbeitsaufträge an Schüler

– Welche der beiden künstlerischen Darstellungen (Leighton oder Canova) würdest du (natürlich als Fotokopie) in deinem Lateinheft einkleben? Begründe deine Entscheidung.
– Wenn es verschiedene Wahrnehmungsmöglichkeiten der Person des Ikarus gibt, warum hat sich Ovid für die »kindhafte« entschieden? Warum Leighton für die andere?
– Wenn du den Mythos heute erzählen würdest, welcher Version des Ikarus gäbest du den Vorzug?
– Lege dem Leighton'schen Daedalus eine Rede an Ikarus in den Mund. Schreibe eine kurze, ca. 80 Wörter umfassende Rede. Lese dann den Ovidtext und vergleiche beide Reden.

Fazit: Die Möglichkeiten für den Umgang mit Rezeptionsdokumenten sind sehr unterschiedlich in Bezug auf ihre Textnähe bzw. in Bezug auf den Freiraum, den sie für die Artikulation persönlicher Meinungen lassen. Allerdings dürfte es in keinem Fall gelingen, ohne eine Auseinandersetzung mit dem Text zu einer angemessenen Antwort zu kommen. Letztendlich kommt man auch bei offenen und produktionsorientierten Arbeitsaufträgen zu einer vergleichbaren Einsicht in die Textstruktur wie bei den Verfahren der textimmanenten Interpretation. Durch die konträren Perspektiven entstehen Fragen, die Anreiz bieten, um sich vertieft mit dem Text zu beschäftigen. Scheinbar zwanglos gelangt der moderne Rezipient dank der Rezeptionsdokumente zu einer selbstständigen Interpretation des Textes, wie sie ähnlich leichtfüßig auch ein gebildeter antiker Leser durchführte.

2.2.3 Gegenwartsbezogene Interpretation

Die im Ovidbeispiel zuletzt angeführten Möglichkeiten zum produktionsorientierten Arbeiten gehören unter systematischen Aspekten zu den gegenwartsbezogenen Interpretationszugängen. Diese Form der Textinterpretation ist eigentlich die älteste und ursprüngliche: Karolingische Renaissance, mittelalterliche Scholastik, Humanismus, Renaissance, Neuhumanismus – immer wieder geht es darum, die Antike als Anregung und Vorbild für die Gegenwart zu begreifen. Fachwissenschaftlich wird diese Anregungsqualität der Antike unterschiedlich begründet: Hölscher und andere führen dies darauf zurück, dass die Antike das »nächste Fremde« unserer Kultur ist und dass dies zu einem Wechselspiel von Ähnlichkeit (Isomorphie) und Fremdheit (Allomorphie) führt, das das Urteil des Lesers herausfordert.[9] Maier und Munding heben die anthropologische Konstante hervor, die antike Texte mit der Gegenwart verbindet: Paradigmatisch werden in ihnen existenzielle Grundfragen des Menschen (Liebe, Tod, Pflicht, Freunde etc.) thematisiert; antike Texte können »Denkmodelle« sein.[10] Eng verwandt mit diesen Ansätzen ist die auch in anderen Philologien bekannte Methode der rezeptionsästhetischen Interpretation. Die Anwendbarkeit dieses Verfahrens auf den Lateinunterricht hat W. Heilmann aufgezeigt.[11]

Im Konzept der gegenwartsbezogenen Interpretation geht es also darum, über eine direkte, unmittelbare und auch persönliche Auseinandersetzung mit dem Sinnpotenzial des antiken Textes zu einem vertieften Verständnis des Textes (!) zu gelangen.

Arbeitsbereiche der gegenwartsbezogenen Interpretation

– Allomorphie oder Isomorphie des Textes
– Rezeptionsästhetische Verfahren wie »Leerstellen des Textes« und »Aktualisierung«
– »Existenzieller Transfer« (Übertragung eines antiken Textsinnes auf vergleichbare Situationen der Gegenwart, z. B. Senecas Ratschläge zum Umgang mit der Zeit)
– Exemplarität des dort vorgestellten Denkmodells; im Text erkennbare anthropologische Grundfragen
– Operativer und produktionsorientierter Umgang mit Texten

---

9 Hölscher, U., Die Chance des Unbehagens, Göttingen 1965, 81 ff.; Barié, P., Thesen zum Altsprachlichen Unterricht, in: Höhn, W., Zink, N., Handbuch für den Lateinunterricht. Sekundarstufe II, Frankfurt 1979, 1–17.

10 Maier, F., Lateinunterricht zwischen Tradition und Fortschritt, Bd. 2: Zur Theorie und Praxis des lateinischen Lektüreunterrichts, 2. Aufl. Bamberg 1987, 132 f.; Munding, H., Antike Texte – aktuelle Probleme. Existentieller Transfer im Altsprachlichen Unterricht, Auxilia 12, Bamberg 1985, 3–25.

11 Heilmann, W., Interpretation im Rahmen eines lateinischen Literaturunterrichts, in: AU 1993/4+5, 5–22.

Die gegenwartsbezogene Interpretation ist im schulischen Bereich immer möglich und auch immer nötig, denn nur dadurch, dass Schüler antike Texte als sinnvoll erfahren, behalten sie die Motivation, Latein weiter zu lernen. Erst die sich
in der Frage *quid ad nos* verdichtende Interpretation legitimiert den Lateinunterricht – und hält den eingangs erwähnten hermeneutischen Zirkel in Gang.
Methodisch umsetzbar im Unterricht ist ein derartiges Vorgehen in zwei grundsätzlichen Richtungen:

a) durch analytisch orientierte Interpretationsfragen
b) durch eine kreativ-produktionsorientierte Auseinandersetzung mit dem
   Text.[12]

Beispiele für Interpretationsaufgaben mit Blickrichtung auf den gegenwärtigen Leser

– Aspekt der Identifikation und der Koinzidenz: Wie hätte ein moderner
  Mensch damals gehandelt? Trifft die Textaussage auch heute noch zu? Was
  müsste ich tun, wenn ich wie Seneca denke?
– Aspekt der Irritation: Was wirkt auf uns heute befremdlich? Welche Werte,
  politischen Verhältnisse, gesellschaftlichen Umstände etc. sind heute anders
  als damals?
– Aspekt der Abstraktion: Welche allgemeingültigen Zusammenhänge werden
  hier deutlich? Gibt es Grundfragen des Menschlichen?
– Aspekt der Produktion: Zu welchem Handeln (einen Text verfassen, ein Bild
  malen, eine Szene nachspielen …) regt der Text an?

Übung (6): 1. Lesen Sie Catull carmen 51 *(Ille mi par esse…)* und entwickeln
Sie in Anlehnung an die oben genannten Beispiele konkrete Interpretationsaufgaben – **2.** Fertigen Sie eine Musterlösung der Aufgaben an, indem Sie die ge-
wünschten Schülerantworten notieren. Hinweise zur Aufgabenlösung finden Sie
im [→ DLB].

Vermutlich haben Sie bei der Bearbeitung dieser Übung festgestellt, dass ein
Text von sich aus schon eine bestimmte Interpretationsrichtung nahelegen kann.
Die aktualisierende Perspektive ist jedoch auch dann möglich, wenn es sich um
einen Text handelt, der eigentlich so stark seiner Entstehungszeit verhaftet ist,
dass eine historisch-pragmatische Interpretation zuvor unumgänglich ist.

---

12 Literatur: s. die vorherigen Anmerkungen 9–11 sowie Schindler, W., Operativer Umgang mit lateinischen Gedichten, in: AU 1994/3+4, 53–76; Pfeiffer, M., Produktive Lernprozesse im altsprachlichen Unterricht, in: AU 1999/6, 2–7. – Unterrichtsbeispiele und Lektüreausgaben: Einstieg in die römische Philosophie, bearb. von Blank-Sangmeister, U., clara 2, Göttingen 2000. –
   AU 2000/3 (Martial).

Anregung (1): Entwickeln Sie Interpretationsfragen für Caes. Gall. 4,25,2–3 und zwar a) mit einer deutlichen altertumskundlichen Perspektive, und b) mit einer aktualisierenden Perspektive. Lösungsbeispiele finden Sie im [→ DLB].

2.3   Zusammenfassung

Fachdidaktische Interpretationskonzepte stellen keine Alternativen dar, sondern sie ergänzen einander. Der Zusammenhang Leser ↔ Text ist so gestaltet, dass sich die Konzepte mit ihren jeweiligen Perspektiven aufeinander beziehen.
Lateinunterricht legitimiert sich durch den Sinnzuwachs, den die Auseinandersetzung mit originalen Texten zur Folge hat; kein Lateinunterricht darf ohne angemessene gegenwartsbezogene Interpretation sein.

Im Unterrichtsalltag ist textimmanentes Interpretieren meist die Voraussetzung für ein ausreichendes Textverständnis. Das Ziel der Schule, dass der Schüler in eine für ihn persönlich Sinn stiftende Auseinandersetzung mit dem Text tritt, wird damit allein aber nicht erreicht. Eine methodische Hilfe bieten die Verfahren der textüberschreitenden Interpretation.

Bei fast allen lateinischen Texten ist es möglich, jede der oben beschriebenen Interpretationsrichtungen einzuschlagen (abgesehen vom rezeptionsgeschichtlichen Zugang, da er entsprechendes Material voraussetzt). Ein Beispiel: Plin. epist. 9,6 (*circenses erant …*) ist bei textimmanenter Interpretation die Distanzierung des gebildeten Plinius vom vulgären Vergnügen der Masse; historisch-pragmatisch bietet er eine kritische Spiegelung der populären Zirkusspiele; aktuell wird der Brief im Vergleich mit heutiger Fußball-Fankultur oder anderen Formen des passiven Freizeitkonsums wie Fernsehen und Computerspielen. Die Entscheidung, welche Interpretationsrichtungen die Schüler einschlagen sollen, ergibt sich erst durch die didaktische Planung.

Ein weiteres Beispiel mit Leitfragen zum Christenbrief des Plinius finden Sie im [→ DLB].

3.   Didaktisierung von Texten und Leserinteresse

Antike Texte sind für erwachsene Leser einer hochgebildeten Oberschicht geschrieben. In der Schule lesen dieselben Texte junge Menschen, die über eine recht geringe Sprachkompetenz und über einen Bruchteil des damaligen Weltwissens verfügen. Die Hauptaufgabe der didaktischen Überlegungen ist es daher, erstens eine für jugendliche Leser geeignete Textstelle zu ermitteln (also z. B. nicht Cato agr.) und dann herauszustellen, wie man Text und Leser zusammenbringt, damit es zu einer sinnstiftenden Auseinandersetzung kommen kann. Neben der Entscheidung für die geeignete Interpretationsweise geht es also auch darum, das Interesse des jugendlichen Lesers zu ermitteln und ihm einen Weg zum Text zu ermöglichen.

3.1   Das Prinzip der Reduktion

Eine wissenschaftliche Interpretation benutzt Interpretationsansätze, die im Prinzip mit den bisher vorgestellten vergleichbar sind. Ein wesentlicher Bestandteil der wissenschaftlichen Interpretation ist dabei die Methodenreflexion: Der Interpret begründet, warum er strukturalistisch oder rezeptionsästhetisch vorgeht oder mit welchem Methodenmix er seinen Text interpretiert. In der Schule übernimmt vergleichbare Überlegungen der Lehrer, nicht der Schüler. Ein zweiter Baustein jeder wissenschaftlichen hermeneutischen Interpretation ist eine argumentative Auseinandersetzung mit allen früheren Deutungsversuchen. Auch dies gehört im Prinzip zu den Arbeitsfeldern des Lehrers, nicht der Schüler – außer in dem Fall, dass sich die Schüler mit einem Rezeptionsdokument oder exemplarisch mit einer wissenschaftlichen Deutungsthese auseinandersetzen. Völlig ausgeblendet ist in der Schule die philologische Frage nach dem Archetypus des Textes. Wissenschaftsorientiert ist die Interpretation in der Schule aber, wenn folgende Voraussetzungen gegeben sind:

– Die didaktische Reduktion reflektiert die wissenschaftlichen Zusammenhänge.[13]
– Die Schüler führen Interpretationstechniken teilweise selbstständig aus.
– Es gibt eine erkennbare Trennung zwischen Textbeschreibung und Textdeutung.
– Das Prinzip des hermeneutischen Zirkels wird dadurch deutlich, dass man im Rahmen eines Diskurses Intersubjektivität herstellt.

In allen anderen Dingen gilt der Primat der didaktischen Reduktion, demzufolge Sachverhalte so weit vereinfacht werden, dass den Schülern eine unmittelbare, aber immer noch authentische Beschäftigung mit den Texten möglich ist. Der Unterricht konstruiert damit eine künstliche Situation, die so tut, als wären die Schüler die ersten Leser des Textes.

> ☞ Die Funktion der Interpretation in der Schule ist nicht das Nachahmen von wissenschaftlichen Erkenntnisprozessen. Aufgabe des Unterrichts ist es, den Schülern die Möglichkeit zu eröffnen, sich einen eigenen, sinnvollen Zugang zu den Texten zu verschaffen.

Um dies zu gewährleisten, braucht ein Schüler den wissenschaftlichen Kontext eines literarischen Textes nur insoweit zu verstehen, dass er eklatante Fehldeu-

---

13 Ein Beispiel finden Sie weiter unten bei Übung (8).

tungen – etwa, dass es sich bei den in den Historikerschriften überlieferten Reden um authentische Dokumentationen handelt – vermeidet. Bei der didaktischen Reduktion handelt es sich also keineswegs um ein bloßes Methodenproblem, etwa um die Frage, wieviele Vokabelangaben nötig sind oder in welcher Sozial- und Arbeitsform der Unterricht in Szene gesetzt werden soll.

Übung (7): 1. Welche Textpassagen aus Caes. Gall. müssen Schüler lesen, um sich mit dem Urteil des Caesarbiographen M. Grant kritisch auseinandersetzen zu können? »Er war ein scharfsinniger Politiker, ein meisterhafter Propagandist, ... ein Mann von bedeutendem, vielfältigem Wissen und Geschmack und ein militärisches Genie.«[14] – **2.** Untersuchen Sie Lektüreausgaben zu lateinischen Schriftstellern unter dem Gesichtspunkt, ob sich Schüler mit wissenschaftlichen Deutungsangeboten selbstständig auseinandersetzen können. Beispiele finden Sie im [→ DLB].

3.2   Stufen der Interpretation

Gemäß den Forschungen der Kognitionspsychologie sowie den aktuellen neurobiologischen Erkenntnissen durchlaufen die Schüler während des Lateinunterrichts ihren entscheidenden intellektuellen und emotionalen Reifungsprozess. Es scheint daher sinnvoll, die Interpretation im Unterricht an den unterschiedlichen Grad der kognitiven Entwicklung anzupassen. F. Maier hat dafür ein Modell entwickelt, das zwischen drei Interpretationsstufen unterscheidet.[15]

sachorientierte Interpretation	problemorientierte Interpretation	modellorientierte Interpretation
Die Schüler setzen sich persönlich mit dem antiken Text auseinander. Der Text an sich steht im Mittelpunkt.	Die Schüler hinterfragen den Text kritisch, z. B. durch einen Vergleich. Sie überschreiten die reine Textebene.	Die Schüler erarbeiten am antiken Text exemplarisch ein grundlegendes Problem des Menschen (Liebe, Hybris, Imperialismus ... etc.).
Anfangsunterricht	Mittelstufenunterricht	Oberstufenunterricht

Dieses Modell hilft dem Unterrichtenden, einen für seine jeweilige Schülergruppe geeigneten Interpretationsansatz auswählen. So wird er im Anfangsunterricht der Klasse 6 nicht die antike Auffassung von Sklaverei problematisieren und in Klasse 11 nicht Ov. ars lediglich als Quellentext verwenden, um das Schönheitsideal Ovids herauszuarbeiten. Auf der anderen Seite ist das Modell eben nur ein Modell, dessen Annahme, dass Schüler sich immer schön gleichmäßig entwi-

---

14 Grant, M., Caesar: Genie, Diktator, Gentleman, Hamburg 1970, S. 15.
15 Maier, F., Lateinunterricht zwischen Tradition und Fortschritt, Bd. 2: Zur Theorie und Praxis des lateinischen Lektüreunterrichts, Bamberg 1984, 140; dort auch Beispiele.

ckeln, man getrost bezweifeln darf. Eine zweite Einschränkung des Modells ergibt sich daraus, dass sich auch jüngere Schüler mit Grundproblemen des Menschen beschäftigen, z. B. Elfjährige mit dem Widerstand im Nationalsozialismus
(zumindest im Deutschunterricht) – der Unterschied zu jungen Erwachsenen liegt
nicht in der Abstraktionsfähigkeit, sondern in der geringeren Komplexität der er-
fassten Sachverhalte.

Es scheint daher ratsam, das Modell der Interpretationsstufen flexibel an das tat-
sächliche Niveau einer Lerngruppe anzupassen und gleichzeitig verschiedene
Denkwege für unterschiedlich entwickelte Schüler offenzuhalten.

3.3   Das Verfahren der didaktischen Analyse

In den bisherigen Ausführungen wurden bislang verschiedene Möglichkeiten zur
Interpretation vorgestellt. Die Frage, welche Textauswahl denn nun die richtige
ist und welche Thematisierung als angemessen gelten darf, wurde bislang nicht
beantwortet. Beides ist jedoch nicht beliebig, sondern bedingt sich gegenseitig.

So dürfte es z. B. aus didaktischen Erwägungen heraus sinnvoll sein, den philoso-
phischen Grundbegriff der *voluptas* anhand von Cic. fin. 1 zu thematisieren. Allerdings ist das erste Buch zu lang, um es in der Schule ganz zu lesen. Nehmen
Sie nur die ersten Absätze und hören dann auf? Das wäre falsch, denn die entscheidenden Passagen finden sich etwa ab §37. Auf der anderen Seite reicht es
auch nicht aus, nur eine fachlich angemessene Textauswahl zu treffen: Ciceros
Lob der Philosophie, Tusc. 5,5 *o vitae philosophia dux*, ist sicher eine entscheidende Textstelle zum Verständnis des Autors – aber wie vermitteln Sie diese Bedeutung an die Schüler?

Drei große Entscheidungsfelder greifen also ineinander:

1. Fachwissenschaftliche Überlegungen: Der Lehrer muss die sachliche Struktur
des Textes und des damit verbundenen Themas durchschauen. Nur so kann er
entscheiden, welche Textstellen exemplarische Qualität haben, welche sachlichen Voraussetzungen zu ihrem Verständnis nötig sind und wie man in einer didaktischen Reduktion die Komplexität des Gegenstandes an die Erfordernisse
der Lerngruppe anpassen kann.

2. Fachdidaktische Überlegungen: Sie bedingen die Auswahl einer bestimmten
Interpretationsperspektive. Im Gesamtkontext einer Reihenplanung gehören hierzu weitere Überlegungen wie Auswahl der Texterschließungsmethodik, Möglichkeiten des sprachlichen Arbeitens, Arbeits- und Sozialformen, Übungs- und
Differenzierungsformen etc. sowie die Lehrplanbezüge.[16]

3. Pädagogische Überlegungen: Hierzu gehört u. a. die individuelle Ausgangslage
der Schüler, z. B. ihr Entwicklungsstand oder ihre Interessenlage. Zur Bestim-

---

16 S. auch Planung von Unterrichtsreihen.

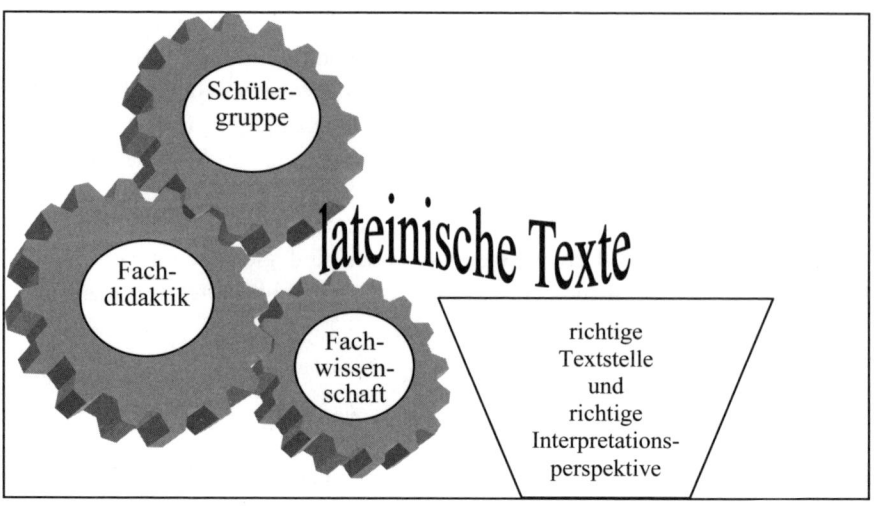

mung des Schülerinteresses ist es hilfreich, auf die Fragen der didaktischen Analyse (nach W. Klafki) zurückzugreifen: Welche affektiven Voraussetzungen haben die Schüler zu einem Text? Welche Vorkenntnisse bringen sie mit? Welchen unmittelbaren Nutzen hat die Lektüre für sie? Welche zukünftigen Qualifikationen erwerben sie dadurch?[17] Natürlich darf man die Erwartungen an diese Fragen nicht zu hoch setzen (z. B. in der Mutmaßung, die Schüler würden nach der Interpretation des Senecaspruchs *si tibi vis omnia subicere, te subice rationi* sich mit Feuereifer auf ihre Hausaufgaben stürzen ...), aber die hier aufgezeigten Perspektiven lassen erkennen, ob ein Thema im Denkfeld der Schüler liegt oder nicht.

Der argumentative Prozess, in dem diese Gesichtspunkte zusammengeführt werden, ist die didaktische Begründung. Je nach Situation verläuft dieser Entscheidungsprozess anders. Die Gedichte Catulls mit pornographischen Elementen in einer 11. Klasse zu lesen, kann je nach Lerngruppe und Lehrer sehr erfolgreich sein oder ein peinlicher Flop.

☞ Es gibt nicht die Lektüre, den guten Text oder den richtigen Interpretationsansatz. Die Kompetenz des Lateinlehrers besteht darin zu entscheiden, inwieweit ein lateinischer Text genug unmittelbares Sinnpotenzial für die jeweilige Schülergruppe hat.

---

17 Klafki, W., Neue Studien zur Bildungstheorie und Didaktik. Zeitgemäße Allgemeinbildung und kritisch-konstruktive Didaktik, 4. Aufl. Weinheim 1994, 251–284.

Ein Beispiel aus der Lektürephase

Wie kann die Interpretation eines Textes, den man auf den ersten Blick nicht zu den für die Schüler spannendsten zählen würde, durchgeführt werden? Nehmen wir dafür als Beispiel Cic. rep., 1. Buch.

Übung (8): 1. Wählen Sie aus Cic. rep. 1,1–11 eine Textstelle von ca. 60–80 Wörtern aus, die Ihnen interpretationswürdig erscheint. – **2.** Entwickeln Sie dazu einen Interpretationsansatz und tragen Sie Ihre Überlegungen zur didaktischen Begründung in das Raster ein. Einen Lösungsvorschlag (mit der Skizze eines dazu passenden Unterrichtsverlaufes) finden Sie im [→ DLB].

Unterrichtseinheit A	Eine Auswahl aus Cic. rep. 1,1–11 (z.T. als Übersetzung, kursorisch, zweisprachige Lektüre … etc.) Ziel: Einordnung des Werkes. Bezug zum Autor.
wissenschaftliche Aspekte	
pädagogische Aspekte	
fachdidaktische Überlegungen	
Textbeispiel und sein inhaltlicher Schwerpunkt	
Thematisierung und Interpretationsansatz	

Hilfen zur Aufgabenfindung / -stellung

Fachwissenschaftliche Kenntnisse: Wie man einen Text fachwissenschaftlich analysiert, ist bekannt. Zusätzliche Hilfsmittel für die Vorbereitung auf den Unterricht können Schulausgaben (auch ältere) sein, z. B. Schwamborn, H., M. Tullius Cicero. De re publica. Erläuterungen, 11. Aufl. Paderborn 1958.

Pädagogische Überlegungen: Der Ort der Lektüre ist normalerweise die Jahrgangsstufe 11 bzw. 12. Zur politischen Befindlichkeit von Jugendlichen gibt die Shell-Jugendstudie Nr. 14 von 2002 folgende Zusammenfassung (S. 119):

»Insgesamt beziehen sich Jugendliche nur noch eher sporadisch auf Politik. Selbst bei den ›politisierten‹ mitwirkungsbezogenen Jugendlichen, die alles in allem die größte Affinität zu diesem Thema aufweisen, lässt sich wenig ›Faszination‹ erkennen. Hinzu kommt eine verbreitete Politik-Kritik, die bei einem Teil der Jugendlichen als offensichtliche ›Parteienverdrossenheit‹ zu einer erkennbaren Distanz führt. (…) Dies sollte jedoch nicht damit gleichgesetzt werden, dass Jugendliche keine Interessen hätten bzw. nicht bereit wären, sich dann, wenn sie sich persönlich angesprochen fühlen, zu engagieren. Was jedoch definitiv ›out‹ ist, sind abgehobene ideologische Entwürfe.«

Didaktische und fachdidaktische Grundlagen: Cic. rep. wird in vielen Schulen vom Lehrplan gefordert. Die Arbeit an Buch I wird nur ausschnittsweise als statarische[18] Lektüre möglich sein. Dies begründet sich im Umfang des Textes und

---

18 Statarisch bedeutet das detailgenaue Übersetzen eines Textes, kursorisch bedeutet das Überfliegen z. B. durch eine Vorerschließung und Paraphrase, zweisprachige Lektüre, einen Lückentext usw.

dem Zeitaufwand für die Interpretation. Die Verbindung zwischen den Ausschnitten lässt sich durch verschiedene Formen kursorischer Lektüre herstellen. Ein realistisches Übersetzungspensum pro Schulstunde beträgt, wenn die Schüler selbstständig übersetzen sollen, kaum mehr als 30–40 Wörter; in Klausuren gilt die Faustregel: pro Minute Übersetzungszeit ein Wort.

Die inhaltliche Auseinandersetzung mit dem Text muss auch aus didaktischen Gründen bewusst geplant und inszeniert werden, denn *de re publica* ist in weiten Teilen nicht ohne philosophisches und historisches Hintergrundwissen verständlich (z. B. die Aristotelische Verfassungslehre, der Streit zwischen Demokratie und Aristokratie... etc.). Der Text ist in einem hohen Maße allomorph.

Ein Beispiel aus der Lehrbuchphase

Auch in der Lehrbuchphase ist eine interpretierende Auseinandersetzung mit den lateinischen Texten notwendig. Zum einen werden so die methodischen Grundlagen für die spätere Interpretationsarbeit gelegt. Zum anderen entspricht dies dem natürlichen Lese- und Verstehensbedürfnis der jungen Lateinschüler. Schüler der 5. oder 6. Klasse wollen Latein nicht wegen der aufsehenerregenden Grammatik lernen, sondern sie werden durch spannende Geschichten zum Lesen – und damit zum Sprachenlernen – angeregt.

In den modernen Lehrbüchern finden Sie häufig gut erzählte Geschichten. Die folgende Übung soll in Ihnen das Gefühl für Textqualität wecken. Das Beispiel ist Lumina entnommen, für Lateinschüler mit etwa drei Monaten Lateinunterricht.

Übung (9): 1. Analysieren Sie den Lehrbuchtext. Beurteilen Sie ausschließlich den Inhalt. – **2.** An welchen Stellen sehen Sie Möglichkeiten, sich vertiefend mit dem Text auseinanderzusetzen?

Auf dem Lande (Lumina Lektion 4)
Gnaeus Cornelius hodie villam visitat. Felicio vilicus dominum salutat. Tum spectant hortum, vineam, silvam agrosque. Circumeunt et multos servos multasque ancillas vident: Cuncti laborant. Alii hortum fodiunt, alii agros arant. Alii arbores caedunt, alii uvas aut olivas colligunt. Nonnulli viam muniunt. Ancillae cenam parant.
Cuncti, cum dominum vident, maxime seduli sunt. Sed Davus servus nihil videt; dormit enim. Nam senex aeger est, et labores sunt magni. Gnaeus valde clamat; vilicum vituperat, ferit servum. Postea Davus catenis vincitur. Hodie Gnaeus contentus non est.

Cn.: »Cur servi tam pigri sunt?«
Felicio: »Pigri non sunt, sed nonnulli non valent.«
Cn.: »Cur et arbores et olivae et uvae tam parvae sunt?«
Felicio: »Mala tempestas ...«

Postridie dominus et vilicus auctionem faciunt: Vendunt et mala et vinum et oli-
vas et arbores. Vendunt etiam ancillam aegram – et Davum, servum senem.

Vermutlich wird es Ihnen beim Lesen nicht anders ergangen sein als den etwa
11- oder 12-jährigen Schülern, die diesen Text lesen: Sie lesen am Anfang einen
Sachtext und haben bildhafte Eindrücke vor Augen. Diese Eindrücke auf der
Sachebene weiter zu klären, darin besteht das Interpretationspotenzial des ersten
Textabsatzes. Er vermittelt vielfältige Hintergrundinformationen zum harten
Landleben. Für Schüler in einer Großstadt könnte das interessant sein. Weitere
Informationen, wie Bildmaterial, Lehrererzählungen oder deutsche Einführungs-
texte im Lehrbuch sorgen für Veranschaulichung und Vernetzung. Sie interpre-
tieren in Anlehnung an das Stufenmodell der Interpretation auf der Sachebene,
indem sie Dinge klären (z. B. die Olive als Leitfrucht des Mittelmeeranbaus) und
für einen kontrastiven Vergleich mit heutigen Gegebenheiten sorgen.
Für eine anthropologische Interpretation dagegen bietet sich der zweite Teil des
Textes an, in dem es um den Umgang eines adeligen Römers mit seinen Sklaven
geht, der unseren modernen Vorstellungen von Menschlichkeit widerspricht.
Hier können Sie ansatzweise eine Problemorientierung ins Auge fassen.

Übung (10): **1.** Überlegen Sie, welche Informationen die Schüler benötigen, um
den Schluss des Textes »Auf dem Lande« besser verstehen zu können. – **2.** Formulieren Sie eine Aufgabenstellung für den Unterricht, die dazu führen kann,
dass sich die Schüler mit dem Verhalten des Cn. Cornelius aktiv auseinandersetzen.

Sicher haben Sie Ideen zur szenischen Umsetzung (Schüler verkaufen sich gegenseitig auf dem Sklavenmarkt) oder andere Formen der kreativen Auseinandersetzung mit dem Textinhalt, wie das Verfassen eines Briefes in Anlehnung an
Plin. epist. 8,16. Auch werden Sie vorher Sachinformationen zu Sklaven »zufüt-
tern«, um zur Textinterpretation zu gelangen. Eine weitere Technik könnte sein,
selbst Ergänzungstexte zu verfassen, zumal es in der Lehrbuchphase oft an Texten, insbesondere Originaltexten, mangelt. Im Sinne einer *plurima lectio* können
Sie dabei Thematik und Vokabular des Haupttextes weitgehend aufgreifen –
doch könnte der Text einen anderen Handlungsablauf haben.

Unterrichtsbeispiel: Zusatztext zu Lumina, Lektion 4, »Auf dem Lande« (einige
Vokabelhilfen sind notwendig).

Cuncti servi laborant. Alii arbores caedunt, alii viam muniunt. Pauci servi etiam
frumentum colligunt. Sed nonnulli pigri sunt, nam dominus mitis est. Itaque servi
eum non timent.

Aliquando Gnaeus Cornelius, senator severus, dominum visitat. Videt pigros ser-
vos et damnum intellegit. Dominum interrogat: »Quid video? Visne pauper mo-

ri? Servi tui pigri sunt, quia te non timent. Servi timidi esse debent; tum seduli laborant.«

Dominus anxius: »Quid faciam?« Gn. Cornelius respondet: »…«

Der Zusatztext greift die Thematik des Lektionstextes auf, überspitzt aber das dort erwähnte Prinzip der Entmenschlichung der Sklaven durch die zynische Bemerkung *timidi esse debent*, das an Caligulas *oderint dum metuant* gemahnt. Der Text hat außerdem mehrere Möglichkeiten zur Aktualisierung: Zum einen können sich die Leser in die Rolle des konservativen Senators Cn. Cornelius hineinversetzen, der im Lektionstext einen alten Sklaven verkauft hat; zum anderen können die Schüler auch die Rolle des *dominus mitis* annehmen, der ja den Cornelius nur um Rat fragt, ihm aber nicht zu folgen braucht. Sofern die Schüler ein wenig über römische Landwirtschaft und Sklaverei informiert sind (zu beidem bietet das Schulbuch Sachinformationen), können sie angemessen arbeiten.

Anregung (2): Greifen Sie einen beliebigen Lehrbuchtext heraus. Verfassen Sie dazu einen Paralleltext, der in Inhalt und Vokabular ähnlich ist, in dem Sie aber die Perspektive auf die Thematik wechseln!
Beispiele dafür finden Sie z. B. in Lumina, Lektion 12 und 13 (Paris und Helena erzählen jeweils aus ihrer Sicht), in Lektion 21 (zwei fiktive Briefe zu Caesars Gallierkrieg, einmal aus der Sicht eines Militärtribuns, dann eines Legionssoldaten), oder in Lektion 28, in der die Rede des Carneades vor dem Senat über Pro und Contra des Glaubens an die Götter dargestellt wird.

4.   Unterrichtsplanung der Interpretation

In den bisherigen Überlegungen wurde die Interpretation in der Schule unter systematischen Gesichtspunkten betrachtet. Jetzt geht es dagegen um die konkrete Planungschronologie: Welche Schritte vollziehen Sie bei der Planung einer Textinterpretation?
Vorausgesetzt wird, dass Sie zuvor schon das Grundkonzept Ihrer Unterrichtsreihe entworfen haben.[19] Dazu gehören dann auch grundsätzliche Entscheidungen über die Zielsetzung: Soll es eine thematische Reihe (z. B. zum Begriff *humanitas*) oder eine autoren- bzw. werkbezogene Lektüre (z. B. Plinius, Briefe) sein? Welches fachdidaktische Interpretationskonzept soll schwerpunktmäßig Anwendung finden? Die Entscheidungen bedingen sich gegenseitig: Für Ov. met. könnte sich ein rezeptionsgeschichtlicher Ansatz empfehlen; für eine Reihe über römisches Geschichtsbewusstsein wäre vermutlich eine Betonung der altertumskundlichen Aspekte sinnvoll.

---

19 S. auch Planung einer Unterrichtsreihe.

Checkliste zur Interpretation

Schritt 1: Die Textauswahl

- ☑ Hat der Text für die Lerngruppe und das Unterrichtsthema relevante Interpretationsaspekte?
- ☑ Schwierigkeitsanalyse: Gibt es sprachliche oder inhaltliche Verständnisprobleme?
- ☑ Welchen Umfang hat der Text? Empfiehlt sich eine kursorische oder statarische Lektüre?
- ☑ Welche Reihenfolge von Texterschließung und Interpretation ist sinnvoll?

Schritt 2: Entwicklung von Arbeitsaufträgen

- ☑ Welche Fragestellung ergibt sich aus dem Text?
- ☑ Sind die Arbeitsaufträge sinnvoll strukturiert?

Schritt 3: Alternativen für offene, ganzheitliche Zugänge

- ☑ Welches Bildmaterial eignet sich zum Textvergleich?
- ☑ Stehen andere Vergleichsmaterialien zur Verfügung?
- ☑ Gibt es Varianten (kreative Umsetzung; operativer Umgang)?

permanente Kontrollfragen:

- ☑ Können die Schüler das leisten?
- ☑ Entspricht das dem Lehrplan?
- ☑ Ist die Interpretation sinnstiftend?
- ☑ Entspricht das allgemeinen didaktisch-pädagogischen Anforderungen? (wie Förderung der Selbstständigkeit, Ermöglichung individuellen Lernens ... etc.)

4.1   Textauswahl

☑   *Hat der Text für die Lerngruppe und das Unterrichtsthema relevante Interpretationsaspekte?*

Zuerst prüfen Sie, ob der fragliche Textausschnitt auch aus Schülersicht die Interpretationsmöglichkeiten bietet, die Sie für Ihr Unterrichtsvorhaben benötigen. Das Verfahren dazu wurde oben im Kapitel zur didaktischen Analyse beschrieben. Daher hier nur ein Beispiel dafür, wie entscheidend für eine Interpretation die Auswahl der richtigen Textstelle sein kann: So können Sie zum Brief Senecas über die Freundschaft (Sen. epist. 9) so viele Arbeitsaufträge stellen wie Sie wollen – wenn Sie in diesem Brief §3 statt §8 und damit die falsche Textstelle erwischt haben, ist alle Mühe vergebens. Denn diese bleibt für die Schüler wegen ihrer Abstraktion oder wegen der überhöhten sprachlichen Anforderungen unklar.

☑   *Schwierigkeitsanalyse: Gibt es sprachliche oder inhaltliche Verständ-*
    nisprobleme?

Ebenso sollten Sie vorher den Text daraufhin untersuchen, welche grammatischen, lexematischen und inhaltlichen Schwierigkeiten bei seiner Entschlüsselung und Interpretation zu erwarten sind. Natürlich benötigt jeder Schultext Erläuterungen und Hilfen – aber nur im notwendigen Umfang. Ein Text, in dem
Sie nahezu jedes Wort erklären müssten, ist nicht interpretierbar.

☑   *Welchen Umfang hat der Text? Empfiehlt sich eine kursorische oder*
    statarische Lektüre? Und welche Reihenfolge von Texterschließung
    und Interpretation ist sinnvoll?

In einer Schulstunde kann nur eine geringe Textmenge eigenständig erschlossen
werden. Lesen Sie daher nur die (didaktisch bestimmten) Zentralstellen eines
Autors auf Latein, den Rest kursorisch.[20] Viele moderne Textausgaben verfolgen
dieses Prinzip.
In anderen Fällen ist die Erarbeitung einer längeren Textstelle unumgänglich, sei
es wegen der inneren Dramatik der Darstellung oder wegen ihrer logischen Ge-
schlossenheit (z. B. die Metamorphose der lykischen Bauern bei Ov. met. 4,369–
381 oder die Rede der Dido an Aenaes, Verg. Aen. 4,305–330). Aber auch hier
kann man nicht auf lektürebegleitende Interpretation verzichten. Auch wenn 30
Minuten einer regulären Schulstunde reine Texterschließung sein sollten, haben
Sie doch am Anfang und am Ende Zeit, den gelesenen Textausschnitt in einen
Kontext einzuordnen und den thematischen Zusammenhang zu klären.

Unterrichtsbeispiel: Gliederung von Verg. Aen. 4,305–330	
Textabschnitt	Interpretationsleitlinie
V. 305–311a	Analyse der verschiedenen Argumentationsebenen Didos (Ratio, Affekte).
V. 311b–314a	Vergleich zwischen Didos Vorwürfen (*mene fugis, arva aliena*) mit dem eigentlichen Motiv des Äneas (*fatum*).
V. 314b–319	Analyse, inwieweit Dido durch das Verhalten von Äneas als Mensch und Privatperson verletzt wird.
V. 320–324	Analyse der politischen Auswirkungen von Äneas' Verhalten.
V. 325–330	Analyse der völligen Hilf- und Auswegsglosigkeit, die Dido inhaltlich wie sprachlich hier zum Ausdruck bringt.
für die gesamte Rede	Die Rede gibt das Selbstverständnis Didos und ihre sich darin spiegelnde soziale Rolle wieder. Zeige die Veränderungen im Verlauf der Rede auf. Erläutere, warum ein Verständnis für Äneas dabei nicht möglich ist.

---

20 Vorschläge in AU 2004/1 (Synoptisches Lesen) und Oertel, H. J., Kursorische Lektüre. Formen,
    Methoden, Beispiele, Auxilia 57, Bamberg 2006. S. auch das Kapitel Texterschließung und Über-
    setzung.

Texterschließung und Interpretation sind keine Gegensätze, sondern bedingen einander. Aufgaben aus dem Bereich der textimmanenten Interpretation eignen sich besonders gut, längere Passagen, die über mehrere Stunden verteilt gelesen werden müssen, interpretierend zu begleiten.

4.2   Entwicklung von Arbeitsaufträgen

☑   *Welche Fragestellung ergibt sich aus dem Text?*

Lateinische Texte sind oft aus sich heraus spannend. Bei den meisten Metamorphosen Ovids ist die Dramatik des Geschehens ein ausreichender Gesprächsanlass. Dies gilt ebenso für viele Lehrbuchtexte. Auch sie sind auf der Ebene der narrativen Dramatik angesiedelt und damit den Lesefähigkeiten und Erwartungen des Zielpublikums, also den 10- bis 13-jährigen Schülern, durchaus angemessen. Eine Auseinandersetzung mit dem Text ergibt sich meist von allein, wenn die Handlung noch einmal paraphrasiert, das Ergebnis bewertet oder wenn nach denkbaren Alternativen gesucht wird.

Spezielle Interpretationsaufträge können dann notwendig sein, wenn tiefere Bedeutungsschichten eines Textes – etwa die mythologischen, psychologischen, politischen oder erotischen Aspekte einer Metamorphose – offengelegt werden sollen. Weiterhin kann ein Text zwar sehr bedeutsam sein, aber aufgrund seiner Anforderungen in sprachlicher und / oder inhaltlicher Hinsicht kann sich dieses Potenzial nicht aus sich heraus entfalten.

Dies dürfte (aus Sicht eines typischen Schülers) beispielsweise bei der eingangs genannten Properzelegie 3,4 zutreffen. Hierzu könnten Arbeitsaufträge und Leitfragen z. B. so lauten:

1. Klären Sie, welche Sachfelder im Gedicht vorherrschen.
2. Gliedern Sie das Gedicht unter Berücksichtigung der Personen und Götter in vier Teile.
3. Untersuchen Sie die Verbalaussagen in den vier Gedichtteilen und erklären Sie den Wechsel zwischen Futur, Imperativ und Konjunktiv.
4. In welchen Versen spricht der Dichter von sich selbst? Was macht er? Vergleichen Sie diese Beobachtungen mit den bisherigen Ergebnissen.
5. Informieren Sie sich über die Bedeutung der Partherkriege und die augusteische Reformpolitik und klären Sie dann die Ausdrücke *Crassos clademque piate* (V. 9) und *ite et Romanae consulite historia* (V. 10).
6. Beurteilen Sie: Warum setzt sich der Liebesdichter Properz hier mit einer Militärparade auseinander?

Viele weitere anregende Beispiele für derartige Arbeitsaufträge zur Interpretation finden Sie in einschlägigen Lektüreausgaben.

☑   *Sind die Arbeitsaufträge sinnvoll strukturiert?*

Die Formulierung der Arbeitsaufträge folgt immer dem gleichen Muster: Zum einen entsprechen Sie einer der oben aufgezeigten Perspektiven der Interpretation: So kann man textstrukturbezogene Aufgaben stellen (gliedere, finde …) oder eine Einordnung in einen Zusammenhang vornehmen lassen oder einen Vergleich durchführen (themenbezogener Vergleichstext, Rezeptionsdokumente, einen wissenschaftlichen Interpretationsansatz u. ä.) oder eine begründete Stellungnahme einfordern. Zum anderen lassen sich die Arbeitsaufträge nach ihrem Schwierigkeitsgrad unterteilen. Aufgaben eines geringeren Anforderungsniveaus sind z. B. die Beschreibung und die Anwendung von Gelerntem; Aufgaben des höchsten Anforderungsniveaus umfassen z. B. die selbstständige Bearbeitung komplexer Sachverhalte, die Problemlösung oder eine begründete Bewertung.[21] Die genaue Auswahl und Formulierung der Arbeitsaufträge ergibt sich erst aus der didaktischen Analyse des Textes. Oftmals ist es sinnvoll, mit einfachen, textimmanenten Aufgaben zu beginnen, um Schülern ein Erfolgserlebnis zu ermöglichen. Natürlich gibt es aber keine feste Reihenfolge der Bearbeitung. Die folgende Liste soll daher nur eine Anregung mit einigen Beispielen sein.

Aufgaben zur Beschreibung und zur Strukturierung
– Zusammenstellen von sprachlichen Strukturelementen (Stilmittel, Wortfelder, Tempusprofil / Moduswechsel … etc.)
– Beschreibung der gedanklichen Struktur (Gliederung, Handlungsfolge etc.)

Aufgaben zur Einordnung und Übertragung in neue Zusammenhänge
– Erklären der Funktion von Stilmitteln, Wortfeldern etc.
– Paraphrase, Kernaussagen herausstellen etc.
– Zuordnung des Textes zu allgemeinen Merkmalen seines historischen Kontextes (literarisches Genus, philosophischer Kontext etc.)
– Vergleich des Textes mit Rezeptionsdokumenten oder mit anderen Texten, die sich zur gleichen Thematik äußern

Aufgaben zum Untersuchen und Bewerten
– Stellungnahme, ob eine antike Textaussage noch aktuell ist (also: Vergleiche mit der heutigen Meinung zu …; Was würde Plinius heute zu einem Fußballspiel sagen? …)

Aufgaben zur Problemlösung, Deutung und eigener Gestaltung
– Erörterung einer Textaussage (z. B. *magis quis veneris quam quo interest, Sen. epist. 28*)
– Arbeitsauftrag für die Schüler, den Text als Ausgangspunkt für ein Produkt zu nehmen

---

21 S. Einheitliche Prüfungsanforderungen in der Abiturprüfung Latein. Beschluss der Kultusministerkonferenz vom 10.02.2005. Weitere Hinweise s. Matrix zu Interpretationsaufgaben mit Angabe des unterschiedlichen Anforderungsniveaus in: Lexikon für den Lateinunterricht, Bamberg 2001, 122–124.

- Anfertigung einer idiomatisch richtigen und (unter Berücksichtigung der Autorenintention und der historischen Zusammenhänge) wirkungsgerechten Übersetzung
- Selbstständige und methodisch angemessene Interpretation (z. B. im Rahmen einer Facharbeit)

4.3 Alternativen für offene, ganzheitliche Zugänge

Die bisherigen Überlegungen sind immer davon ausgegangen, dass einer Interpretation ein gegliedertes Fragesystem zugrunde liegt, das vom Lehrer als Aufgabenkatalog zur Verfügung gestellt wird. Vielleicht beherrscht auch ein methodisch geschulter Schüler das Verfahren so selbstständig, dass er die Anweisung »Interpretiere den Text!« sinnvoll ausführen kann. Die grundsätzliche methodische Alternative dazu ist eine Interpretation, die die Schüler zu einer direkten, unmittelbaren Auseinandersetzung mit dem Text befähigt – im Idealfall ähnlich einem antiken Leser. Dass dies möglich ist, zeigen die obigen Beispiele, z. B. Catull carmen 51. Die Schwierigkeit, solche Verfahren auch angemessen im Unterricht umzusetzen, ist nicht zu unterschätzen; die zentralen didaktischen Planungsschritte des Lehrers werden daher im Folgenden vorgestellt.

☑ *Welches Bildmaterial eignet sich zum Textvergleich?*

Im Unterricht können von längeren Texten oft nur kurze Ausschnitte statarisch gelesen werden. Ein Beispiel bietet die Schlusspassage aus Sen. epist. 41,8:

Rationale enim animal est homo; consummatur itaque bonum eius, si id implevit cui nascitur. Quid est autem quod ab illo ratio haec exigat? Rem facillimam, secundum naturam suam vivere.

Einen derartig kurzen und komplexen Text zu bearbeiten, fällt nicht nur Schülern schwer. Denn je abstrakter ein Gedankengang, umso größer die Voraussetzungen, die der Leser mitbringen muss. Die Lösung für das Problem besteht natürlich in einer thematisch-inhaltlichen Einordnung. Anstatt aber den ganzen Senecabrief in einer Paraphrase oder Übersetzung hinzuzuziehen, kann man folgende Alternative erwägen: Auch ein Bild vermag eine Kontextualisierung zu erzeugen.

secundum naturam suam vivere

<u>Arbeitsauftrag</u>: Vergleiche das Bild mit dem Text und nimm dann Stellung zu Senecas Definition.

(Bild entnommen aus: Einstieg in die römische Philosophie, clara 2, Göttingen 2000, S. 8.)

Der Einsatz von Bildern als Vergleichsmaterial zu lateinischen Texten hat den Vorteil, dass ein völlig neuer, nicht linearer, sondern ganzheitlicher Blick auf die Thematik eröffnet wird. Ein Beispiel wurde oben beim Ikarusmythos vorgestellt. Unter systematischen Aspekten muss man dabei zwischen verschiedenen Formen des Bildeinsatzes unterscheiden:

–   Die Photographie des schlafenden Hundes stellt nur einen »Quasi-Paralleltext« zum Senecazitat dar, denn der Zusammenhang entsteht erst durch den Denkvorgang des Lesers, unter Einfluss von Bildlegende und Aufgabenstellung.
–   Die Canova-Statuengruppe, wie sie oben vorgestellt wurde, ist dagegen ein Rezeptionsdokument, bei dem sich der Künstler explizit auf den Ovidtext bezieht.
–   Schließlich gibt es Darstellungen, die nur das Motiv des antiken Textes aufgreifen, ohne dabei die Textstelle eines lateinischen Autors genau vor Augen zu haben (wie viele Historiengemälde des Barock).

Für die Unterrichtsplanung bedeutet dies, dass der Vergleich zwischen Bild und Text in den meisten Fällen erst durch eine konstruierte Aufgabenstellung möglich ist.

Abfolge eines Bild-Text-Vergleiches

1. Bestimmung des Themas und Entwicklung einer Fragestellung mit den Schülern
2. Erschließung des lateinischen Textes
3. Erschließung des Vergleichsmaterials
    Ein großformatiges Historiengemälde aus dem Barock erschließt sich nicht für 13-jährige Schüler, schon gar nicht, wenn es in Schwarz-Weiß im Din-A6-Format gezeigt wird. Nicht jede künstlerische Darstellung ist leichter zugänglich als der lateinische Text. Manche Vergleichsmaterialien erfordern spezielle Fachkenntnisse, so etwa der Einsatz von Musikstücken oder Filmen.[22]
4. Gegenüberstellung der Aussagen
    Günstig ist eine Tabelle an der Tafel. Es gibt auch andere Möglichkeiten der Gegenüberstellung (Zettelabfrage, Gruppenpräsentation etc.). Entscheidend ist, dass alle Beobachtungen konkretisiert werden, z. B. mit den entsprechenden Zitaten bzw. präzisen Beschreibungen bildhafter Darstellungen. Ein Beispiel dafür bietet die Lösung zum Ikarus-Mythos im [→ DLB].
5. Aussprache über die Gegenüberstellung.
    Man kann Schlussfolgerungen ziehen, Deutungen geben, Eindrücke sammeln, Erkenntnisse benennen etc. und abschließend die Leitfrage zum Thema beantworten.

---

22 Methodische Hinweise dazu s. AU 2005/1 (Film), AU 2007/6 (Drehbuch Antike).

Schritt 2 und 3 sind in der Reihenfolge austauschbar: Sie können ein Bild ebenso zum Einstieg in die Texterschließung nehmen und später dann wieder systematisch aufgreifen.

☑   *Stehen andere Vergleichsmaterialien zur Verfügung?*

Man kann auch andere Darstellungen zum Thema einsetzen: Parallelstellen aus der antiken Literatur, Auszüge aus moderner Literatur, Filme, Theaterstücke etc. Beispiele zur Genüge findet man in der fachdidaktischen Literatur. Die grundsätzliche Vorgehensweise beim Vergleich unterscheidet sich dabei nicht von der oben skizzierten Abfolge beim Text-Bild-Vergleich. Der Einsatz von Bildern als Vergleichsmaterial hat dabei den Vorteil, dass sie leicht in der Schule zu reproduzieren sind. Gegenüber literarischen Texten (wie den Fabeln von Lessing) haben sie den Vorteil der höheren Motivation, da sie dem kleinschrittigen und regelgeleiteten Vorgehen der Texterschließung einen für Assoziationen offenen Gesamteindruck entgegenstellen.

Eine grundsätzliche Bedingung für den erfolgreichen Unterrichtseinsatz ist dabei, dass das Vergleichsmaterial überhaupt erschließbar ist. Gegebenenfalls sind hier genaue Vorplanungen zu den Beobachtungsaufträgen nötig, die den Schülern die Deutung etwa einer Filmsequenz erst ermöglichen können. Zweitens ist es notwendig, dass es eine genügend große thematische Schnittmenge zwischen den Materialien gibt. Sicherlich könnte man die Schilderung des Rheinübergangs in Caesars »Bellum Gallicum« mit der Rekonstruktion einer hölzernen Römerbrücken vergleichen – aber das trägt nicht zum Verständnis für das entscheidende Thema des Bellum Gallicum, nämlich die politisch motivierte Selbstinszenierung Caesars, bei.

Alle neueren Lehrbücher und Textausgaben für den Schulgebrauch machen von Vergleichsmaterial intensiv Gebrauch. Es ist grundsätzlich für alle Themen – auch für Philosophie – geeignet. Sie finden in den Schulausgaben viele gute Beispiele.

Anregung (3): Untersuchen Sie in einem Lehrwerk (z. B. Lumina Lektion 23, S. 164) oder in einer Lektüreausgabe das dort angebotene Vergleichsmaterial. Formulieren Sie eine Aufgabenstellung für den Vergleich.

☑   *Gibt es Varianten (kreative Umsetzung; operativer Umgang)?*

1. Produktives Schreiben; szenisches, musisches und graphisches Gestalten: Man kann nicht nur jedes Schauspiel, sondern auch jeden narrativen Text – also z. B. jede einzelne Metamorphose, die Aeneis, die historischen Schriften, Fabeln, viele Episoden aus den Cicero-Reden etc. – in Szene setzen. Man kann als Interpretation des Textes ein Standbild erstellen, ein Theaterstück aufführen, ein Drehbuch schreiben, einen Kurzfilm drehen, ein Bild malen, einen Comic anfertigen, eine

Zeitung oder einen Fotoroman erstellen etc., kurzum, alles, was einen selbst als Rezipienten eines lateinischen Textes sichtbar werden lässt.

Unterrichtsbeispiel zu Verg. Aen. 4,331–337

Arbeitsauftrag: Stelle Äneas' Reaktion körperlich dar (Mimik, Gestik, ev. Tonfall). In der Wahl des Mediums (wie die Anfertigung einer Zeichnung, Standbild vor dem Spiegel, kurze Theatersequenz) bist du frei.

Die kreative Umgestaltung eines lateinischen Textes ist anspruchsvoll. Bei Erfüllung der eben genannten Übung müsste man sich z. B. darüber klar werden, was mit *ille Iouis monitis immota tenebat lumina* gemeint ist: Schaut Aeneas betreten auf den Boden, weicht er Didos Blick aus oder erwidert er ihn in einer Art Drohstarre? Man kann die Mini-Theaterszene auch in verschiedenen Varianten durchspielen. Die Unvereinbarkeit zwischen Didos Emotionalität, ihrer Uneinsichtigkeit in das Fatum und der Schicksalsgebundenheit des Äneas wird lebendig fassbar.
Unter den systematischen Aspekten der Interpretationsperspektiven entspricht die kreative Tätigkeit dem *quid ad nos*, ist also eine Form der Aktualisierung. Anders als bei dem Beispiel von Catull carmen 51 steht nicht die analysierende Kommentierung des Textes im Mittelpunkt, sondern der Leser drückt seine Textdeutung durch eine Neugestaltung aus. Sie finden in der didaktischen Literatur viele anregende Beispiele für dieses Verfahren.[23]

2. Wirkungsgerechte Übersetzung: Ein kreatives Interpretationsverfahren muss nicht immer gleich eine Theateraufführung sein. Auch eine Übersetzung, die eine Vergleichbarkeit mit dem Original im inhaltlichen Ausdruck und in der Wirkung auf den Leser angestrebt, ist eine kreative und interpretierende Form der sprachlichen und gedanklichen Neugestaltung.

Unterrichtsbeispiel

Arbeitsauftrag: Übersetze Catull carmen 2 wirkungsgerecht und vergleiche dann deine Übersetzung mit anderen Lösungen.
Materialien und Musterlösungen finden Sie im [→ DLB].

3. Operativer Umgang mit Texten: In der Schule erhalten die Schüler stark manipulierte lateinische Texte, die zahlreiche Lesehilfen enthalten (Interpunktion, Verszählung, Orthographie, kolometrisches Layout … etc.) Auch vermitteln sie das Bild einer eindeutigen und sicheren Textgestalt. Auf diese Weise entgeht den Schülern ein Einblick in die Tatsache, dass antike Texte oft wissenschaftliche Konstrukte und z. T. heute noch stark umstritten sind. Dabei ist gerade die Textrekonstruktion ein philologisches Hauptgeschäft. Man kann diese Tatsache auch

---

23 S. Anm. 12 mit den Titeln von Schindler und Pfeiffer.

als Interpretationsverfahren nutzen: Schüler überlegen, was in eine Textlücke hineinpassen könnte.

Unterrichtsbeispiel: Ergänze die Textlücke sinnvoll (Mart. 3,26).

Praedia solus habes et solus, Candide, nummos,
Aurea solus habes, murrina solus habes,
Massica solus habes et Opimi Caecuba solus
Et cor solus habes, solus et ingenium
Omnia solus habes – nec me puta velle negare!
_____ sed habes, Candide, cum populo.

Bei der Lösung der Aufgabe kommt es zu einer interpretierenden Auseinandersetzung mit Martial, denn in diesem Wort steckt offenbar die Pointe des Gedichtes. Ob man in die Lücke *puellam*, *uxorem* oder gar *culum* einsetzt – es entsteht jeweils ein anderes Gedicht. Die diskursive Auseinandersetzung darüber, welche der vorgeschlagenen Lösungen besser zum Charakter des Gedichtes passt, führt zur Interpretation.

Nicht immer muss es dabei darauf ankommen, die eine, richtige Lösung zu finden. Eine Weiterentwicklung dieses Ansatzes ist es, Schüler tatsächlich an der Herstellung von lateinischen Texten arbeiten zu lassen.

Unterrichtsbeispiel zu Catull carmen 5

Arbeitsauftrag: Zerschneide das Gedicht in einzelne Zeilen. Lasse die Puzzleteile von einer anderen Person neu zusammensetzen. Vergleicht dann die Rekonstruktion mit der des Codex Veronensis.

Es geht bei einem derartigen Vorgehen gar nicht darum, das Catullgedicht wortwörtlich zu rekonstruieren. Aufschlussreich sind vielmehr die Unterschiede. Denn eine von Schülern wie von Studienreferendaren ganz häufig vorgenommene Lösung dieser Aufgabenstellung besteht darin, den Vers *nox est perpetua una dormienda* als quasi romantisches Todesmotiv an den Schluss zu stellen. Operativer Umgang mit antiken Texten ist mehr als die Rekonstruktionsarbeit des Philologen. Schüler erhalten hierbei die Gelegenheit, sich mit dem Autor auf Augenhöhe zu treffen und mit ihm in den Wettstreit der *aemulatio* zu treten. Operativer Umgang ist emanzipierender Literaturunterricht.

Zusammenfassung

Die Interpretation in der Schule erfolgt häufig in Form von textgebundenen Arbeitsaufträgen, mit denen die Struktur des Textes, sein außertextlicher Zusammenhang (Textpragmatik) und ggf. seine Nachwirkung im Rahmen der europäischen Kulturgeschichte sowie seine heutige Bedeutung sichtbar gemacht wird. Ein starres Fragenraster ist nicht überall nötig, denn das Abarbeiten eines Schemas führt auch zu Langeweile. Es gibt zahlreiche Alternativen für einen ergebnis-offenen, ganzheitlichen Interpretationsunterricht. Erst eine ausführliche didakti-sche Analyse kann eine Entscheidung über die einzuschlagende Interpretations-richtung aufzeigen.

Maßgebliches Kriterium ist dabei immer, dass der Interpretationsprozess die Schüler zu einer selbstständigen und sinnstiftenden Auseinandersetzung mit dem antiken Textinhalt befähigt. In diesem *quid ad nos* liegt eine wesentliche Legiti-mation des Lateinunterrichts.

5.   Literaturhinweise

Als Einstieg in eine literaturwissenschaftliche Diskussion über Interpretation und deren Ansätze empfiehlt sich z. B.:

Kuhlmann, P., Fachwissenschaft, Fachdidaktik und Oberstufendidaktik in den Alten Sprachen, in: AU 2006/5, 64–67.

Maurach, G., Interpretation lateinischer Texte. Ein Lehrbuch zum Selbstunterricht, Darmstadt 2007.

Neuhaus, St., Grundriss der Literaturwissenschaft, Tübingen/Basel 2003.

Schindler, W., Interpretationsweisen im Literaturunterricht der Alten Sprachen, in: AU 1987/6, 4–16.

Weiterführende didaktische Literatur

AU 2000/3 (Martial).

AU 2004/1 (Synoptisches Lesen).

AU 2005/1 (Film).

AU 2006/5 (Oberstufe).

AU 2007/2 (Vergil – Rezeption).

AU 2007/6 (Drehbuch Antike).

Barié, P., Thesen zum Altsprachlichen Unterricht, in: Höhn, W., Zink, N., Handbuch für den Latein-unterricht. Sekundarstufe II, Frankfurt 1979, 1–17.

Einheitliche Prüfungsanforderungen in der Abiturprüfung Latein. Beschluss der Kultusministerkonfe-renz vom 10.02.2005.

Glücklich, H.-J., Interpretation im Lateinunterricht. Probleme und Begründungen, Formen und Me-thoden, in: AU 30, 6/1987, 43–59.

Glücklich, H.-J., Lateinunterricht. Didaktik und Methodik, 3. Aufl. Göttingen 2008, 14 ff., 20 ff.

Heilmann, W., Interpretation im Rahmen eines lateinischen Literaturunterrichts, in: AU 1993/4+5, 5–22.

Hölscher, U., Die Chance des Unbehagens, Göttingen 1965, 81 ff.

Klafki, W., Neue Studien zur Bildungstheorie und Didaktik. Zeitgemäße Allgemeinbildung und kri-tisch-konstruktive Didaktik. 4. Aufl. Weinheim 1994.

Krefeld, H. (Hg.), Res Romanae, Berlin 2008.

Lexikon für den Lateinunterricht, Bamberg 2001, 122–124.

Maier, F., Lateinunterricht zwischen Tradition und Fortschritt Bd. 2: Zur Theorie und Praxis des la-teinischen Lektüreunterrichts, 2. Aufl. Bamberg 1987, 132 f.

Maier, F., Ovid. Dädalus und Ikarus. Die Wirkung eines antiken Mythologems. Met. VIII 183–235, in: ders., Ovid. Dädalus und Ikarus. Der Prinzipat des Augustus. Interpretationsmodelle, Auxilia 2, Bamberg 1981, 5–46.

Mühl, K., Felix – das Sachbuch, Buchner, Bamberg 1999.

Munding, H., Antike Texte – aktuelle Probleme. Existentieller Transfer im Altsprachlichen Unterricht, Auxilia 12, Bamberg 1985, 3–25.

Nickel, R., Die Interpretation im altsprachlichen Unterricht, in: Handbuch der Fachdidaktik, München 1982, 21–35.

Nickel, R., Vergleichendes Interpretieren. AU 1993/4+5, 37–53.

Oertel, H. J., Kursorische Lektüre. Formen, Methoden, Beispiele, Auxilia 57, Bamberg 2006.

Pfeiffer, M., Produktive Lernprozesse im altsprachlichen Unterricht, in: AU 1999/6, 2–7.

Schindler, W., Operativer Umgang mit lateinischen Gedichten, in: AU 1994/3+4, 53–76.

Siebenborn, E.: Textbegriffe und Interpretationsweisen. Zur semantischen Struktur als Grundlage unterrichtlichen Interpretierens, in: AU 30, 6/1987, 17–42.

Zitierte Textausgaben

Caesar, Bellum Gallicum. Der Typus des Machtmenschen, bearb. von Maier, F., Antike und Gegenwart, Bamberg 2000.

Catull, Gedichte, bearb. von H.-J. Glücklich,, Exempla 1, 3. Aufl. Göttingen 1993.

Einstieg in die römische Philosophie, bearb. von U. Blank-Sangmeister, clara 2, Göttingen 2000.

Henneböhl, R., Ovid – Metamorphosen. Textausgabe mit Lehrerkommentar, 2 Bde., 2. Aufl. Bad Drieburg 2007.

Ovid, Metamorphosen, bearb. von H.-J. Glücklich, Exempla 7, 4. Aufl. Göttingen 2001.

Vom Vesuvausbruch des Jahres 79 n.Chr., bearb. vom Kölner Arbeitskreis, Frankfurt 1979.

VI. Grammatikarbeit während der Lektüre

1.   Einführung in die Problemstellung

Es dürfte kaum bestritten werden, dass die Grammatikarbeit mit dem Abschluss oder dem Verlassen des Lehrbuchs nicht beendet ist, und dies aus mehreren Gründen:

1. Die meisten Lateinlehrer berichten, dass sie innerhalb des ihnen zur Verfügung stehenden Zeitrahmens kaum das von ihnen benutzte Lehrbuch vollständig im Unterricht durchnehmen können. Stattdessen werden einzelne Lektionen gekürzt, teilweise übersprungen und vor allem gegen Ende des Lehrbuchs wird ein geeigneter Punkt gesucht, an dem Lektürefähigkeit wenigstens *in nuce* gegeben ist, sodass noch ausstehende Grammatikkapitel während der Lektüre erarbeitet werden müssen. Ein solches Vorgehen geschieht nicht zuletzt auch unter motivationalen Gesichtspunkten. Denn es kann durchaus etwas Befreiendes für die Schüler haben, wenn sie spüren, dass sie einen ersten Abschnitt des Lehrgangs absolviert haben.[1]

2. Die neueren Lehrbücher zeigen, dass auf diesen Befund reagiert wurde. Neben der Straffung des Lehrgangs in der Spracherwerbsphase durch Konzentration auf das für die Lektürefähigkeit Notwendige sparen einzelne Lehrbücher (z. B. Prima) von vornherein bestimmte Themen aus. Die Autoren gehen also offensichtlich davon aus, dass diese Themen dann zu einem späteren Zeitpunkt eingeführt werden. Typische Themen dieser Art sind z. B. das Futur II oder die *oratio obliqua*.

3. Selbst gesetzt den Fall, man arbeitete mit einem Lehrbuch, das die für die Lektüre notwendige Grammatik vollständig enthielte, und beendete dieses Lehrbuch erst nach der letzten Lektion, man hätte es also vollständig durchgearbeitet, so ist es dennoch eine Illusion zu glauben, damit habe jeder Schüler ein für alle Mal die Voraussetzungen für eine erfolgreiche Lektüre lateinischer Originaltexte, er verfüge also gewissermaßen über einen Vorrat oder Fundus an Grammatikkenntnissen, über den er beliebig je nach Bedarf verfügen könnte. Solches »Lernen auf Vorrat« geht an der Realität des Lateinunterrichts vorbei. Denn so wie Vokabeln nur dann einem Schüler verfügbar sind, wenn sie mehrfach »umgewälzt« werden und dem Schüler in bestimmten Abständen immer wieder begegnen, so ist dies

---

1 Der Befund ist nicht neu; vgl. z. B. Nickel, R., Nepos-Lektüre für »schwache Lateiner«, in: ders., Latein in der Mittelstufe. Vorschläge für den Sprach- und Lektüreunterricht, Auxilia 23, Bamberg 1991, 108 f.; Clemens, U., Übergang statt Dichotomie, in: ders. u. a. (Hgg.): Vom Lehrbuch zur Lektüre. Vorschläge und Überlegungen zur Übergangsphase, Auxilia 36, Bamberg 1994, 7–10.

auch mit grammatischen Phänomenen. Ist über Monate hinweg eine Anwendung bestimmter Kenntnisse und Fertigkeiten im Bereich der Grammatik beim Übersetzen nicht erforderlich, so ist damit zu rechnen, dass bei vielen Schülern die Kompetenz der Dekodierung und Rekodierung dieses Phänomens defizitär wird oder ganz verschwindet.

Konkret: Man nehme an, ein Lateinlehrer entscheidet sich für eine Plautuskomödie als Übergangslektüre und plant im Anschluss daran die Lektüre Caesars. Abgesehen von der Frage nach der generellen Sinnhaftigkeit einer solchen Reihenfolge dürfte sich unter anderem folgendes Problem einstellen: Da die Komödien des Plautus relativ arm an satzwertigen Konstruktionen sind,[2] genau diese (besonders der AcI und der Abl. abs.) bei Caesar aber sehr häufig vorkommen, muss damit gerechnet werden, dass mit Beginn der Caesar-Lektüre in diesen Bereichen eine Wiederholung unbedingt erforderlich ist.

Übung (1): Vergleichen Sie Texte der Anfangs- bzw. Übergangslektüre, z. B. Phaedr. 1,1; Plin. epist. 9,6; Nep. Hann. Welche unterschiedlichen Grammatikkenntnisse brauchen die Schüler, um die sprachlichen Herausforderungen des jeweiligen Autors zu meistern? Lösungsvorschläge finden Sie im [→ DLB].

Aus dem Gesagten ergeben sich folgende Konsequenzen:

1. So wie die Lehrbuch- oder Spracherwerbsphase von Anfang an die Lektüre von Texten in den Mittelpunkt stellt und die Grammatik als Hilfsmittel zur Erschließung der Texte erfahren lässt, so ist umgekehrt Spracharbeit während der Lektürephase unerlässlich.

2. Die Grammatikarbeit während der Lektüre hat im Wesentlichen drei Ziele, nämlich die Neudurchnahme der Grammatikkapitel, die in der Lehrbuchphase ausgelassen wurden, die Wiederholung der Grammatik, die die Schüler noch nicht oder nicht mehr adäquat beherrschen, und schließlich die Reorganisation, Arrondierung und Systematisierung der Grammatik als Ganzer. Vor allem mit Letzterem leistet der Grammatikunterricht während der Lektürephase einen wichtigen Beitrag zur Einsicht der Schüler in das System von Sprache überhaupt und somit zu ihrer sprachlichen Kompetenz.[3]

3. Die Grammatikarbeit während der Lektüre muss auf die im Unterricht gelesenen Texte hingeordnet bleiben. Wenn das oberste Lernziel des Lateinunterrichts die sogenannte »historische Kommunikation« ist und wenn diese sich an lateinischen Texten vollzieht, sodass diese Texte den Mittelpunkt des Lateinunterrichts darstellen, dann muss sich das auch auf die Grammatikarbeit während der Lektüre auswirken.[4]

---

2 Vgl. Pfaffel, W., Grammatikneudurchnahme im Rahmen der Übergangslektüre, in: AU 1985/3, 58–79, hier 79.

3 Zu diesen Zielen vgl. auch Glücklich, H.-J., Lateinunterricht. Didaktik und Methodik, 3. Aufl. Göttingen 2008, 132.

4 Diese grundlegende Forderung wird vor allem von Glücklich, H.-J., Immer wieder Grammatik – immer wieder Textverständnis, in: AU 1985/3, 5–18, erhoben und begründet.

Damit stellen sich für die Praxis des Lateinunterrichts folgende Fragen, die im weiteren Verlauf behandelt werden sollen:
1. Wie sieht die Grammatikarbeit unmittelbar im Anschluss an die Lehrbuchphase während der Übergangslektüre aus, in der vorrangig die bisher unbearbeiteten Grammatikkapitel behandelt werden müssten?
2. Wie sieht die Grammatikarbeit während der Phase der kontinuierlichen Lektüre aus? Dabei ergibt sich unter anderem die Frage nach der Anbindung des Grammatikunterrichts an die gelesenen Texte, die Frage nach dem zeitlichen Umfang sowie die Frage der inhaltlichen Schwerpunkte, der Intensität und des Grades der Vollständigkeit grammatischer Kenntnisse.
3. Welche praktischen Verfahren der unterrichtlichen Vermittlung erscheinen geeignet? Dabei wird unter anderem kurz zu erörtern sein, inwieweit offene Unterrichtsformen eine Rolle bei der Grammatikarbeit während der Lektüre spielen können, welche Übungsformen angemessen erscheinen und welche Materialien (Lektüren, Übungsbücher, Systemgrammatik) hilfreich sind.

2.   Übergangslektüre

Natürlich erfüllt die Übergangslektüre nicht nur den Zweck, die noch fehlenden Kenntnisse der Grammatik zu komplettieren oder bereits vorhandene zu festigen und zu systematisieren. Das ist nicht einmal ihr hauptsächlicher Zweck. Es scheint daher sinnvoll, zunächst überblicksartig die Charakteristika zu nennen, die sie aufweisen sollte:
Die Übergangslektüre[5] soll als Bindeglied zwischen der Spracherwerbsphase mithilfe des Lehrbuchs und der Phase der kontinuierlichen Lektüre dienen. Vor allem soll sie dem sogenannten »Lektüreschock« entgegenwirken, der sich häufig nach Verlassen des Lehrbuchs einstellt, wenn die gewählte Lektüre im Vergleich zu den Lehrbuchtexten einen deutlichen Anstieg der Schwierigkeiten bedeutet und insofern zu einer Überforderung und Demotivierung der Schüler führt.
Es ergibt sich somit als erstes Kriterium für eine Übergangslektüre, dass es sich um leichte bis mittelschwere, gegebenenfalls adaptierte Originaltexte für eine zügige Bewältigung größerer Textpassagen handeln sollte.
Zweitens sollte die Übergangslektüre inhaltlich ergiebig sein und Möglichkeiten der Interpretation bieten. Auch im Bereich der stilistischen Interpretation sollten sich Anknüpfungspunkte finden lassen.
Ein drittes Kriterium ergibt sich aus dem Adressaten der Übergangslektüre, dem Schüler. Für diesen muss die Übergangslektüre interessant sein, sie sollte außerdem Möglichkeiten der historischen Kommunikation bieten.

---

5 Vgl. zum Folgenden ausführlich van de Loo, T., Die Übergangslektüre als Nahtstelle zwischen Lehrbuch und kontinuierlicher Lektüre, in: Mitteilungsblatt des DAV, Landesverband NRW 56,4 (2008) 4–28, bes. 10f.

Für unseren Zusammenhang schließlich am wichtigsten ist das vierte Kriterium: Die Übergangslektüre sollte die Kompetenzen der Texterschließung und Übersetzung schulen und vertiefen. In diesem Zusammenhang müssten lektürerelevante Phänomene behandelt werden, die noch nicht in der Lehrbuchphase behandelt wurden. Der Text der Übergangslektüre müsste also in diesem Bereich ergiebig sein. Ferner sollten zentrale lektürerelevante Phänomene (z. B. die satzwertigen Konstruktionen) mithilfe der Übergangslektüre wiederholt und gefestigt werden können. Schließlich ist auch eine Festigung und Erweiterung des Wortschatzes erstrebenswert.

Schaut man sich die auf dem Markt befindlichen Übergangslektüren unter diesem letzten Kriterium an, dann stellt man fest, dass die Grammatikarbeit sehr unterschiedlich in den einzelnen Ausgaben berücksichtigt wird. Während teilweise kaum oder gar nicht ausdrücklich Grammatikarbeit in den Zusatztexten und Arbeitsaufträgen intendiert wird, gibt es andere Vorschläge, bei denen die Grammatikarbeit einen eindeutigen Schwerpunkt bildet. Das kann so weit gehen, dass die Texte zum Zwecke der Einführung neuer Grammatik umgeschrieben werden. Ob allerdings ein derartig schwerwiegender Eingriff in einen Text gerechtfertigt ist, nur um ihn einer grammatischen Zielsetzung dienstbar zu machen, mag dahingestellt sein. Im Grunde erhält auf diese Weise der Text dienende Funktion für die Grammatik und nicht umgekehrt. Die oben erhobene Forderung, dass auch die Grammatikarbeit während der Lektüre auf die eigentlichen Ziele der Lektüre hingeordnet bleibt, ist so nicht mehr gewahrt.

In der Regel gehen Übergangslektüren behutsamer vor. Als Beispiel mag ein Hygintext (Hyg. fab. 63) dienen.

Übung (2): Lesen Sie folgenden Hygintext. Welche Grammatikthemen lassen sich an ihm gut wiederholen? Ist er auch für die Neueinführung von Grammatik geeignet? Lösungsvorschläge finden Sie im [→ DLB].

1   *Danae Acrisii et Aganippes filia. Huic fuit fatum, ut, quod peperisset, Acrisium interficeret; quod timens Acrisius, eam in muro lapideo praeclusit. Iovis autem in imbrem aureum conversus cum Danae concubuit, ex quo compressu natus est Perseus. Quam pater ob stuprum inclusam in arca cum*
5   *Perseo in mare deiecit. Ea voluntate Iovis delata est in insulam Seriphum; quam piscator Dictys cum invenisset, effracta ea vidit mulierem cum infante, quos ad regem Polydectem perduxit, qui eam in coniugio habuit et Perseum educavit in templo Minervae. Quod cum Acrisius rescisset eos ad Polydectem morari, repetitum eos profectus est; quo cum venisset, Polydectes*
10   *pro eis deprecatus est, Perseus Acrisio avo suo fidem dedit se eum numquam interfecturum. Qui cum tempestate retineretur, Polydectes moritur; cui cum funebres ludos facerent, Perseus disco misso, quem ventus distulit in caput Acrisii, eum interfecit. Ita quod voluntate sua noluit, deorum factum est; sepulto autem eo Argos profectus est regnaque avita possedit.*

Die Lösung der Übung erfordert eine didaktische Analyse des Textes, die die sprachlich-grammatischen Hauptmerkmale (d.h. hier den Gebrauch des Relativ- und des Demonstrativpronomens sowie der Partizipialkonstruktionen) herausstellt. Nun muss in einem zweiten Schritt die Überlegung folgen, wie diesen Schwierigkeiten unterrichtlich bei der Erschließung, Übersetzung und Interpretation des Textes zu begegnen ist.

Dabei ist der wichtigste Bezugspunkt für eine Entscheidung auf diesem Gebiet die Lerngruppe. Wenn ich es mit einer Lerngruppe zu tun habe, die in den genannten grammatischen Schwerpunkten des Textes sicher ist, ergibt sich überhaupt keine Notwendigkeit gezielter grammatischer Wiederholung oder Neudurchnahme. Es wäre lediglich darauf zu achten, inwieweit diese Schwerpunkte ergiebig für eine ganzheitliche Vorerschließung oder für die Interpretation des Textes sein könnten. Sofern allerdings die Lerngruppe in den genannten Bereichen Defizite aufweist, sollte die Gelegenheit genutzt werden, diese im Zusammenhang der Textbehandlung aufzuarbeiten. So könnte es zum Beispiel sein, dass ein größerer Teil der Lerngruppe Mängel bei der Deklination der Demonstrativpronomina aufweist und deshalb nur unzureichend in der Lage ist, die entsprechenden Formen im Textzusammenhang zuzuordnen. Dann wäre unser Text der richtige Ort zur Wiederholung und Vertiefung dieses Phänomens. Sollte sich dasselbe Problem im Zusammenhang mit den Relativpronomina stellen (was unter der genannten Annahme wahrscheinlich ist), so würde das gleiche Verfahren auch für diesen Bereich gelten. Zugleich bestünde die Möglichkeit, Demonstrativ- und Relativpronomina zusammen zu betrachten und dabei den Schwerpunkt auf den relativen Satzanschluss zu legen, der ja gewissermaßen das »Bindeglied« zwischen beiden Gruppen ist. Man würde damit die bereits oben erwähnte Reorganisation, Systematisierung und Arrondierung bereits vorhandener grammatischer Teilkenntnisse betreiben. Man kann den Wert einer solchen Systematisierung meines Erachtens kaum überschätzen. Indem bereits Gelerntes in größere Zusammenhänge gestellt wird, wird es mit anderen Bereichen verknüpft und somit wesentlich besser behalten. Insofern ist ein »Ordnungsrahmen« für die Grammatikkenntnisse unabdingbar für ein nachhaltiges Lernen auf diesem Gebiet.[6]

Die gleiche Möglichkeit ergibt sich auch im Hinblick auf die ermittelten Partizipialkonstruktionen, bei denen es sich in den ersten drei Fällen jeweils um ein PC handelt, während in den folgenden drei Fällen jeweils ein Abl. abs. vorliegt. Da zudem sowohl das PPA als auch das PPP vorkommen, lässt sich auch der Aspekt

---

6 Auf diesen Aspekt macht nachdrücklich Glücklich, H.-J., Immer wieder Grammatik – immer wieder Textverständnis, in: AU 1985/3, 5–18, hier 6, aufmerksam. Glücklich schlägt als oberste Ordnungsebene folgende fünf Bereiche der lateinischen Grammatik vor:
a) satzbezogen erklärbare Erscheinungen (Subjekt, Prädikat, Objekte usw.); b) textbezogen erklärbare Erscheinungen (Tempus, Modus, Diathese usw.); c) Formenlehre; d) Zwischenformen zwischen Satzglied und Gliedsatz, also sogenannte satzwertige Konstruktionen; e) Gliedsätze.
Ein diesen Grundsätzen entsprechendes Tafelbild finden Sie im [→ DLB].

des Zeitverhältnisses in die Betrachtung integrieren. In diesem Sinne wird in der clara-Ausgabe der Mythen des Hygin folgendes Verfahren vorgeschlagen:[7]

1 (a) Übertrage nachstehende Tabelle in dein Heft und ergänze sie:

Partizip (in Zeile)	Beziehungs-wort	Art der Partizipialkonstruktion	Zeit-verhältnis	Sinn-richtung
timens	Acrisius	participium coniunctum	gleichzeitig	kausal

(b) Bestimme für alle im Text vorkommenden Pronomina das Beziehungswort und gib an, um welche Art von Pronomen es sich handelt.

Wie man sieht, wird hier durch die vorgegebene Form der Tabelle die beschriebene Reorganisation und Systematisierung angestrebt, die zunächst vom Schüler selbst vorzunehmen ist. Erst im Anschluss würden die Ergebnisse miteinander verglichen. Wie Arbeitsauftrag b) in der clara-Ausgabe erkennen lässt, sehen auch die Herausgeber dieser Ausgabe in den Pronomina einen zweiten grammatischen Schwerpunkt des Textes. Der auf die Beziehungsworte abzielende Arbeitsauftrag dürfte aber zumindest in den Fällen, wo der Relativsatz Subjekt des übergeordneten Satzes ist (Z. 1 und 14), Schwierigkeiten bereiten. Der systematisierende Vergleich zwischen Demonstrativ- und Relativpronomen scheint nicht intendiert zu sein.

Abschließend noch ein kurzes Wort zu Z. 8 des Hygintextes *repetitum eos profectus est.* Dieser Satz enthält mit *repetitum* ein Supinum I, und der eine oder andere Leser mag auch dieses Thema in seine Liste der im Text zu findenden Grammatikschwerpunkte aufgenommen haben. In der clara-Ausgabe heißt es dazu, das Supinum sei ein alter Akk. der Richtung nach Verben der Bewegung zur Bezeichnung des Zwecks, gegebenenfalls ergänzt um ein Objekt, z.B. *auxilium postulatum venire.* Hier ist offensichtlich beabsichtigt, an Stelle einer bloßen Übersetzungsangabe im Vokabelkommentar das Phänomen des Supinum I zu erklären und von da aus die Übersetzung vom Schüler selbstständig vornehmen zu lassen. Eine vertiefte Aneignung des Phänomens etwa durch Übungen ist dagegen nicht vorgesehen. Es stellt sich in diesem Zusammenhang nun die Frage, wie weit eine solche Ausweitung der Grammatikkenntnisse nötig ist. Grundsätzlich ist festzuhalten: Systematisierung der Grammatikkenntnisse darf nicht verwechselt werden mit Vervollständigung von Grammatikkenntnissen. Das ist schon allein von der Zielsetzung des Lateinunterrichts her (Übersetzen von Originaltexten vom Lateinischen ins Deutsche und ihre Interpretation) sowie aus zeitökono-

---

7 Fröhlich, R., Künzel, G. (Hgg.), Hyginus, Fabulae – Faszination Mythos, clara 6, 5. Aufl. Göttingen 2005, 27.

mischen Gründen nicht möglich. Wenn also bestimmte Phänomene von ihrer statistischen Häufigkeit her als marginal anzusehen sind, dann kann man auf ihre Behandlung durchaus verzichten und sie stattdessen in Übersetzung im Vokabelkommentar angeben.[8]

Ich fasse die wesentlichen Aussagen zur Grammatikarbeit während der Übergangslektüre noch einmal in folgenden Thesen zusammen:

> ☞ Während der Übergangslektüre sollten die mit dem Lehrbuch noch nicht behandelten lektürerelevanten Phänomene durchgenommen werden.
>
> ☞ Zusammen mit diesen neu erarbeiteten Gebieten sollten bereits behandelte wiederholt, neu organisiert und systematisiert werden. Die Verknüpfung und Systematisierung der grammatischen Gebiete ist eine wesentliche Hilfe für das nachhaltige Lernen auf diesem Gebiet.
>
> ☞ Eine vollständige Behandlung aller grammatischen Phänomene entspricht nicht den Zielsetzungen des Lateinunterrichts.
>
> ☞ Obwohl die Grammatikarbeit während der Übergangslektüre noch relativ breiten Raum einnehmen kann (mehr als in der Phase der kontinuierlichen Lektüre), bleibt sie dennoch bezogen auf die allgemeinen Lektüreziele der Texterschließung, Übersetzung und Interpretation. Grammatikarbeit um ihrer selbst willen hat keine sinnvolle unterrichtliche Funktion.

3.   Kontinuierliche Lektüre

Die folgenden Ausführungen sollen drei Aspekte beleuchten, zunächst kurz die Behandlung autorenspezifischer Phänomene, dann die Frage, wie Grammatikarbeit während der Lektüre einen Beitrag zur Interpretation der Texte leisten kann, und schließlich die Wiederholung grammatischer Kapitel.

3.1   Autorenspezifische Grammatikarbeit

Jeder, der ein wenig mit lateinischen Originaltexten vertraut ist, weiß, dass das Schullatein der Lehrbücher ein künstliches Produkt ist und dass lateinische Autoren der Antike, des Mittelalters und der Neuzeit Latein jeweils in einer mehr oder weniger individuellen Ausprägung schrieben. So sind für Sallust Archaismen typisch, Seneca zeichnet die sogenannte *brevitas* aus, ein hervorstechendes Merkmal des Tacitus ist die Inkonzinnität, Cicero bereitet Schülern vor allem wegen seiner langen Perioden Kopfzerbrechen, Caesar bietet über weite Strecken des *Bellum Gallicum* (besonders im ersten Buch) die *oratio obliqua*, die lateinischen Dichter benutzen viel häufiger als in der Prosa das Hyperbaton und weisen häufi-

---

8 Neben den Supina gehören in diesen Bereich z.B. auch der Imperativ II, der Inf. Fut. Pass. oder die irreale Periode in der Abhängigkeit mit Formen auf -*urum fuisse*.

ger Sonderformen auf (z. B. *laudavere* statt *laudaverunt*), Augustinus lässt als
spätantiker christlicher Autor eine Beeinflussung durch das Latein der Bibelüber-
setzungen erkennen. Mittellateinische Autoren schließlich zeigen Eigenheiten,
die auf die Entwicklung der lateinischen Sprache im Mittelalter und die Rückwir-
kung der Volkssprachen auf das Lateinische zurückzuführen sind.

Es stellt sich also das Problem, wie dieser autorenspezifischen sprachlichen Vielfalt unterrichtlich zu begegnen ist. Als erstes Entscheidungskriterium ist dabei zu
bedenken, inwieweit die jeweilige Eigenart des Autors bei diesem häufig oder
weniger häufig vorkommt und ob ihre Kenntnis und damit auch ihre ausdrückli-
che unterrichtliche Behandlung für Textverständnis und Interpretation unbedingt
notwendig sind. Das wird man z. B. für die Archaismen des Sallust bejahen, ver-
raten sie doch zugleich etwas über das Geschichtsbild des Autors. Auch die *oratio obliqua* bei Caesar wird man behandeln müssen, da ohne Kenntnis des dort
geltenden Regelwerks weite Teile des *Bellum Gallicum* für Schüler nicht erschließbar wären.[9] Die Eigenheiten der Wortstellung in der Dichtung müssen
thematisiert werden, da ohne eine solche Kenntnis Dichterlektüre kaum vorstell-
bar ist. Bei den Perioden Caesars und Ciceros wird man über geeignete Texter-
schließungs- und Übersetzungsmethoden nachdenken müssen, die den Schülern
den Zugang zu diesem Bereich erleichtern.

Ein zweites Kriterium liefert der curriculare Zusammenhang. Bei mittellateini-
schen Autoren ist es z. B. aus sprachwissenschaftlicher Sicht sehr interessant zu
beobachten, wie sich das Lateinische unter dem Einfluss der Volkssprachen im
Mittelalter weiterentwickelt hat. Aber solche Aspekte zum Gegenstand der
Grammatikarbeit zu machen, scheint doch abwegig zu sein. Es reicht, wenn ein
Schüler weiß, dass *videtur* in der klassischen Latinität mit NcI konstruiert wird.
Wenn ein mittellateinischer Autor stattdessen *videtur, quod ...* schreibt, so
braucht dies kaum thematisiert zu werden. Es reicht auch hier eine einfache
Übersetzung in den Vokabelangaben. Wichtig ist die Wiederholung grundlegen-
der Grammatik, die man auch bei anderen Autoren noch gebrauchen kann – kon-
trastive grammatische Betrachtungen zwischen klassischem und mittellateini-
schem Latein dürften jedenfalls bei einem durchschnittlichen Lateinschüler eher
Verwirrung anrichten und gehören deshalb nicht vorrangig in den Bereich der
Grammatikarbeit während der Lektüre.

3.2   Grammatikarbeit und Interpretation

Im folgenden Abschnitt gehe ich von der Prämisse aus, dass bei den in der Schule gelesenen lateinischen Originaltexten in der Regel sprachliche Form und Inhalt eine untrennbare Einheit bilden. Zur Verdeutlichung der Tatsache, dass damit auch die Grammatikarbeit einen Beitrag zur tieferen Interpretation der Texte

---

9 Ein Vorschlag dazu bei Niemann, K.-H., Erweiterung und Wiederholung von Grammatikkenntnissen bei der Caesar-Lektüre, in: AU 1985/3, 19–31.

bieten kann, sei Verg. Aen. 4,160–172 angeführt, wo Aeneas und Dido in einer Höhle den »Ehebund« eingehen.

Übung (3): Lesen Sie die folgenden Verse Vergils (Verg. Aen. 4,160–172). An welchen Stellen sehen Sie sprachliche Schwierigkeiten für die Schüler in Vergils Ausdrucksweise, die zugleich sein Geschick in Wortwahl und Wortstellung verrät? Einen Lösungsvorschlag und weitere Beispiele finden Sie im [→ DLB].

160 *Interea magno misceri murmure caelum*
incipit, insequitur commixta grandine nimbus,
et Tyrii comites passim et Troiana iuventus
Dardaniusque nepos Veneris diversa per agros
tecta metu petiere; ruunt de montibus amnes.
165 *Speluncam Dido dux et Troianus eandem*
deveniunt. Prima et Tellus et pronuba Iuno
dant signum; fulsere ignes et conscius aether
conubiis summoque ulularunt vertice Nymphae.
Ille dies primus leti primusque malorum
170 *causa fuit; neque enim specie famave movetur*
nec iam furtivum Dido meditatur amorem:
coniugium vocat, hoc praetexit nomine culpam.

Wie die Analyse erkennen lässt, handelt es sich nur bei einem Punkt (den Hyperbata) um im engeren Sinne grammatische Schwierigkeiten. Die übrigen Probleme, die Schüler mit dem Text haben könnten, liegen auf der Ebene der Semantik (besondere Wortbedeutungen) und der Textpragmatik (Umschreibung von Personen durch Patronymika o.ä., für das Textverständnis notwendige Realienkenntnis). Dieser Befund scheint mir symptomatisch zu sein und deckt sich mit der Erfahrung bei vielen anderen Texten, die ich im Unterricht behandelt habe. Es wäre ein Irrtum zu glauben, wenn ein Schüler nur über ausreichend Kenntnisse in der Morphologie und der Syntax verfügte, dann wäre er auch in der Lage, lateinische Texte sicher zu übersetzen. Man müsse demzufolge nur genug diesen Bereich, besonders die Formenlehre, trainieren, um den Problemen der Schüler im Lateinunterricht zu begegnen. Natürlich ist die sichere Beherrschung der lateinischen Grammatik eine notwendige Bedingung für das Verstehen lateinischer Texte, aber sie ist eben keine hinreichende. Die Verstehensprobleme von Schülern haben ihren Ursprung jedenfalls mindestens ebenso häufig im Bereich der Semantik und der Textpragmatik.[10] Daraus ergibt sich die Schlussfolgerung, dass vom Grammatikunterricht gerade während der Lektürephase nicht zu viel erwartet werden darf und er im Hinblick auf die inhaltliche Auseinandersetzung mit den Texten auf das dafür Nötige beschränkt werden sollte.

Kehren wir zurück zu der Frage, inwieweit Grammatikarbeit während der Lektüre einen Beitrag zur Interpretation der Texte leisten kann. Wie wir gesehen ha-

---

10 S. auch Wortschatzarbeit.

ben, hatte sich als grammatische Schwierigkeit vor allem die für einen Dichtertext so typische Häufung der Hyperbata ergeben. Dabei darf V. 165 als besonders tückisch für die Schüler angesehen werden, da das Hyperbaton *speluncam eandem* den gesamten Vers umfasst und das zweite Hyperbaton *dux Troianus* durch die zwischen Bezugswort und Attribut stehende und so beide scheinbar trennende Konjunktion *et* hervorgerufen wird. Dem Schüler wird also beim Übersetzen hier besondere Genauigkeit abverlangt, er muss zudem Sicherheit in der Formenlehre besitzen, um die entsprechenden Bezüge herzustellen. Wenn er dies aber tut und es ihm gelingt, dann kann er zu vertieften Einsichten über die Wortstellung bei Vergil kommen. Denn dass *speluncam eandem* den Vers einrahmen, ist natürlich als abbildende Wortstellung zu verstehen: So wie die beiden Worte die beiden Subjekte des Satzes umschließen, so umschließt die Höhle das Liebespaar. Die Wortstellung *dux et* statt (metrisch allerdings nicht möglichem) *et dux* rückt Dido und Aeneas enger aneinander. In diesem Beispiel gehen also genaue Kenntnis der Formenlehre und vertieftes Verständnis der dichterischen Form des Textes Hand in Hand.[11]

Das Beispiel aus der Aeneis macht also zweierlei deutlich. Erstens: Viele Verstehensprobleme der Schüler resultieren aus Semantik und Textpragmatik; gute Wortschatzarbeit hilft oft mehr als Formendrill. Zweitens: Für eine gründliche sprachliche Durchdringung des Originals sind grammatische Kenntnisse unumgänglich. Erst sie ermöglichen die Chance eines tieferen Verstehens des Originals, insbesondere des Zusammenhangs von Form und Inhalt. In diesem Sinne gibt es zahlreiche grammatische Beobachtungsaspekte, die ein tieferes Textverstehen ermöglichen, z.B. das Erstellen eines Tempusreliefs bei narrativen Texten,[12] die Untersuchung des Modus bei paränetischen Texten (etwa die Dominanz von auffordernden Konjunktiven bei Senecatexten) usw. Gute Textausgaben zeichnen sich nicht zuletzt dadurch aus, dass sie gezielte Arbeitsaufträge für diesen Bereich der sprachlichen Gestaltung der Texte enthalten, die für die Texterschließung und die Interpretation genutzt werden können und so die Verbindung von Grammatikarbeit und Lektüre ermöglichen.

---

11 Viele sehr schöne Beispiele dieser und ähnlicher Art bietet Fink, G., Grammatikarbeit bei der Dichterlektüre, dargestellt am Beispiel Ovid, in: AU 1985/3, 32–45; vgl. ders., Maier, F., Konkrete Fachdidaktik Latein, München 1996, 71–79; Nickel, R., Latein in der Mittelstufe. Vorschläge für den Sprach- und Lektüreunterricht, Auxilia 23, Bamberg 1991, S. 73–76 (zu Martial) und 97–99 (zu Ovid); Niemann, K.-H., Funktionsbezogenes Grammatikverständnis – ein Wegweiser zur Textinterpretation, in: AU 1999/6, 51–58.

12 Vgl. z.B. Niemann, K.-H., Erweiterung und Wiederholung von Grammatikkenntnissen bei der Caesar-Lektüre, in: AU 1985/3, S. 19–31, hier 28f.

3.3   Wiederholung der Grammatik während der Lektüre

Die bisherigen Aspekte, unter denen die Grammatikarbeit in der Phase der kontinuierlichen Lektüre betrachtet wurde, setzten beim Schüler ein recht hohes Niveau voraus, von dem aus er zu den komplexen Schritten der Analyse sprachlicher Gegebenheiten und ihrer Interpretation befähigt sein sollte. Die Realität in der Phase der kontinuierlichen Lektüre dürfte aber oft so aussehen, dass viele Schüler in verschiedenen Bereichen der lateinischen Grammatik mehr oder weniger unsicher sind und dass sie in erster Linie der Wiederholung zentraler Themen bedürfen, die für den einen oder anderen wie eine Erstbegegnung wirken mag.

Das folgende Unterrichtsbeispiel spiegelt eine Situation in einem typischen Grundkurs der Jahrgangsstufe 13 wieder. Es wird der Bereich der Ethik (Cic. fin.; Sen. epist.) mithilfe von Augustinus (*De civitate Dei*) wiederholt; gelesen wird der Beginn des 19. Buches.

Übung (4): Lesen Sie folgenden Text von Augustinus (Aug. civ. 19,1, teilweise gekürzt). Ermitteln sie die grammatischen Schwierigkeiten des Textes und formulieren Sie eine Hausaufgabe, die als Vorbereitung diese Schwierigkeiten beheben könnte. Lösungen und ein weiteres Beispiel finden Sie im [→ DLB].

1   *De finibus (…) bonorum et malorum multa et multipliciter inter se philosophi disputarunt; quam quaestionem maxima intentione versantes invenire conati sunt, quid efficiat hominem beatum. Illud enim est finis boni nostri, propter quod appetenda sunt cetera, ipsum autem propter se ipsum; et illud*
5   *finis mali, propter quod vitanda sunt cetera, ipsum autem propter se ipsum. (…) De quibus inveniendis atque in hac vita summo bono adipiscendo, vitando autem summo malo, multum, sicut dixi, laboraverunt, qui studium sapientiae in saeculi huius vanitate professi sunt.*

Die nd-Formen, die einem wohl vor allem bei der Analyse des Textes auffallen dürften, sind ein typisches Thema, dessen Wiederholung von Schülern erbeten wird, da sie im Vergleich zu anderen satzwertigen Konstruktionen (AcI, Abl. abs., PC) seltener vorkommen, wegen der Komplexität (Gerundium; Gerundivum ohne *esse* / mit *esse*, prädikativer Gebrauch des Gerundivums, z. B. *epistulam tibi legendam mitto*) aber auch immer wieder zu Schwierigkeiten führen. Weitere typische Themen für Grammatikwiederholung sind:

– satzwertige Konstruktionen (AcI, NcI, PC, Abl. abs.)
– der Konjunktiv im lateinischen Hauptsatz
– die Kasusfunktionen
– Nebensatztypen und ihre einleitenden Konjunktionen
– Pronomina
– die *consecutio temporum*

In allen Fällen bietet sich ein systematisierendes, häufig überblicksartiges Vorgehen an, um die Vernetzung der Inhalte innerhalb des Systems der Grammatik zu erreichen. Wir sind damit bei der Frage nach konkreten praktischen Hinweisen, die im nächsten Abschnitt folgen sollen. Zuvor seien noch einmal wichtige Ergebnisse dieses dritten Abschnitts zusammengefasst:

Zusammenfassung:
☞ Autorenspezifische sprachliche Erscheinungen müssen, sofern sie unabdingbar für die sprachliche Erschließung der Lektüre sind, eigens thematisiert werden.
☞ Eine wichtige Funktion der Grammatikarbeit während der Lektüre liegt in ihrem Beitrag zur Interpretation der Texte.
☞ Die Wiederholung zentraler grammatischer Themen ist fortlaufender Bestandteil des Lektüreunterrichts.

---

4.   Praktische Hinweise

Der letzte Abschnitt soll einige Hilfen zur Praxis der Grammatikarbeit während der Lektüre geben. Dabei geht es um die Ermittlung des Bedarfs an Grammatikarbeit, mögliche Unterrichtsmethoden und zur Verfügung stehende Hilfsmittel.

Der Bedarf an Grammatikarbeit ergibt sich aus zwei Richtungen. Auf der einen Seite müssen die im Unterricht zu lesenden Texte selbst unter dem Kriterium der erforderlichen Grammatikarbeit gründlich didaktisch analysiert werden, um die Chancen und Notwendigkeiten sprachlicher Arbeit aus ihnen herauszulesen. Auf der anderen Seite spielt die Lerngruppe eine entscheidende Rolle bei der Frage, welche Grammatikthemen in welcher Intensität behandelt werden müssen. Dabei ist zunächst zu berücksichtigen, was im Rahmen des Lehrbuchs behandelt worden ist und was nicht. Darüber hinaus spielen Lernerfolgskontrollen, besonders Klassenarbeiten oder Klausuren, eine wichtige Rolle bei der Diagnose grammatischer Defizite, die gegebenenfalls in sehr differenzierter Streuung vorliegen können. Ein letztes Diagnoseinstrument können Fragebögen sein, mit denen Schüler ihre Kenntnisse auf verschiedenen Gebieten der Grammatik selbst einschätzen und gleichzeitig ihren Förderbedarf vermerken können.[13]

Ist der Bedarf ermittelt, stellt sich die Frage nach der unterrichtlichen Vermittlung. Hier ist eine Fülle an Fragen zu beantworten, zunächst: Welchen zeitlichen Aufwand soll ich für die Grammatikarbeit aufwenden? Je nach Art des Themas könnte eine einführende Phase zu Beginn der Stunde oder eine vorbereitende Hausaufgabe ausreichen, um bestimmte Kenntnisse zu reaktivieren, besonders im Bereich der Formenlehre. Andere Themen, z. B. der Konjunktiv im lateinischen Hauptsatz, sind wesentlich komplexer, können daher kaum auf diese Weise behandelt werden und erfordern sicher eine ganze Unterrichtsstunde oder mehr. Anders als im Grundkurs ist es im Leistungskurs bei größerem Stundenvolumen insofern leichter, immer wieder ganze Unterrichtsstunden zur gezielten Grammatikarbeit zu verwenden.

---

13 S. auch Diagnose und Differenzierung.

Damit in Zusammenhang steht die Frage, welchen Weg der Vermittlung ich wähle: Gehe ich eher induktiv vor wie vorrangig bei der Spracherwerbsphase oder wähle ich eher deduktive, expositorische Verfahren?

Ferner stellt sich die Frage nach der vermittelnden Person. Gerade bei wiederholender Grammatikarbeit ist es durchaus denkbar, Schülern den Unterricht anzuvertrauen, besonders, wenn sich Einzelne in bestimmten Bereichen als »Experten« erwiesen haben. Im Sinne der Selbsttätigkeit der Schüler ist ferner bei der Grammatikarbeit während der Lektüre an offene Unterrichtsformen wie Lernzirkel, Freiarbeit, Wochenplan, Gruppenpuzzle oder Lernen durch Lehren zu denken.[14] Gerade offene Unterrichtsformen lassen binnendifferenzierte Verfahren der Grammatikarbeit zu, die sich an den individuellen Bedürfnissen der Schüler orientieren können und außerdem Grammatikarbeit und Lektüre miteinander verbinden.

Ein letzter Bereich ist die Frage nach den verwendeten Materialien. Es dürfte deutlich geworden sein, dass ein Vorgehen favorisiert worden ist, das eine enge Verzahnung von Lektüretext und Grammatikarbeit vorsieht. Gleichwohl soll am Ende dieses Abschnittes erwähnt werden, dass es verschiedene Materialien gibt, die für die Grammatikarbeit während der Lektüre verwendet werden können. Für unabdingbar halte ich dabei eine Systemgrammatik, weil sie dem Schüler noch einmal die ja auch in der Grammatikarbeit intendierte Systematisierung des Stoffes vor Augen führt. Daneben gibt es verschiedene Übungsbücher zur lektürebegleitenden Wiederholung der Grammatik.[15] Diese sind in erster Linie zum individuellen häuslichen Nacharbeiten gedacht. Das schließt den partiellen Einsatz im Unterricht aber nicht aus, besonders da, wo die genannten Werke autorenspezifisch vorgehen oder wo sie Grammatikarbeit mit Texten und nicht bloß mit Einzelsätzen verbinden. Auch der Umgang mit Einzelsätzen ist aber in Einzelfällen sicher nicht ausgeschlossen.[16]

---

14 Zu Lernzirkel, Freiarbeit, Wochenplan und Gruppenpuzzle vgl. Drumm, Frölich, 63–164, zu der Methode »Lernen durch Lehren« (LdL) die Homepage http://www.ldl.de/material/berichte/latein/latein.htm.
Eine Möglichkeit für Lernen durch Lehren während der lektürebegleitenden Grammatikarbeit finden Sie auch im [→ DLB].

15 Schon älteren Datums: Maier, F., Die Version aus dem Lateinischen, 2. Aufl. Bamberg 1990 (eine Zusammenstellung von Einzelsätzen aus Originaltexten, die nach grammatischen Themen geordnet sind). Vom selben Autor zusammen mit Koller, R., Subsidia Latina. Autorenbezogene Begleitgrammatik – Mittelstufe, Bamberg 1993, wo ebenfalls das Prinzip der Übung an Einzelsätzen dominiert, im Anhang aber auch autorenspezifische Kapitel zu Nepos, Caesar, Cicero und Sallust zu finden sind. Zum Üben mit Einzelsätzen vgl. auch Fink, G., Maier, F., Konkrete Fachdidaktik Latein, München 1996, 119–122. Neuer sind Metzger, G., Wiederholung Grammatik. Zur Vorbereitung auf die Originallektüre, Freising 2006; Borowski, S., Tolle lege. Syntaxtraining und Originallektüre, Berlin 2004, ein sehr systematisches, sowohl Einzelsätze als auch Originaltexte enthaltendes Übungsbuch, und (gegliedert in autorenspezifische Kapitel) Kautzky, W., Durchstarten in Latein. Übersetzungstraining für Caesar, Cicero & Co, 5. Aufl. Linz 2006, ein weiterer Band (2002) zu Ovid, Vergil usw., F. Maier/M. Weier, Fit im Übersetzen, Der ideale Prüfungstrainer, Ismaning 2009.

16 Vgl. Nickel, R., Grammatikunterricht, lektürebegleitender, in: ders., Lexikon zum Lateinunter-

5.   Literaturhinweise

AU 1985/3.

AU 1999/6.

Borowski, S., Tolle lege. Syntaxtraining und Originallektüre, Berlin 2004.

Drumm, J., Frölich, R., Innovative Methoden für den Lateinunterricht, Göttingen 2007.

Fink, G., Maier, F., Konkrete Fachdidaktik Latein, München 1996.

Glücklich, H.-J., Lateinunterricht. Didaktik und Methodik, 3. Aufl. Göttingen 2008.

Kautzky, W., Durchstarten in Latein. Übersetzungstraining für Caesar, Cicero & Co, 5. Aufl. Linz 2006.

Ders., Durchstarten in Latein. Übersetzungstraining für Ovid, Vergil & Co, Linz 2002.

van de Loo, T., Die Übergangslektüre als Nahtstelle zwischen Lehrbuch und kontinuierlicher Lektüre – Sichtung verschiedener Möglichkeiten, in: Mitteilungsblatt des DAV, Landesverband NRW 56,4 (2008) 4–29.

Maier, F., Koller, R., Subsidia Latina. Autorenbezogene Begleitgrammatik – Mittelstufe, Bamberg 1993.

Maier, F., Lateinunterricht zwischen Tradition und Fortschritt, Bd.1: Zur Theorie und Praxis des lateinischen Sprachunterrichts, 4. Aufl. Bamberg 1994.

Ders., die Version aus dem Lateinischen, 2. Aufl. Bamberg 1990.

F. Maier/M. Weier, Fit im Übersetzen, Der ideale Prüfungstrainer, Ismaning 2009.

Metzger, G., Wiederholung Grammatik. Zur Vorbereitung auf die Originallektüre, Freising 2006.

Nickel, R., Latein in der Mittelstufe. Vorschläge für den Sprach- und Lektüreunterricht, Auxilia 23, Bamberg 1991.

Utz, C. u.a. (Hgg.), Vom Lehrbuch zur Lektüre. Vorschläge und Überlegungen zur Übergangsphase, Auxilia 36, Bamberg 1994.

Weiterführende didaktische Literatur

Fink, G., Grammatikarbeit bei der Dichterlektüre, dargestellt am Beispiel Ovid, in: AU 1985/3, 32–45.

Glücklich, H.-J., Immer wieder Grammatik – immer wieder Textverständnis, in: AU 1985/3, 5–18.

Niemann, K.-H., Erweiterung und Wiederholung von Grammatikkenntnissen bei der Caesar-Lektüre, in: AU 1985/3, 19–31.

ders., Funktionsbezogenes Grammatikverständnis – ein Wegweiser zur Textinterpretation, in: AU 1999/6, 51–58.

Pfaffel, W., Grammatikneudurchnahme im Rahmen der Übergangslektüre, in: AU 1985/3, 58–79.

Zitierte Textausgaben

Hyginus, Fabulae – Faszination Mythos, clara 6, 5. Aufl. Göttingen 2005.

---

richt, Bamberg 2001, 95; ders., Grundsätzliche Überlegungen zum lektürebegleitenden Grammatikunterricht, in: AU 1999/6, 42f.

VII. Planung von Unterrichtsreihen

1. Aufbereiten einer Lehrbuchlektion

Hat jede Stunde einen eindeutigen Schwerpunkt?

In welcher Stunde werden welcher Text, welche Übung, welcher realienkundliche Hintergrund behandelt?

Wann, wo und wie werden neue Vokabeln eingeführt und bereits gelernte wiederholt?

Wie und wann wird das „Neue" in das „Bekannte" eingebunden?

Müssen vor der Einführung der neuen Grammatik Inhalte aus vorangegangenen Lektionen wiederholt werden?

Welche Verzahnungselemente und Vernetzungen (über die Hausaufgaben hinaus) dienen zwischen den einzelnen Stunden der Einheit? Welche Elemente verbinden die Teile der einzelnen Stunden bzw. Übungen?

Gibt es einen „roten Faden" (z.B. inhaltlicher, realienkundlicher oder auch grammatikalischer Natur) durch die gesamte Unterrichtsreihe zur Lektion?

Welche Hausaufgaben sind zu jeder Stunde geplant?

Welche Sozial- und Aktionsformen finden zu welchem Zeitpunkt Anwendung?

Wie steht es mit der *variatio*? Sind die Aufgabenstellungen abwechslungsreich (z.B. produktorientiert, interdisziplinär, vor- oder nachbereitend, wiederholend)?

Können öffnende und / oder differenzierende Phasen integriert werden?

Muss ich wirklich alle diese Fragen beantworten? Wenn ja, wo und wann? Oh, Mann, oh Mann! Die Lehrbuchautoren haben doch schon alles für mich überlegt!!

Die Antwort heißt: Ja, immer. Bei jeder Lektion. Denn nur so ist ein effizienter und erfolgreicher Unterricht in der Spracherwerbsphase möglich! Lehrbuchlektionen müssen dabei als Ganzes in den Blick genommen und vorbereitet werden. Insbesondere ist eine Unterrichtseinheit zu einer Lehrbuchlektion stets vor dem Einstieg in die neue Lektion in ihren Grundzügen zu planen. Sie verringern so den Vorbereitungsaufwand für die Einzelstunden auf ein Minimum, da die wesentlichen Aspekte der Unterrichtsplanung bereits zu Beginn für die gesamte Lektion geklärt und für die Einzelstunde nur kurze Zwischenüberlegungen notwendig sind. Zugleich können die Ziele bzw. die Kompetenzen, die von den Schülern erworben werden sollen, für die gesamte Unterrichtseinheit klar formuliert und strukturiert werden. Auch ergeben sich oft wie von selbst Vernetzungen zwischen den einzelnen Stunden, manchmal sogar Spannungsbögen von der ersten bis zur letzten Stunde einer Lehrbuchlektion. Sie vermeiden unnötige Wiederholungsschleifen, Hausaufgaben können mit Blick auf das Ganze oder auch »nur« gewinnbringend für die nächste Stunde bedacht und gestellt werden. Darüber hinaus können Sie leichter Phasen eigenverantwortlichen und individuellen Lernens (wie z. B. Wochenplan, Lernzirkel-Arbeit, o.ä.) integrieren.

In einem ersten Schritt ist bei der Aufbereitung einer Lehrbuchlektion zu klären, welcher Lernstoff in der Lektion neu zu erarbeiten ist und welche Stellung der neue Stoff wie auch der Kulturbereich, der in der Lektion angesprochen wird, im gesamten Lehrgang innehat.

Beispiel: Cursus Continuus[1] Lektion 5

In der Lektion werden zum Themenkreis »Kapitol« der Ablativ in präpositionaler Verbindung als Adverbiale, die Grundfunktionen des Ablativs (Punctualis / Separativus / Instrumentalis) sowie die Formen des Ablativs im Singular und Plural der a-/o-/konsonantischen Deklination eingeführt.

Die Schüler kennen bereits die Formen des Nominativs und Akkusativs im Singular und Plural sowie die Grundfunktionen der beiden Kasus. Darüber hinaus haben sie sich in den vorangegangenen Lektionen mit der Stadt Rom, insbesondere mit dem Circus Maximus und dem Forum Romanum beschäftigt.

In der nachfolgenden Lektion 6 wird der Ablativ ohne Präposition eingeführt, die Funktionen des Ablativs werden in den Lektionen 13 (Ablativ des Urhebers), 18 (Ablativ der Zeit und des Unterschieds), 31 (Ablativ der Beschaffenheit und des Wertes), 38 (Ablativ des Vergleichs) und 44 (Zusammenfassung) weiter ausdifferenziert.

Sind die zu vermittelnden Inhalte und die Einbindung der Lektion in den Gesamtlehrgang geklärt, stehen konkrete Planungsüberlegungen an. Am Ende dieser Überlegungen muss geklärt sein, wann im Rahmen der Lektionsbehandlung welcher Text, welcher grammatikalische Gegenstand, welche Übungen und wel-

---

1 Cursus Continuus, Ausgabe A, Texte und Übungen: Unterrichtswerk für Latein als 2. Fremdsprache hrsg. von Fink, G., und Maier, F., Bamberg 2002.

cher realienkundliche Aspekt behandelt werden. Wichtig ist dabei, die Lektion nicht einfach der Reihe nach zu bearbeiten, wie sie das Lehrbuch vorgibt, sondern Texte und Übungen sinnvoll zu vernetzen. So sind z. B. die Übungen zur »neuen« Grammatik stets den jeweiligen Textpassagen oder Neueinführungen zuzuordnen. Auch sind unbedingt vernetzende Elemente zwischen den einzelnen Stunden einschließlich der Hausaufgaben zu planen. Schließlich ist zu klären, wann und wie die neuen Vokabeln (z. B. anhand eines Bildes) eingeführt, gesichert und zu einem späteren Zeitpunkt in der Lektionsbehandlung auch wiederholt werden sollen. Bei all diesen Planungsüberlegungen sind die didaktisch-methodischen Grundsätze (v. a. zur Grammatikeinführung, -vertiefung, Wortschatzarbeit und Übung) zu beachten, wie sie die anderen Kapitel dieses Buches beschreiben. Hierzu gehören auch binnendifferenzierende Maßnahmen oder der Einsatz offener Unterrichtsformen.

Beispiel: Cursus Continuus, Lektion 5	
Lerngruppe:	6. Klasse, Latein 2. Fremdsprache
Zeitpunkt im Lehrgang:	erstes Lernjahr
zur Verfügung stehende Zeit:	7, max. 8 Unterrichtsstunden
Vorkenntnisse:	s. o.
Ziele / Inhalte / Unterrichtsstoff:	s. o.
Medien:	Schulbuch, Tageslichtprojektor

Vernetzende Elemente
a. Bildfolie mit einer Rekonstruktionszeichnung des Kapitols
– Einstieg in die 1. Stunde: Bildbetrachtung
   Funktion: Informationen zu Lage, Bauwerken und Funktion in der Antike, Hinführung zum Lehrbuchtext und evtl. Hilfe bei der Texterschließung
– Wiederaufnahme zu Beginn der 2. Stunde
   Funktion: Aufgreifen der Ergebnisse der Vorstunde und deren Ergänzung; evtl. Impuls zu Beginn der inhaltlichen Auswertung
– Wiederaufnahme zu Beginn der 3. Stunde
   Funktion: Einstieg, Hilfe zur Orientierung auf dem kapitolinischen Hügel, Besprechung der Hausaufgaben
– Rollenspiel zum Ende der Lektion (7. Stunde)

b. »Sammelfolie«
Sie dient als »roter Faden« für die Bearbeitung der gesamten Lektion, indem sprachlich-grammatikalische und inhaltliche Aspekte stets an der Folie motiviert, exemplifiziert und gesichert werden sollen.
Im Einzelnen soll sie benutzt werden bei:
– der ersten inhaltlichen und sprachlichen Annäherung an den Lektionstext (1. Stunde)
   Funktion: Füllen von Leerstellen im Verlauf der Erarbeitung, Ergebnissicherung

- der satzweisen Übersetzung der Zeilen 1–11 des Lektionstextes (1. Stunde)
  Funktion: Impulse
- der Ergebnissicherung der inhaltlichen Überlegungen zum Lektionstext (2. Stunde)
- der Erarbeitung der Ablativformen (v. a. 1. und 3. Stunde)
  Funktion: Hilfsmittel zum »Entdecken« der Ablativformen und deren Visualisierung
- der Erarbeitung der syntaktischen Funktionen des Ablativs im Lateinischen (3. und 4. Stunde)
  Funktion: Hilfsmittel zum »Entdecken« der Ablativfunktionen und deren Visualisierung
- der Abgrenzung des Ablativus locativus gegenüber dem Akkusativ der Richtung (4. Stunde)
  Funktion: Impuls
- evtl. als Grundlage des abschließenden Rollenspiels

Die Sammelfolie sowie die vollständige Grobplanung der Lehrbuchlektion mit Angabe der geplanten Sozial- und Aktionsformen sowie der vorgesehenen Medien finden Sie im [→ DLB].

Anregung (1): Nehmen Sie ein lateinisches Lehrbuch zur Hand, wählen Sie eine Lektion (z. B. zur Einführung des Genitivs) aus und planen Sie diese in drei Schritten analog zum Beispiel »Cursus Contiuus, Lektion 5«:
- Klären Sie die zu vermittelnden Inhalte und die Einbindung der Lektion in den Gesamtlehrgang.
- Überlegen Sie, welche Texte und Übungen gemacht werden sollen, welche vernetzenden Elemente denkbar sind und wie viele Stunden Sie für die Behandlung der Lektion ansetzen wollen.
- Planen Sie grob die einzelnen Stunden analog zum Beispiel der Lektion 5 des Cursus Continuus.

Werfen Sie bei Ihren Überlegungen auch einen Blick auf die Fragen zu Beginn dieses Kapitels. Sie können sicher helfen, wichtige Aspekte der Unterrichtsplanung nicht zu vergessen.

2.   Planung einer Lektürereihe

2.1   Werkauswahl

So oder so ähnlich werden sicherlich immer wieder Inhalte und Reihen ange-
dacht und geplant. Oft bleiben aber hierbei viel zu viele Aspekte unbedacht. Hier
nun wollen die nachstehenden Ausführungen zusammen mit den Anregungen
aufzeigen, welche Möglichkeiten bestehen, den Lektüreunterricht inhaltlich zu
gestalten, wie man am besten bei der Planung einer Unterrichtsreihe vorgeht und
welche Aspekte dabei zu beachten sind.

Anregung (2): Nehmen Sie Ihren (Rahmen-)Lehrplan und mögliche andere institutionelle Vorgaben zur Hand. Erstellen Sie eine Liste, welche Autoren, Werke
oder Themen für eine Klassenstufe Ihrer Wahl vorgeschlagen werden. Überlegen
Sie darüber hinaus, welche weiteren Themen für Ihre Schüler noch interessant
sein könnten.

Für die Planung einer Lektürereihe reicht es aber nicht aus, sich ausschließlich
auf die Analyse dieser eher allgemeinen Angebote und auf schulspezifische Absprachen bei der Wahl und Planung einer Lektürereihe zu beschränken. Genauso
wichtig ist es, den Zeitpunkt der Lektürereihe im Schuljahr, die überhaupt zur
Verfügung stehende Zeit wie auch die räumlichen und technischen Gegebenheiten in die Überlegungen einzubeziehen. Sie können z.B. keine computer-gestüt-
zte Textarbeit planen, wenn an Ihrer Schule dafür die technischen Voraussetzungen nicht gegeben sind. Weiterhin sind der Leistungsstand der Schüler, deren
Vorerfahrungen und Vorlieben, aber auch die Sozialstruktur, Auffälligkeiten
oder gar lerngruppenspezifische Probleme zu berücksichtigen. Beziehen Sie Ihre
Schüler in Ihre Planungsüberlegungen und Entscheidungsprozesse mit ein und
befragen Sie Ihre Kollegen. Selbstverständlich können und sollen auch Ihre eigenen spezifischen Fachkenntnisse und Vorlieben ausschlaggebend für die Wahl
einer Lektüre sein.[2]

---

2 S. auch IX. Motivation, S. 191 ff.

> ☞ Im ersten Planungsschritt sollten Sie also nachstehende Aspekte bedenken,
> die bei der Wahl eines Autors, Werkes oder Themas, aber auch für die weiteren
> Planungsüberlegungen von großer Bedeutung sind:
> – Lehrplan / institutionelle Vorgaben
> – Analyse der Lerngruppe
> – äußere Rahmenbedingungen
> – Vorerfahrungen auf Schüler- und Lehrerseite
> – Schülerwünsche

Anregung (3): **1.** Überlegen Sie, welche Themen bzw. Autoren aus Ihrer Liste, die Sie in Anregung (2) erstellt haben, für Schüler am interessantesten sein könnten. Wählen Sie schließlich einen Autor bzw. ein Thema aus. – **2.** Unter welchen Gesichtspunkten könnten Sie die Lektüre mit Schülern zusammen lesen? Informieren Sie sich hierzu über den Autor und verschaffen Sie sich einen Überblick über den Inhalt, den Aufbau und die Anliegen des ausgesuchten Werkes. – **3.** Vergewissern Sie sich, ob und ggf. wie Ihr Unterrichtsvorhaben durch die Ausführungen im (Rahmen-)Lehrplan abgesichert ist.

Tipps:

– Literaturgeschichten geben einen schnellen und vorzüglichen Überblick über Autoren und ihre Werke.
– Nutzen Sie alle Möglichkeiten der Informationsbeschaffung und Hilfen z. B. in (Rahmen-)Lehrplänen, Handreichungen und der weiterführenden Literatur (z. B. Krefeld, H. (Hg.), Res Romanae, Berlin 2008).
– Eine Übersetzung kann helfen, in kurzer Zeit einen Überblick zu gewinnen.
– Sehen Sie sich die Schülerausgaben an, die sich zum Thema bzw. Autor auf dem Markt befinden, und lassen Sie sich inspirieren.

2.2   Inhalte und Intentionen

In die Überlegungen über die Intentionen und Inhalte der Unterrichtsreihe fließen alle bisherigen Erkenntnisse ein:

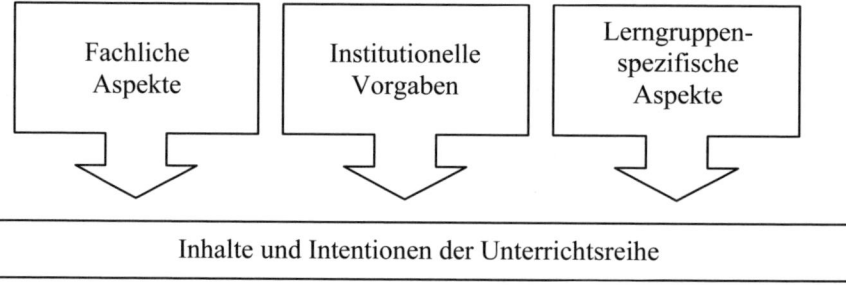

Ein weiterer wichtiger Planungsfaktor ist der Lektüretyp. Er bestimmt eine Reihe von Zielen bzw. Kompetenzen, die mit der Lektüre angestrebt werden können. Eine grundsätzliche Entscheidung ist dabei, ob man die Lektüre autorenbezogen (Cicero, politische Reden) oder themenbezogen (Sklaverei in der Antike anhand von Texten verschiedener Autoren z. B. Plinius, Seneca, Aristoteles etc.) aufbaut. Ebenso muss man sich entscheiden, ob man eine klassische Unterrichtsreihe oder ein Lektüreprojekt durchführt, das den Prinzipien des Projektunterrichts mit klaren handlungsorientierten Elementen folgt (z. B. Theateraufführung oder Gestaltung einer Website).[3]

Der Lektüretyp definiert sich schließlich auch durch den Zeitpunkt im Lehrgang, die daraus resultierenden Vorerfahrungen mit einer Originallektüre und die Zeit, die zur Verfügung steht:[4]

Lehrbuchbegleitende Lektüre / Übergangslektüre	
Zeitpunkt im Lehrgang:	letzte Phase des Lehrbuchunterrichts – Klassenstufe 7/8 (Latein ab Kl. 5) – Klassenstufe 8/9 (Latein ab Kl. 6)
zeitliche Ausdehnung:	in der Regel zwei Wochenstunden über vier bis sechs Wochen hinweg
Ziele:	– Überleitung von der vorwiegend auf den Spracherwerb ausgerichteten Phase des Lateinunterrichts in die vorwiegend auf Interpretation ausgerichteten Phasen – Gewöhnung an die Lektüre längerer Texte in einem angemessenen Lesetempo

Anfangslektüre[5]	
Zeitpunkt im Lehrgang:	nach Abschluss der Lehrbucharbeit – Klassenstufe 8/9 (Latein ab Kl. 5) – Klassenstufe 9 (Latein ab Kl. 6) – Klassenstufe 10/11 (Latein als 3. Fremdsprache)
zeitliche Ausdehnung:	30–40 Wochenstunden
Ziele:	– erste längere Original-Lektüre eines römischen Autors – erste ausführliche inhaltliche und sprachliche Interpretation – Vertiefen grundlegender Texterschließungsmethoden – Wiederholung wichtiger morphosyntaktischer Gebiete

---

3 Zur Planung eines solchen Lektüreprojektes s. Drumm, J., Frölich, R., Innovative Methoden für den Lateinunterricht, 2. Aufl. Göttingen 2008, 165–239.

4 Die nachstehenden Ausführungen und Terminologien folgen Glücklich, H.-J., Lateinunterricht. Didaktik und Methodik, 3. Aufl. Göttingen 2008, 140 ff. In verschiedenen Rahmenlehrplänen der Bundesländer gibt es z. T. unterschiedliche Terminologien; die Grundstruktur bleibt davon aber unberührt.

5 Kriterien zur Auswahl solcher Lektüren: Kuhlmann, P., Fachdidaktik Latein kompakt, Göttingen 2009, 136–138.

Hauptlektüre	
Zeitpunkt im Lehrgang:	nach der Anfangslektüre
zeitliche Ausdehnung:	mindestens 40 Wochenstunden (also drei bis vier Monate)
Ziele:	– thematische Lektüre anspruchsvollerer Texte – Weiterentwicklung der Kompetenzbereiche Sprache, Text, Kultur und Methoden

Interimslektüre	
Zeitpunkt im Lehrgang:	zwischen zwei Hauptlektüren
zeitliche Ausdehnung:	höchstens 20 Wochenstunden
Ziele:	s. »Hauptlektüre«

Für jedes Unterrichtsvorhaben ist daher der Lektüretyp zu bestimmen, da durch ihn manche Inhalte und Ziele implizit vorgegeben sind. So sind in einer Anfangslektüre neben gezielten Grammatikwiederholungen vor allem Interpretationstechniken zu vermitteln. Weiterhin gilt es hier in besonderem Maße, verschiedene, in der Spracherwerbsphase (hoffentlich) bereits vermittelte Methoden zur Text- und Satzerschließung zu vertiefen, um auch längere Textabschnitte oder Perioden zu bewältigen und so einen Lektüreschock zu vermeiden. Nicht jedes Werk jedes Autors ist für eine Erstbegegnung mit lateinischen Originaltexten geeignet. Umgekehrt macht es keinen Sinn, recht einfache Autoren wie z. B. Hygin oder auch Phaedrus mit einem Leistungskurs Latein der Jahrgangsstufe 12 zu lesen, der auf die Abiturprüfungen vorbereitet werden soll.

Anregung (4): Machen Sie sich Gedanken, welche Ziele und Kompetenzen Sie in Ihrer Unterrichtsreihe vermitteln wollen. Wählen Sie sich hierzu eine (fiktive) Lerngruppe aus, bestimmen den Lektüretyp, der für diese Lerngruppe und den von Ihnen gewählten Autor bzw. das gewählte Thema in Frage kommt. Fassen Sie schließlich Ihre Überlegungen und Entscheidungen schriftlich zusammen.

Sicherlich haben Sie hauptsächlich inhaltlich-fachliche und vielleicht auch (fach-) methodische Ziele notiert. Wie steht es aber mit den sozial-kommunikativen und affektiven Zielen? Manchmal ist es sinnvoll, vor der Grobplanung einer Unterrichtsreihe auch diese Aspekte in den Blick zu nehmen, beeinflussen sich doch wechselseitig die inhaltlichen und methodischen Entscheidungen einschließlich der damit verbundenen sozial-kommunikativen Aspekte. Sollen z. B. projektartige Unterrichtsformen integriert werden, um eine Projektkompetenz weiter aufzubauen? Können oder sollen Probleme oder Spannungen in der Klassengemeinschaft mit der Reihe abgebaut werden? Die methodische Großform »Gruppenpuzzle« trägt z. B. wesentlich zum Abbau sozialer Spannungen in einer Lerngruppe bei. Welche Inhalte und methodischen Großformen scheinen hierfür geeignet oder schaffen zusätzliche Probleme? Sicherlich können solche Aspekte im Schulalltag nicht immer Berücksichtigung finden, sollten aber dennoch stets Teil Ihrer Planungsüberlegungen sein.

> ☞ Im zweiten Planungsschritt sind also nachstehende Aspekte und Entscheidungen zu bedenken bzw. zu treffen:
> – Lektüretyp
> – Wahl eines Autors und eines Werkes
> – fachwissenschaftliche Aufarbeitung
> – Grobziele der Reihe
> – inhaltliche (und methodische) Schwerpunkte der Reihe

Im folgenden Beispiel soll deutlich werden, zu welchen Ergebnissen die Zielfestsetzung gelangen kann.

Beispiel für Phaedrus, fabulae:

Lerngruppe:	9. Klasse eines Gymnasiums, Latein als 2. Fremdsprache Die Schüler haben altersgemäße Probleme und Konflikte untereinander, aber auch mit Eltern und Lehrern.
Zeitpunkt:	unmittelbar nach Abschluss der Lehrbuchphase
Vorerfahrungen:	Die Schüler haben keine Erfahrung mit Originallektüre.
zur Verfügung stehende Zeit:	ca. 30 Unterrichtsstunden
Lektüretyp:	Anfangslektüre
Ziele:	– behutsamer Übergang von der Lehrbuch- hin zur Originallektüre (die Phaedrus-Fabeln sind nicht zu lang und enthalten keine zu schwierigen Satzperioden) – Einführung und Vertiefung der grundlegenden Interpretationstechniken – Wiederholung wesentlicher morphosyntaktischer Phänomene – Schulung im selbstständigen, projektorientierten Arbeiten – Förderung der Teamfähigkeit – Reflexion über die eigene Person, aber auch über das eigene Verhalten zu anderen Menschen und der Gesellschaft

2.3   Textauswahl und Sequenzierung

Um unökonomisches Arbeiten zu vermeiden, heißt es nun, die Reihe in ihren Grundzügen unter Einbeziehung aller bisheriger Überlegungen und Entscheidungen zu planen.

Zunächst ist die Frage zu klären, ob man ein von einem Verlag herausgegebenes Lektüreheft oder vielleicht doch lieber eine selbst »gebastelte« Textsammlung zur Grundlage der Reihe machen soll. Für beide Varianten sprechen viele Argumente (z. B. einerseits die Kostenfrage oder die Möglichkeit, die ausgewählten

Textstellen auf die inhaltlichen Schwerpunkte der Reihe abzustimmen, anderer-seits die professionelle Aufarbeitung der Texte durch erfahrene Didaktiker, das Bereitstellen verschiedener Zweittexte und Bilder, Zeitersparnis, professionelles Layout). Gerade für noch nicht sehr erfahrene Lehrer ist es in der Regel ratsam, nicht selbst eine »Textausgabe« zu erstellen, sondern sich im Unterricht auf be-reits auf dem Markt befindliche Lektüreausgaben zu stützen. So haben die Schul-buch-Verlage für jeden Lektüretyp aufbereitete Ausgaben(-Reihen) konzipiert. Textauswahl, Fragestellungen, Angaben und zuweilen auch das Layout sind auf die verschiedenen Lektüretypen abgestimmt.

Anregung (5): Schauen Sie sich in der Bibliothek unterschiedliche Schulausga-ben an und vergleichen Sie, welche am besten passt zu

– dem gewählten Autor und Werk,[6]
– dem Lektüretyp,[7]
– den angestrebten Zielen bzw. Kompetenzen,
– den vorgesehenen inhaltlichen (und evtl. auch methodischen) Schwerpunkten der Reihe.

Tipp:

Fragen Sie Ihre Kollegen nach Vorerfahrungen, lesen Sie die Be-schreibungen der Verlage und prüfen Sie möglichst viele Ausgaben. Im [→ DLB] finden Sie eine Liste möglicher Schulausgaben für den Autor »Phaedrus« und einen Fragekatalog zur Auswahl einer Lektü-reausgabe für das Fallbeispiel »Phaedrus, fabulae«.

Im Rahmen der Grobplanung einer Unterrichtsreihe ist Ähnliches zu leisten wie bei der Aufbereitung einer Lehrbuchlektion. Viele Fragen, wie sie zu Beginn dieses Kapitels formuliert wurden, sind in analoger Form auch hier zu stellen. So sollten für jede Stunde oder zumindest für Stundenblöcke die Textpassage, die bearbeitet werden soll, der inhaltliche Schwerpunkt, bestimmte Kompetenzen (z. B. zur Interpretation eines Textes), die die Schüler in der Stunde weiter ver-bessern sollen, sowie die Sozial- und Aktionsformen zugeordnet werden. Sollen eventuell offene methodische Großformen (wie z. B. Gruppenpuzzle, Projekte, Lernzirkel o. ä.) integriert werden, ist dies ebenfalls bereits hier einzuplanen. Hierbei ist auch zu überlegen, wie sich eine sinnvolle Kombination von inhaltli-cher Progression und fachmethodischer Schulung, verbunden mit einem Wechsel von Unterrichtsmethoden, erreichen lässt. Schließlich ist im Vorfeld der Reihe zu bedenken, ob und gegebenenfalls welche Zweittexte beschafft werden müs-sen, wann eine Klassen- / Kursarbeit, andere Lernerfolgskontrollen und / oder weitere Evaluationsmaßnahmen zur sorgfältigen Überprüfung der inhaltlich-fachlichen, der (fach-)methodischen, der sozial-kommunikativen und affektiven

---

6 S. Anregung (3)

7 S. Anregung (4)

Ziele durchgeführt werden sollen. Vor allem bei der Lernerfolgskontrolle sind institutionelle Vorgaben (z. B. durch einen Kursarbeitsplan für die gesamte Jahrgangsstufe) zu beachten.

Beispiel für eine Grobplanung: »Phaedrus, fabulae«[8]

	Textauswahl	Inhalt / Interpretationsschwerpunkte	Sozial- bzw. Aktionsform
1.	(Redensart)	Einführung in Thematik – Merkmale der Fabel – Formalitäten / Arbeiten mit der Textausgabe	Klassengespräch, Lehrervortrag
2.	Duo muli et latrones (II,7)	Hochmut kommt vor den Fall – Gegensatzpaare	Klassengespräch, Einzelarbeit
3.	Rana et bos (I,24)	Selbstüberschätzung – Gliederung, Kohärenz	Klassengespräch, Partnerarbeit, Einzelarbeit
4./5.	Vulpes et corvus (I,13)	Selbstüberschätzung und Realitätsverlust – Gegensatzpaare – Gliederung / Aufbau / Kohaerenz – Wortwiederholungen – Gedichtvergleich	Klassengespräch, Partnerarbeit, Einzelarbeit
6./7.	Vulpes et uva (IV,3)	Selbsttäuschung – »Bau« einer Fabel – Stilmittel – Grammatikwiederholung (Partizipien)	Gruppenarbeit, Klassengespräch, Einzelarbeit
8./9.	Lupus et gruis (I,8)	Undankbarkeit – Kranich (Referat) – Vorbereitung einer »Interpretation« – Beispielinterpretation – Grammatikwiederholung (Pro-Formen)	Partnerarbeit, Lehrervortrag, Klassengespräch Schülervortrag
10./11.	Lupus et agnus (I,1)	Das »Recht« des Stärkeren – Anfertigung einer Interpretation (z. T. im Unterricht, z. T. als Hausaufgabe) – Gedichtvergleich	Klassengespräch, Einzelarbeit, Schülervortrag, Partnerarbeit (nur Vergleich)

---

8 Der Grobplanung dieser Unterrichtsreihe liegt das im Klett-Verlag erschienene Lektüreheft »Phaedrus. Stark-schwach-Fabeln, ausgewählt, bearbeitet und illustriert von W. Mißfeldt, Leipzig 2001«, zugrunde. Zur Auswahl der Textausgabe s. [→ DLB].

12.–21.	Vacca et capella, ovis et leo (I,5)
	Vulpes et hircus (IV,9)
	Asinus et senex (I,15)
	Cervus ad fontem (I,12)
		verschiedene Themen
		– Übersetzung
		– Anfertigung einer »Interpreta-
		  tion«
		– Vorbereitung und Durchfüh-
		  rung einer Präsentation
			»projektorien-
			tierte Gruppen-
			arbeit«

22.–26.	Prolog (III,33–44) Graculus superbus (I,3) Taurus et vitulus (V,9) De capris barbatis (IV,17) Serpens et lacerta (App. 25) Canis parturiens (I,19) Vulpes et ciconia (I,26)	Warum Fabeln? – eine abschlie- ßende Betrachtung – Versmaße / Senar – Vorbereitung auf die Klassen- arbeit – Wortschatzübungen ———————————— Fragebogen zur Evaluation	Klassenge- spräch, arbeitsteilige Gruppenarbeit Einzelarbeit
27.	Canis per fluvium carnem ferens (I,4)	Klassenarbeit (Übersetzung und Interpretation) – Abgabe des Fragebogens	(hoffentlich) Einzelarbeit
28./29.		Evaluation (Besprechung und Auswertung der Klassenarbeit- sergebnisse, des Fragebogens und weiterer Stellungnahmen der Schüler zur Unterrichtsreihe)	Klassenge- spräch, Einzelarbeit
30.	Reserve-Stunde		

☞ Im dritten Planungsschritt sind also nachstehende Aspekte und Entschei-
dungen zu bedenken bzw. zu treffen:
– Wahl der Schulausgabe
– Grobplanung der Unterrichtsreihe
– Erfolgskontrolle und weitere Evaluationsmaßnahmen
– Auswahl und Beschaffung von Zweittexten

Anregung (6): Planen Sie grob Ihre Unterrichtsreihe zu dem von Ihnen ausgewählten Autor und Werk in Bezug auf eine bestimmte Lerngruppe. Beziehen Sie
alle Ihre bisherigen Überlegungen und Entscheidungen aus den vorangegangenen
Arbeitsaufträgen mit ein. Notieren Sie zu jeder Stunde / jedem Stundenblock:

– die jeweils zu bearbeitende Textpassage
– die inhaltlichen bzw. interpretatorischen Schwerpunkte
– Kompetenzen / Ziele
– die Sozial- und Aktionsformen
– evtl. methodische Großformen
– Lernerfolgskontrollen und andere Evaluationsmaßnahmen

Das voranstehende Fallbeispiel oder auch die Grobplanung einer Unterrichtsreihe zu Senecas *epistulae morales*, die Sie im [→ DLB] finden, können Ihnen dabei eine Hilfe sein.

2.4   Realisierung

Selbstverständlich muss die Grobplanung bei der Durchführung der Unterrichtsreihe ständig den Realitäten angepasst werden. Dennoch bleibt der inhaltliche
oder auch methodische »rote Faden« erhalten, einem Zerfleddern in unverbunde-
ne Einzelstunden wird entgegengewirkt. Darüber hinaus ist es bei der Durchführung der Unterrichtsreihe aufgrund der aufwändigen und durchdachten Grobplanung möglich, die Einzelstunden in kurzer Zeit vorzubereiten, da bereits alle
wichtigen Entscheidungen im Vorfeld der Reihe getroffen worden sind – ein un-
schätzbarer Vorteil bei einem Stundendeputat von 24 Stunden oder mehr.

> ☞ Bei der Realisierung sind im Vorfeld einer jeden Stunde nachstehende Auf-
> gaben zu erledigen:
> – Anpassung der Grobplanung an die Unterrichtsrealität
> – Feinplanung der Einzelstunden

Anregung (7): Bereiten Sie eine weitere Lehrbuchlektion auf oder planen Sie eine Lektürereihe zu einem möglichen Abiturthema unter Beachtung der in diesem
Kapitel ausgeführten Grundsätze zur Reihenplanung. Die »Wölkchen« zu Anfang dieses Kapitels, die Merke-Kästchen sowie die ausführlichen Fallbeispiele
»Cursus Continuus, Lektion 5«, »Phaedrus Fabeln« und »Seneca, *epistulae morales*«, die Sie auch im [→ DLB] finden können, helfen Ihnen hierbei bestimmt
weiter.

Viel Erfolg bei diesem
Vorhaben, vor allem aber bei
Ihren künftigen Planungen im
Schulalltag!

3.   Literaturhinweise

Allgemein zur Unterrichts- bzw. Reihenplanung

Drumm, J. (Hg.), Methodische Elemente des Unterrichts. Sozialformen, Aktionsformen, Medien, Göttingen 2008.

Mattes, W., Routiniert planen – effizient unterrichten, Paderborn 2007.

Meyer, H., Leitfaden Unterrichtsvorbereitung, Berlin 2007.

Zur Reihenplanung im Lateinunterricht

Drumm, J., Frölich, R. (Hg.), Innovative Methoden für den Lateinunterricht, 2. Aufl. Göttingen 2008, 165–239.

Fink, G., Maier, F., Konkrete Fachdidaktik – Latein L2, München 1996, 62–84.

Glücklich, H.-J., Lateinunterricht. Didaktik und Methodik, 3. Aufl. Göttingen 2008, 126–128, 140–166.

Kuhlmann, P., Fachdidaktik Latein kompakt, Göttingen 2009, 136–138.

Viele wertvolle Anregungen und Tipps bis hin zu Reihenvorschlägen finden sich in den Heften »Der Altsprachliche Unterricht«. Darüber hinaus lohnt es sich auch, die didaktisch-methodischen Einführungen zu einzelnen Schulausgaben zu lesen.

VIII. Diagnose und Differenzierung

(Karikatur: Wiebke Emrich)

Jeder, der als Unterrichtender tätig ist oder sich an seine eigene Schulzeit erinnert, wird bestätigen können, dass viele Lehrer von einem fiktiven Durchschnittsschüler ausgehen und in der Regel nach dem 7-G-Prinzip unterrichten: Die gleichen Schüler lösen beim gleichen Lehrer im gleichen Raum zur gleichen Zeit im gleichen Tempo die gleichen Aufgaben mit dem gleichen Ergebnis. Der Lehrer spielt dabei die Hauptrolle; er führt die Schüler straff von einem Lernschritt zum nächsten und sieht seine vornehmliche Aufgabe darin, alle Schüler mit ein und derselben Methode zum Ziel zu führen. Gelingt das nicht, was in der Praxis häufig der Fall ist, scheint es an den Schülern zu liegen, die eben unbegabt, unkonzentriert oder desinteressiert sind. Doch zunehmend setzt sich die Erkenntnis durch, dass Lernen grundsätzlich ein individueller Vorgang ist. Nicht selten werden beim Lernen im Gleichschritt leistungsschwächere Schüler entmutigt und schalten ab, während es den besonders Begabten und Interessierten längst langweilig ist. Statt den Unterricht an einem fiktiven Durchschnittsschüler auszurichten, gilt es, sich der Heterogenität bewusst zu werden und ihr durch differenzierende und individualisierende Maßnahmen so weit wie möglich gerecht zu werden.

1.   Heterogenität – ein Definitionsversuch

Im Lateinunterricht treten vor allem drei Dimensionen der Heterogenität zutage, die für die Diagnoseverfahren und Differenzierungsmaßnahmen von Bedeutung sind:

Vertikale Heterogenität: Hierunter versteht man Unterschiede im Leistungsniveau. Im Unterricht begegnen diese Unterschiede in allen Arbeitsbereichen, sobald die Quantität und Komplexität der Anforderungen gesteigert wird, z.B. wenn die gelernten Vokabeln und Formen bei der Übersetzung eines lateinischen Textes angewandt werden müssen.

Horizontale Heterogenität: Darunter sind die Unterschiede in der Vorgehensweise der Schüler zu verstehen. So schlägt der eine bei der Übersetzung lateinischer Texte erst einmal ihm unbekannte Vokabeln nach, während der andere von Prädikat und Subjekt aus konstruiert. Der dritte schließlich überfliegt vor der Übersetzung erst einmal den gesamten Text, um den groben Zusammenhang zu ermitteln usw. Oft gelingt es weder den Schülern noch dem Lehrer, mit diesen unterschiedlichen Fähigkeiten produktiv umzugehen. Denn im Unterricht werden in der Regel nur wenige Lernwege – meist sogar nur ein Lernweg – vermittelt und nur selten verschiedene Vorgehensweisen zur Auswahl gestellt, wie z.B. mehrere Texterschließungsmethoden.

Intra-individuelle Heterogenität: So hat ein Schüler hervorragende Grammatikkenntnisse, aber große Vokabellücken. Ein anderer interessiert sich für Dichtung, findet aber zu politisch-historischen Texten keinen Zugang usw.

Anregung (1): **1.** Stellen Sie sich eine konkrete Lerngruppe vor, in der Sie unterrichten. Wie erleben Sie die Heterogenität in Ihrem Lateinunterricht? – **2.** Entwickeln Sie Ideen, welche Maßnahmen ergriffen werden könnten.

2.   Lateinunterricht – nie ohne Binnendifferenzierung

Die Überschrift dieses Kapitels mag provokant klingen, denn in der bildungspolitischen Diskussion der Vergangenheit und Gegenwart gab und gibt es zwei Möglichkeiten, auf heterogene Lerngruppen zu reagieren:

Äußere Differenzierung: Nach dem Prinzip der Selektion und Segregation sollen durch verschiedene Auswahl- und Ausleseverfahren möglichst homogene Lerngruppen gebildet werden.

Innere Differenzierung bzw. Binnendifferenzierung: Innerhalb der heterogenen Lerngruppe wird der Unterricht so modifiziert, dass er sich möglichst gut an den spezifischen Bedürfnissen und Möglichkeiten der einzelnen Schülerinnen und Schüler ausrichtet.

Die Zielsetzung beider Richtungen besteht darin, eine optimale Passung – also eine möglichst große Übereinstimmung zwischen Individuum und Umwelt bzw. zwischen Schüler und Unterricht – herzustellen, und kann je nach Kontext ihre Berechtigung haben.

Im Lateinunterricht ist es freilich besonders angeraten, die Möglichkeiten der Binnendifferenzierung auszuschöpfen, da gerade in diesem Fach die Lerngruppen oft aus Schülern mit unterschiedlichsten Lernvoraussetzungen zusammengesetzt sind: In der Lektürephase können in einigen Bundesländern z. B. Schüler mit Latein ab Klasse 5 zusammen mit denen unterrichtet werden, die Latein erst ab der 6. Klasse haben. Als dritte und vierte Fremdsprache kann Latein in Kombinationskursen für Schüler unterschiedlicher Jahrgangsstufen angeboten werden etc. Und in der Oberstufe wird ein breites Lateinangebot oft nur dadurch möglich, dass es – je nach Rahmenbedingungen des Bundeslandes – »Huckepack-Kurse« (Kombination aus Grund- und Leistungskurs) oder jahrgangsübergreifende Kurse gibt, sodass die einen Schüler auf die anstehende Abiturprüfung vorbereitet werden müssen, während die anderen gerade in die Kursstufe eintreten.

☞ Heterogenität der Schülerschaft ist ein Merkmal des Lateinunterrichts. Die zahlreichen Unterschiede in den Lerngruppen erfordern Maßnahmen der inneren Differenzierung und der Individualisierung.

3.   Diagnose- und Förderverfahren

Erst wenn es gelingt, den Schülern ein realistisches Bild von ihren Stärken und Schwächen zu vermitteln, können Kompetenzen gezielt (weiter-)entwickelt und Lernrückstände sukzessive abgebaut werden.

Die Aufgabe einer frühzeitigen und regelmäßigen Diagnose besteht demzufolge darin, Fähigkeiten zu entdecken und zu fördern sowie potenzielle oder bereits vorhandene Lern- und Leistungsprobleme zu erkennen, um durch gezielte Beratung und Unterstützung möglichen Schwierigkeiten rechtzeitig vorzubeugen oder bestehende zu beheben.

☞ Die Diagnose darf sich weder auf die Feststellung der Defizite noch des jeweiligen Leistungsstandes der Schüler beschränken. Vielmehr gilt es, auch an den Stärken anzusetzen und bei den Schwächen die möglichen Ursachen und Hintergründe in den Blick zu nehmen.

Voraussetzung einer effektiven Diagnose sind Klarheit, Nachvollziehbarkeit und Überprüfbarkeit der Kriterien. Darüber hinaus zeichnet sich ein gutes Diagnoseverfahren durch Praktikabilität im Unterrichts- und Schulalltag aus.

3.1   Kompetenzbereiche als Grundlage der Diagnose

Grundlage der Diagnose bilden dem erweiterten Lern- und Leistungsbegriff zufolge die verschiedenen Kompetenzbereiche des Lateinunterrichts:

- Sprachkompetenz: Wortschatz, Formenlehre, Syntax
- Textkompetenz: Texterschließungskompetenz, Interpretation
- Kulturkompetenz: Realienkunde u. a.
- Methodische Kompetenz: Strukturanalysefähigkeit u. a.
- Personale Kompetenz: Lern- und Arbeitstechniken, Zeitmanagement, Anstrengungsbereitschaft, Kommunikations- und Kooperationsfähigkeit u. a.

> ☞ Bei der Diagnose sollen nicht nur die aktuellen fachlichen Kenntnisse und Fähigkeiten in Form einer ergebnisorientierten Diagnose, sondern auch das Arbeitsverhalten sowie die Interessen, Lernwege und bevorzugten Sozialformen im Sinne einer prozessorientierten Diagnose einbezogen werden. Nur so kann es gelingen, neben der vertikalen und interindividuellen Heterogenität auch der horizontalen und intra-individuellen Heterogenität angemessen Rechnung zu tragen und eine Förderdiagnostik zu etablieren.

3.2   Phasen eines Diagnose- und Förderprozesses

Der Diagnose- und Förderprozess sollte bereits in den ersten Unterrichtsstunden beginnen und kontinuierlich fortgeführt werden. Besonders wichtig ist dabei eine gute Prophylaxe durch guten Unterricht und permanente, kritische Reflexion des Lehrers wie auch der Schüler über Erfolge und Misserfolge.
Der Diagnose- und Förderprozess verläuft in der Regel in vier Phasen:

1. Wahrnehmen: Lehrer, Schüler und eventuell Eltern nehmen durch Beobachtung und im Gespräch die Stärken und Schwächen des Lernenden wie auch des Lehrenden wahr. Als Grundlage können schriftliche Arbeiten, Hausaufgaben, Selbstbeobachtungen, Fremdbeobachtungen usw. dienen.
Für den Lehrer eignen sich vor allem Phasen des offenen Unterrichts, um das Arbeits- und Lernverhalten einzelner Schüler zu beobachten.

2. Verstehen: Die am Diagnoseprozess beteiligten Personen versuchen, ihre Beobachtungen zu deuten und im Gespräch auszutauschen und abzugleichen. Dies setzt Offenheit, das nötige Fingerspitzengefühl und einen langen Atem voraus.

Denn vorschnelle und stereotype Erklärungsmuster sind in der Regel für den Förderprozess wenig hilfreich.

3. Entscheiden: Die Beteiligten tauschen sich über mögliche Maßnahmen aus
und setzen gemeinsam Ziele fest, die in einen Förderplan und oder in eine Lernvereinbarung münden können.

4. Überprüfen: Die beteiligten Personen geben sich in regelmäßigen Abständen
gegenseitig Rückmeldung, inwieweit und gegebenenfalls weshalb die gesetzten
Ziele erreicht bzw. nicht erreicht wurden, und treffen weitere Absprachen oder
Vereinbarungen.
Bei Schülern mit erheblichen Lernschwierigkeiten wie auch bei Schülern mit be-
sonderen Begabungen ist ein intensiver individueller Diagnose- und Förderprozess angeraten, in den die Schüler und nach Möglichkeit auch die Eltern einbezogen werden sollten. Eine derart intensive Begleitung ist nach unseren Erfahrungen bei maximal 3–4 Schülerinnen und Schülern pro Klasse angesagt.

4.   Instrumente eines Diagnose-
und Förderprozesses

Im Lateinunterricht können bereits etablierte sowie neue Instrumente zum Einsatz kommen.

Anregung (2): **1.** Wählen Sie für den Diagnose- und Förderprozess eines der folgenden Instrumente aus und passen Sie es Ihren Bedürfnissen an. – **2.** Halten Sie
Ihre positiven und negativen Erfahrungen stichwortartig fest und tauschen Sie
sich darüber mit den am Diagnose- und Förderprozess beteiligten Personen aus.
– **3.** Entwickeln Sie das jeweilige Verfahren in Absprache mit allen Beteiligten
weiter.

4.1   Leistungsbeurteilungen

Die schriftlichen und mündlichen Lernerfolgskontrollen sowie weitere Beiträge
der Schülerinnen und Schüler im bzw. für den Unterricht stellen eine wichtige
Grundlage für die Diagnose dar.
Bei der Beurteilung schriftlicher Arbeiten hat es sich bewährt, neben dem Rotstift auch den Grünstift zu verwenden:

– Mit dem Rotstift werden wie üblich die Fehler gekennzeichnet und nach
   Form-, Vokabel-, Syntaxfehler usw. so genau wie möglich differenziert. Auf
   diese Weise kann der Schüler erkennen, in welchen Bereichen erhöhter Handlungsbedarf besteht.

– Mit dem Grünstift werden gute Ergebnisse sowie besonders gelungene Übersetzungen etc. mit einem kurzen Kommentar am Rand vermerkt. Dadurch
wird der Schüler auch mit seinen Stärken wahrgenommen und ermuntert, diese weiter auszubauen.

Unter der Klassenarbeit sollte der Lehrer dem Schüler nicht nur das Gesamter-
gebnis – die Ziffernnote – mitteilen, sondern anhand eines vorgegebenen (kopier-
ten) Rasters stichwortartig die Stärken und Schwächen festhalten und hilfreiche
Anregungen geben:

Dialogischer Diagnosebogen für schriftliche Arbeiten

Ich habe / Du hast …	immer	oft	manchmal	selten / nie
… alle Vokabeln gekonnt.				
… alle Formen richtig bestimmt Substantive, Adjektive, Verben)				
… alle Formen richtig ins Deutsche übersetzt.				
… typisch lateinische Konstruktionen erkannt und richtig übersetzt				

Das kann ich gut / Das kannst du gut: ....
Das will ich noch üben / Das solltest du noch üben: ....

Der Schüler wird nach der Besprechung der schriftlichen Arbeit ebenfalls aufgefordert, seine Stärken und Schwächen anhand des gleichen Diagnosebogens zu
reflektieren. Mit der Rückgabe der Klassenarbeit erhält er ein differenziertes und
konstruktives Feedback und kann überprüfen, ob seine Selbsteinschätzung mit
der Einschätzung des Lehrers übereinstimmt.

Bei der Beurteilung der kontinuierlichen mündlichen Mitarbeit der Schülerinnen
und Schüler im Unterricht können und sollen nach der neuen Notenverordnung
neben den fachlichen Leistungen auch die methodischen, sozialen und persona-
len Kompetenzen angemessen berücksichtigt werden, die sich dem Lehrer nur
selten auf den ersten Blick erschließen. Daher bietet sich besonders hier ein dia-
logisches Beurteilungsverfahren an.
Eine im Lateinunterricht erprobte und bewährte Möglichkeit besteht darin, den
Schülern zu Beginn des Schuljahres zu ihrer Information einen Beurteilungsbogen auszuteilen, in dem die Kriterien bereits vorgegeben oder auch gemeinsam
mit den Schülern (weiter-)entwickelt werden können.

Dialogischer Beurteilungsbogen für die mündliche Mitarbeit
Name: ....   Klasse: ....   Zeitraum: ....

Ich habe / Du hast	trifft immer zu 1	trifft oft zu 2	trifft manch-mal zu 3	trifft weniger zu 4	trifft selten zu 5	trifft gar nicht zu 6
1. mich / dich an der Haus-aufgabenbesprechung betei-ligt.						
2. mich / dich bei der Über-setzung des Lektionstextes be-teiligt.						
...						

Anregung (3): Formulieren Sie anhand der Kompetenzbereiche weitere Items für den dialogischen Beurteilungsbogen zur mündlichen Mitarbeit.

Während des Schuljahres werden die Schüler in regelmäßigen Abständen aufgefordert, eine Selbsteinschätzung vorzunehmen, indem sie auf dem Selbstbeurteilungsbogen mit blauer oder schwarzer Farbe an die entsprechende Stelle ein Kreuzchen setzen und anschließend den ausgefüllten Bogen ihrem Lehrer geben. Die Lehrkraft gleicht die Einschätzung der Schüler mit ihrer eigenen Wahrnehmung ab, indem sie neben das Schülerkreuz bei positiven Abweichungen (Lehrkraft schätzt Schülerbeiträge besser ein) ein grünes Lehrerkreuzchen und bei negativen Abweichungen (Lehrkraft schätzt Schülerbeiträge schlechter ein) ein rotes Lehrerkreuzchen setzt. Stimmen Selbst- und Fremdwahrnehmung überein, braucht der Lehrer dies nicht weiter zu kennzeichnen. Anschließend erhält der Schüler den ergänzten Beurteilungsbogen zurück.
Dieses Verfahren hat mehrere Vorteile:
– Schüler und Lehrer nehmen ihre Einschätzung auf der gleichen Grundlage vor.
– Gleiche und unterschiedliche Einschätzungen sind auf den ersten Blick erkennbar.
– Bei Abweichungen findet ein klärendes Gespräch zwischen Lehrer und Schüler statt.
– Der Schüler weiß, an welchen konkreten Aspekten er weiterarbeiten kann, um seine mündliche Unterrichtsnote zu verbessern.

Auf ähnliche Weise können auch bei der Beurteilung von Gruppenarbeiten die verschiedenen Kompetenzbereiche und damit der Lernprozess in die Gesamtnote einfließen.[1]

---

1 Vgl. dazu im Einzelnen: Scholz, I., Sauter, J., Phaedrus Fabeln – Ein kompetenzorientiertes Lektüreprojekt mit Binnendifferenzierung, Göttingen 2009.

4.2   Prozessorientierte Diagnosebögen

Besonders hilfreich sind nach unserer Erfahrung prozessorientierte Diagnosebögen, bei denen der Schüler nicht nur seine Ergebnisse in den Blick nimmt, sondern auch über sein Arbeitsverhalten, seine Lernwege, seine bevorzugten Sozialformen etc. Auskunft gibt.

Oft ist die Kenntnis, wie ein Schüler lernt (oder nicht lernt), für die anschließende Förderung wichtiger als die Frage, was er gelernt bzw. nicht gelernt hat.

Als Anregung kann folgender Diagnosebogen (in Auszügen) dienen:[2]

Fragen zum Vokabellernen

Wie oft lernst du Vokabeln? *(z. B. 3x die Woche, ich brauche nicht zu lernen, …)*

Fragen zur Grammatik

Kannst du in der Grammatik etwas besonders gut? *(z. B. Konstruktionen wie den AcI erkennen, die Zeitstufen richtig beachten, Pronomen übersetzen, …)*

Fragen zum Textverständnis

Nenne Beispiele für Texte, die du gerne übersetzt hast: *(z. B. Fabeln; Erzählungen über das Leben in der römischen Familie, …)*

Fragen zur Übersetzungstechnik

Auf welche Weise übersetzt du? *(z. B. zuerst alle Vokabeln nachschlagen; Prädikate und Subjekte heraussuchen; einfach dem Sinn nach übersetzen, …)*

4.3   Individuelle Lernvereinbarungen

Bei einer individuellen Lernvereinbarung sollten verschiedene Aspekte beachtet werden:

– Vereinbart werden nur wenige, möglichst kleine (bewältigbare!) und konkrete Schritte.
– Der Schüler erhält die nötige Unterstützung und Begleitung bzw. Kontrolle, z. B. durch seinen Lehrer, seine Mitschüler, Geschwister und / oder Eltern.
– Es wird festgelegt, woran man den Erfolg erkennen und wie man ihn überprüfen kann.
– Alle Beteiligten überlegen sich, bis wann die vereinbarten Ziele erreicht sein sollten.

Motivationsfördernd für den weiteren Lernweg ist eine Belohnung, sofern das gesetzte Ziel erreicht wurde.

---

2 Den vollständigen Selbstdiagnosebogen sowie den dialogischen Diagnosebogen in: Doepner, Th., Keine Förderung ohne Diagnose, in: AU 2008/1, 20–21.

Das folgende Beispiel dient lediglich zur Veranschaulichung und kann der jeweiligen Klassen- und Lernsituation angepasst werden.

Lernvereinbarung

Latein Kl. 6

zwischen .... und ....

Meine nächsten Ziele

Ich möchte künftig immer pünktlich die Hausaufgaben erledigen.

Meine ersten Schritte

Ich werde die gestellten Hausaufgaben in jeder Stunde in ein Hausaufgabenheft aufschreiben. Dann werde ich ... etc.

Meine »Wegbegleiter« und »Trainer«

Ich lege nach jeder Stunde meinen Lehrern unaufgefordert mein Hausaufgabenheft vor.

Ich erledige möglichst zeitnah bis spätestens 20.00 Uhr meine Hausaufgaben.

Meine Eltern werfen abends einen Blick in mein Hausaufgabenheft ...

Meine nächsten »Meilensteine«

Ich möchte die erste Etappe in drei Wochen geschafft haben.

Meine »Belohnung«

Wenn ich mein Ziel erreicht habe, laden mich meine Eltern ins Eiscafé ein.

Ort, Datum, Unterschriften von Schüler und Lehrer (und Eltern)

---

5.   Möglichkeiten der Binnendifferenzierung

Im Folgenden sollen verschiedene Möglichkeiten der Binnendifferenzierung vorgestellt werden, die in unterschiedlichen Schulen und Klassen erprobt und weiterentwickelt wurden. Vorab sei ausdrücklich betont, dass die Differenzierung eine wichtige, aber keineswegs die einzige Möglichkeit sinnvollen Unterrichtens darstellt. Die traditionellen Unterrichtsformen haben nach wie vor ihren berechtigten Stellenwert.

☞ Damit Differenzierung und Individualisierung nicht in völlige Aufsplitterung und Vereinzelung von Lernprozessen münden, sind das soziale Lernen im Klassenverband und der Austausch mit den Mitschülern und dem Lehrer als Ergänzung geradezu erforderlich.

Der Anteil der differenzierten Unterrichtsphasen beträgt in meinem Lateinunterricht in der Regel nicht mehr als 20–25% der gesamten Unterrichtszeit.

5.1   Problembereiche

Vorab sei auf drei Problembereiche hingewiesen:

1. Die Erstellung differenzierter Aufgabenangebote ist in der Regel mit einem nicht unerheblichen Mehraufwand verbunden. Daher sei vor allem Lehrern, die mit dieser Unterrichtsform noch nicht so vertraut sind, empfohlen, davon anfangs lediglich dosiert Gebrauch zu machen und eine Kooperation mit interessierten Kollegen anzustreben. Denn Teamarbeit entlastet alle Beteiligten. Eventuell können Fachkonferenzen für die Erstellung differenzierter Materialien genutzt werden.

2. Bei einem differenzierten Aufgabenangebot stellt sich die grundsätzliche Frage, wie die Zuordnung der Schüler zu den unterschiedlichen Anspruchsniveaus erfolgt. Selbstverständlich können verschiedene Wege beschritten werden: Auswahl der Materialien und Aufgaben durch die Schüler selbst, Zuordnung durch den Lehrer, Diagnosetest mit anschließender Auswertung durch die Schüler oder den Lehrer und darauf aufbauendem Aufgabenangebot etc. In den Praxisbeiträgen werden verschiedene Möglichkeiten berücksichtigt.

Bei den folgenden Beispielen aus der Unterrichtspraxis wählen die Schüler das Anspruchsniveau in der Regel selbst aus und schätzen sich erfahrungsgemäß sehr realistisch ein. Dadurch soll eine Etikettierung bzw. Stigmatisierung durch den Lehrer sowie eine einseitige Fixierung nach dem Motto »einmal schwach, immer schwach« vermieden und die Flexibilität und Eigenverantwortlichkeit der Schüler gestärkt werden. Hat ein Schüler sich über- oder unterschätzt, kann er bereits nach kurzer Zeit eine entsprechende Korrektur vornehmen, indem er eine einfachere bzw. höhere Niveaustufe wählt.[3]

3. Auf die berechtigte und bisweilen sehr kontrovers diskutierte Frage, ob und wie eine differenzierte Aufgabenstellung auch in die Leistungsbeurteilung einfließen könnte, findet der Leser weiter unten einige Anregungen.

Im Folgenden sollen verschiedene Möglichkeiten zur Differenzierung nach Unterrichtsmaterialien skizziert werden.

5.2   Umfang des Lernstoffes

Einige Schüler sind schneller als andere. Korreliert ihr Arbeitstempo nicht mit überdurchschnittlichen kognitiven Fähigkeiten, wollen sie in der Regel nicht anspruchsvollere, sondern mehr Aufgaben. Andernfalls langweilen sie sich, was nicht selten mit deutlicher Unruhe und entsprechenden Störungen einhergeht. Um sie nicht für ihre Schnelligkeit zu bestrafen, sollte man ihnen motivierende Zusatzaufgaben mit spielerischem Charakter anbieten, wie z. B. Rätsel, Lernspie-

---

3 Steht die Selbsteinschätzung der Schüler freilich in deutlichem Widerspruch zur Fremdwahrnehmung durch den Lehrer, sollte der Lehrer die Gelegenheit zu einem Gespräch mit dem Schüler bzw. der Schülerin ergreifen; so können gegebenenfalls notwendige Korrekturen vorgenommen und die Folgen möglicher Fehlentscheidungen minimiert werden.

le, Knobelaufgaben, interessante Zusatztexte, oder sie die entsprechenden Materialien selbst herstellen bzw. suchen lassen.

5.3   Anforderungsniveau

Eine Differenzierung nach Leistungs- und Anforderungsniveau kann durch unterschiedliche Aufgabenstellungen oder entsprechende Gestaltung der Materialien erfolgen.

Im Rahmen der Übersetzungsarbeit kann man einer heterogenen Lerngruppe differenzierte Angebote zur Verfügung stellen, die alle Schülerinnen und Schüler gleichermaßen fördern und fordern:[4] Leistungsschwache Schüler können auf mehr Hilfen zur Strukturierung und zur Bewältigung der Übersetzung zurückgreifen als leistungsstarke Schüler, bei denen die Anforderungen und damit auch die Motivation ohne nennenswerten Zeitaufwand gesteigert werden können.

Sie finden für den Autor Phaedrus ein Beispiel für eine Textarbeit mit verschiedenen Anforderungsniveaus im [→ DLB].

Sind die Schüler mit der differenzierten Übersetzung vertraut, kann man – analog zum Anteil der differenzierten Unterrichtsphasen (20–25%) und in Absprache mit den Eltern und Schülern – durchaus in Erwägung ziehen, eine von insgesamt vier Klassenarbeiten in dieser differenzierten Form anzubieten:[5]

–   Jeder Schüler erhält ein Aufgabenblatt mit drei verschiedenen Übersetzungstexten (z. B. Auszüge aus drei Briefen Senecas), wobei jeder Text auf einem anderen Niveau präsentiert wird.
–   Mit der Entscheidung für einen Text bzw. ein Leistungsniveau trifft der Schüler auch Vorgaben für das Notenspektrum: Wählt er den Text mit Niveau C kann er bestenfalls die Note 1 erreichen; hat er sich für das Niveau B entschieden, kann er bestenfalls die Note 2–3 erhalten; bei der Übersetzung des Textes mit Niveau A kann höchstens die Note 4 erreicht werden.

Um größtmögliche Transparenz zu schaffen und Ängste abzubauen, empfiehlt es sich, die Schüler vorab eine Probeklausur in differenzierter Form schreiben zu lassen und zu korrigieren.

Erste Erfahrungen zeigen, dass die meisten Schüler es begrüßen, wenn in Ergänzung zu den konventionellen Klassenarbeiten eine differenzierte Klausur pro Schuljahr geschrieben wird. Insbesondere sehr leistungsschwache Schüler erhalten hier die Chance, wenigstens Mindestziele zu erreichen.

---

4 Ähnlich kann man in anderen Arbeitsbereichen des Lateinunterrichts verfahren. Anregungen zum differenzierten Formentraining mit sämtlichen Kopiervorlagen in: Scholz, I., Viele Wege führen nach Rom – Binnendifferenzierung im Fremdsprachenunterricht, in: I. Scholz, Der Spagat zwischen Fördern und Fordern. Unterrichten in heterogenen Klassen, Göttingen 2008, 93–107.
5 Derartige Aufgabenformate für Klassenarbeiten sind nicht in allen Bundesländern erlaubt. Denkbar sind sie, wenn überhaupt, nur für die jüngeren Jahrgänge der Sekundarstufe I.

5.4   Inhalte und Interessen

Manchmal können Lernziele – insbesondere vorher im Plenum eingeführte Arbeitstechniken und Methoden – an verschiedenen Inhalten eingeübt werden.

Die Differenzierung nach Inhalten und Interessen eröffnet den Schülern vor allem im Rahmen der Interpretationsarbeit den nötigen Freiraum, individuelle Schwerpunkte zu setzen, was an einem Beispiel aus dem Lektüreunterricht der Oberstufe konkretisiert werden soll.

Nach einer mehrwöchigen Lektüre von Ciceros Rede *Pro Ligario* sollten sich die Schüler in Kleingruppen mit der Darstellung Caesars auseinandersetzen. Dazu wurden ihnen folgende zweisprachige Textpassagen mit verschiedenen Schwerpunktsetzungen zur Auswahl angeboten:

– Caesar und Cicero (§§ 6–7)
– Caesar und seine Anhänger (§§ 13–16)
– Caesar und der Bürgerkrieg (§§ 17–19)
– Caesar und seine Gegner (§§ 30 und 33)
– Caesar und die res publica (§§ 36–38)

Jede Gruppe sollte anhand ihrer Textpassage herausarbeiten, was jeweils über Caesar ausgesagt wird und wie sein Verhalten beurteilt wird. Die Schüler sollten ihre Beobachtungen mit den entsprechenden lateinischen Zitaten belegen.

Während der Präsentationsphase zeigte sich, dass die Schüler durch den unterschiedlichen Fokus der verschiedenen Gruppen ihr eigenes Thema und ihre jeweilige Sichtweise in einen größeren Kontext stellen und sukzessive eine immer größere Perspektivenvielfalt entwickeln konnten.

5.5   Lernwege und Zugangsweisen

Es würde den Rahmen einer Einführung sprengen, die zahlreichen Lernwege, auf denen Wissen erworben werden kann, im Einzelnen vorzustellen. Für die Unterrichts- und Schulpraxis eignen sich entsprechende Fragebögen oder Tests, anhand derer die Schüler ihre günstigsten »Lernkanäle« entdecken und gegebenenfalls nutzen können.[6] Zahlreiche Anregungen dafür bietet.[7]

Auch im Rahmen der Realienkunde kann man den Schülern z.B. bei der Einführung oder Wiederholung der Mythologie anbieten, die Informationen auf unterschiedlichen Wegen zu erwerben bzw. aufzufrischen:

Lernweg A: Eher analytisch veranlagte und sehr selbstständig arbeitende Schüler können anhand einer von der Lehrerin zusammengestellten Bibliothek die

---

6 Materialien und Anregungen z.B. in: Klippert, H., Methoden-Training, 12. Aufl. Weinheim und Basel 2002, 62–63 und 200–202; Emmer, A., Hofmann, B., Matthes, G., Elementares Training bei Kindern mit Lernschwierigkeiten (mit Test- und Trainingsverfahren), Neuwied und Berlin 2000; Vester, F., Denken, Lernen, Vergessen, 31. Aufl. München 2006, 201–209.

7 Vgl. auch das Kapitel Wortschatzarbeit.

wichtigsten Informationen zu verschiedenen Göttinnen und Göttern anhand von Karteikarten festhalten.

Lernweg B: Schüler, die sich Inhalte eher auf visuellem Weg in Einzel- oder Partnerarbeit aneignen, können sich die verschiedenen Aspekte mit Wendekarten in Einzel- oder Partnerarbeit einprägen, auf deren Vorderseite sich eine bildliche Darstellung einer Gottheit befindet, deren römische und griechische Namen, Wirkungsbereich und Attribute sie nennen sollen. Auf der Rückseite finden Sie zur Überprüfung ihrer Ergebnisse die entsprechenden Angaben.

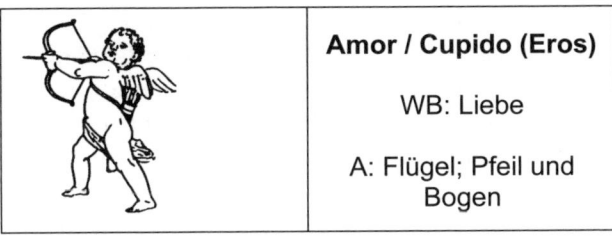

WB = Wirkungsbereich   A = typische Attribute

Lernweg C: Schüler, die einen spielerischen Zugang mit kommunikativ-kooperativen Elementen bevorzugen, können ein Mythologie-Memory wählen, das zu verschiedenen mythologischen Gestalten je ein Kartenpaar enthält:[8] Eine der beiden Karten enthält die wichtigsten Informationen. Auf der anderen befindet sich die entsprechende bildliche Darstellung.

Additum: Für den Fall, dass einige Schüler die gestellte Aufgabe sehr rasch erledigen, gibt es als Belohnung noch die Möglichkeit, in Einzel-, Partner- oder Gruppenarbeit ein Puzzle-Domino zu lösen.

Mercurius ⇩	Dionysos	Bacchus ⇐	Faunus
Hermes	Demeter ⇨		

Anregung (4): Überlegen Sie sich ausgehend von einer Lehrbuch- oder Lektüreeinheit, wie Sie eine Übersetzungs-, Grammatik- oder Interpretationsaufgabe im

---

8 Das vollständige Memory in: Scholz, I., Offene Unterrichtsformen im Lateinunterricht. Freiarbeit am Beispiel von Ovids Metamorphosen, Auxilia 53, Bamberg 2003, 126–130.

Hinblick auf einen der in Kapitel 5.2 bis 5.5 genannten Bereiche differenzieren könnten.

5.6   Unterrichts- und Sozialformen

Grundsätzlich gilt, dass schülerorientierte bzw. offene Arbeitsformen[9] sich eher zur Differenzierung und Individualisierung im Unterricht anbieten als ein vom Lehrer gelenkter Unterricht.

Insgesamt ist jedoch ein ausgewogenes Verhältnis bei den Sozialformen anzustreben. Während bei der Einzelarbeit der individuelle Lernprozess im Vordergrund steht, gerät die Vielfalt der heterogenen Lerngruppe von der Partnerarbeit über die Gruppenarbeit bis hin zum Klassenunterricht immer stärker in den Blickpunkt. Gerade bei differenzierten und individualisierten Unterrichtsformen bildet der Klassenunterricht deshalb den Dreh- und Angelpunkt, um unterschiedliche Zugangs-, Lösungs- und Erkenntniswege zu eröffnen, zusammenzuführen und auszuwerten, sodass die Heterogenität von allen Beteiligten als belebendes und fruchtbares Spannungsfeld erfahren werden kann.

Anregung (5): Überlegen Sie, in welchen Phasen des Unterrichts Sie differenziert vorgehen (würden). Begründen Sie Ihre Meinung.

Nach unserer Erfahrung eignen sich vor allem Phasen der Wiederholung, Übung, Vertiefung und Erweiterung zur Differenzierung, während sich für die Einführung neuer Unterrichtsinhalte, insbesondere komplexer Sachverhalte, eher der Klassenunterricht anbietet. In der Praxis hat es sich bewährt, differenzierte Unterrichtsphasen mit einer Phase im Plenum einzuleiten und abzuschließen, um zu Beginn einer Unterrichtseinheit gemeinsam die notwendigen Grundlagen zu erarbeiten und am Schluss die wichtigsten Ergebnisse vorzustellen,[10] zu würdigen und gegebenenfalls zusammenzuführen.

6.   Rückblick und Ausblick

Das Ziel eines differenzierten Unterrichts kann nur darin bestehen, die Kenntnisse und Fähigkeiten möglichst vieler Schülerinnen und Schüler zu verbessern, ohne alle auf denselben Leistungsstand zu bringen.

Unsere ersten Erfahrungen mit differenzierten Unterrichtsangeboten sind insgesamt sehr positiv.

---

9 Weiterführende Anregungen in dem Kapitel »Methodische Großformen«, in: Drumm, J., Frölich, R., Innovative Methoden für den Lateinunterricht, Göttingen 2007.

10 Dies kann und soll selbstverständlich auch durch die Möglichkeit zur Selbstkontrolle stattfinden.

- Leistungsschwächere Schüler sagten uns, dass sie in differenzierten Unterrichtsphasen die Erfahrung gemacht hätten, »seit längerer Zeit endlich mal wieder allein etwas hinzubekommen«. Das habe ihnen das Gefühl gegeben, »doch etwas zu können«, und sie zu weiteren Schritten auf diesem Weg ermutigt.

- Leistungsstarke Schüler, die im konventionellen Lateinunterricht oft unterfordert sind und sich langweilen, konnten dank der Differenzierung endlich »richtig harte Nüsse knacken« und merkten, welche Fähigkeiten noch in ihnen stecken.

- Auch unsere Kolleginnen und Kollegen bestärkten uns immer wieder darin, dass es sich lohne, den konventionellen Unterricht durch differenzierte Unterrichtsphasen zu ergänzen, in denen man deutlich mehr Schüler erreichen könne als im konventionellen Unterricht. Darüber hinaus würden in differenzierten Unterrichtsphasen deutlich weniger Disziplinprobleme auftreten als im konventionellen Unterricht.

Die folgenden Empfehlungen gehen auf Erfahrungsberichte von Kollegen zurück, die sich auf einen differenzierten Unterricht eingelassen haben:

- Wenn Sie differenzieren wollen, sind Sie gut beraten, zunächst »kleine Brötchen zu backen«. Beginnen Sie am besten nur in einem Fach mit einer Unterrichtseinheit, die Sie begeistert und zu der Sie schon gute Ideen und möglichst viel Material gesammelt haben.

- Differenzieren Sie zunächst lediglich in den Übungsphasen einer Unterrichtsstunde, die 10–12 Minuten nicht übersteigen sollten.

- Suchen Sie sich Teamkollegen, mit denen Sie sich die Arbeit teilen und mit denen Sie sich regelmäßig austauschen können.

Diese ersten Schritte ermutigen in der Regel alle Beteiligten, auf dem Weg der Differenzierung weiterzugehen und alt bewährte Rezepte durch neue Zutaten zu ergänzen: *Variatio delectat!*

7.   Literaturhinweise

AU 2008/1: Binnendifferenzierung [u. a. mit Diagnosebögen von Th. Doepner als Kopiervorlagen].

Emmer, A., Hofmann, B., Matthes, G., Elementares Training bei Kindern mit Lernschwierigkeiten (mit Test- und Trainingsverfahren), Neuwied und Berlin 2000.

Klippert, H., Methoden-Training, 12. Aufl. Weinheim und Basel 2002, 62–63 und 200–202.

Paradies L., Differenzieren im Unterricht, Berlin 2001.

Paradies L., Linser H.-J., Greving, J., Diagnostizieren, Fördern und Fordern, Berlin 2007.

Scholz, I., Der Spagat zwischen Fördern und Fordern. Unterrichten in heterogenen Klassen, Göttingen 2008 (mit zahlreichen Kopiervorlagen).

Scholz, I., Sauter, J., Phaedrus Fabeln – Ein kompetenzorientiertes Lektüreprojekt mit Binnendifferenzierung, Göttingen 2009.

Scholz, I., Offene Unterrichtsformen im Lateinunterricht. Freiarbeit am Beispiel von Ovids Metamorphosen, Auxilia 53, Bamberg 2003, 126–130.

Vester, F., Denken, Lernen, Vergessen, 31. Aufl. München 2006, 201–209.

IX. Motivation

Im Internet findet man ein Schülerportal, in dem Schulfächer kommentiert werden. Zu Latein gibt es dort diesen Erfahrungsbericht:

Arbeitsaufwand	extrem arbeitsintensiv
Schwierigkeitsgrad der Ausbildung	schwer
Prüfungsanforderungen	hoch
Pro	Zeit zum Ausruhen
Kontra	Zeitverschwendung
Empfehlenswert?	nein

Kompletter Erfahrungsbericht
Latein, das langweiligste was es in der schule gibt!
Ich mache Latein jetzt seit 3 Jahren und muss sogar sagen das es am anfang ein bisschen Spaß gemacht hat doch jetzt ist es nur noch öde. Bei uns läuft der Lateinunterricht folgender maßen ab (jede verdammte stunde das gleiche): 1. Vokabeln wiederholen; 2. mündliche LK; 3. Text übersetzen. (…) Latein ist wirklich nicht jedermanns Sache, besonders nicht für Leute die keinen Bock haben zu lernen. Trotzdem ist es nicht schlecht und von Vorteil ein Latinum in der tasche zu haben. Doch um dies zu erreichen muss man sehr viel Durchhaltevermögen besitzen. Mir stellt sich jedoch die frage: Wofür braucht man eigentlich Latein, (…) ich halte also Latein für überflüssig! Latein ist ja die Muter vieler Sprachen und wenn man darüber mehr erfahren würde wär es ja auch ok!

(Rechtschreibung original)

Wie der oben wiedergegebene »komplette Erfahrungsbericht« aus dem Internet zeigt, spielt das Thema »Motivation« im Lateinunterricht eine besondere, leider oft negative Rolle, da gerade hier größere Frustrationsphasen bei Schülern, aber auch bei Lehrern zu beobachten sind. Latein gilt vielfach als trocken, langweilig, öde. Schüler sind besonders in den Mittelstufenjahrgängen frustriert, da sie aufgrund von Defiziten, die sich im Laufe der Zeit angesammelt und vergrößert haben, gar nicht mehr durchblicken und die Lust an der Mitarbeit verloren haben. Lehrer sind frustriert, da sie, obwohl um guten Unterricht bemüht, oftmals nur schlechte Ergebnisse erzielen. Was kann also helfen, den Unterricht attraktiver und damit auch effektiver zu machen?

1. Lernmotivation und Lernerfolg

Lernen ist ein aktiver Prozess. Wer ihn bewusst vollzieht, lernt mit besonderem Erfolg. Lernmotivation ist dabei ein Sammelbegriff für alle möglichen Faktoren, die Wechselwirkungen zwischen dem Lernenden selbst und Anreizen der Situation im Unterricht beschreiben.

Dazu zählen auf Seiten des Lernenden kognitive und emotionale Fähigkeiten und Prozesse, z. B. Neugier, Erwartungshaltung, Lernfreude, die optimale Passung zwischen Schwierigkeitsgrad von Aufgaben und Vorkenntnissen des Schülers. Es spielen aber oft auch soziale Lernmotive eine nicht zu unterschätzende Rolle, etwa die Beziehung zu den Eltern, zum Lehrer oder zur Lerngruppe. Man geht davon aus, dass ein Teil dieser Prozesse vom Lehrer (positiv) beeinflusst werden kann.[1]

Für den Lateinunterricht spielt auf Seiten der Schüler die extrinsische Motivation eine relativ große Rolle, da Latein immer noch als ein Fach gilt, durch das Schüler relativ oft »sitzenbleiben«. Die Androhung der Strafe könnte hier zu vermehrten Anstrengungen führen. Auch das Latinum mag, zumindest in den Augen der Eltern, ein Anreiz für Anstrengung sein, zu einem recht geringen Prozentsatz weitere zentrale Abschlüsse. Dennoch wird sich diese Art der Motivation auf den Unterricht nicht besonders förderlich auswirken, ist sie doch eher die Motivation der Eltern und Lehrer als die der Schüler, auch wenn aus ihr heraus natürlich intrinsische Motivation entstehen kann. Das Hauptaugenmerk soll daher darauf gerichtet sein, wie man intrinsische Motivation wecken oder erhalten kann. Dabei spielt eine Vielzahl von Faktoren mit wie die Person des Lehrers, das soziale Umfeld, Lernsituation und Lerngegenstand und die Prozesse im Unterricht selbst.[2]

2.   Motivation des Lehrers

☞ Ein Lehrer, der nicht selbst von dem überzeugt ist, was er lehrt, kann keine Begeisterung bei den Schülern vermitteln.

An erster Stelle soll die Motivation des Lehrers genannt werden, da sie ausschlaggebend für den gesamten Unterricht ist. Es handelt sich hierbei um ein auch in der eigenen Persönlichkeit verwurzeltes Moment: Daher sollte sich der Lehrer an seine eigenen Erfahrungen erinnern – nicht aus Nostalgie, sondern weil Forschungen gezeigt haben, dass die Berufsbiographie des Lehrers mit der ersten Unterrichtsstunde als Schüler begonnen hat.

Anregung (1): Welche Themen des Lateinunterrichts und welche Autoren haben Ihnen in der Schule und im Studium gefallen? Warum? Schreiben Sie die Autoren bzw. Texte auf und begründen Sie Ihre Wahl. Was hat Ihnen am Unterricht nicht gefallen?

---

1 http://www.stangl-taller.at/ARBEITSBLAETTER/MOTIVATION/Lernmotivation.shtml
2 Bovet, G., Huwendieck, V., Leitfaden Schulpraxis, 4. Aufl. Berlin 2004, 274–292.

Hiervon ausgehend sollte sich der Lehrer immer fragen: Was möchte ich vermitteln? Wie kann ich die Schüler von dem begeistern, was mich begeistert und was ich für wichtig halte?

Eine solche Auswahl ist immer inhaltlich bestimmt: Das heißt, die Themen und Texte sind ausschlaggebend, nicht grammatikalische oder metasprachliche Überlegungen, wenngleich auch diese interessant gestaltet werden können. Die Beherrschung der lateinischen Sprache sollte nie Selbstzweck sein, sondern nur Hilfsmittel zum Lesen und Verstehen von Texten, die uns auch heute noch etwas zu sagen haben. Lateinische Texte bieten Parallelen und Alternativen zur heutigen Welt, von Freizeitgestaltung, Liebe, Glück bis hin zur Bewältigung von existenziellen Problemen wie Krankheit, Krieg oder Tod, und regen dadurch zum Nachdenken an.

Allerdings: Auch die besten Überlegungen können trügen. Es ist daher nicht verkehrt, regelmäßig nach der Lektüre eine anonyme Evaluation bei den Schülern durchzuführen. Sich der Kritik der Schüler zu stellen, zeigt Stärke, nicht Schwäche. Zur Evaluation gehört natürlich auch die Aussprache. Der Lehrer kann deutlich machen, dass es – wie in jedem Unterricht – auch im Lateinunterricht mehr oder weniger attraktive Phasen gibt und dass auch er manches nicht als sehr spannend empfindet, dass aber diese Dinge notwendige Voraussetzung für die Lektüre interessanter Texte sind.

Ein weiterer Aspekt ist, dass der Lehrer sich nicht als Einzelkämpfer versteht. Kooperation mit Schülern, Eltern und Kollegen führt zu gegenseitigem Kennenlernen und zu vertrauensvoller Zusammenarbeit.

Die Zusammenarbeit mit den Schülern äußert sich u. a. in der Beteiligung der Schüler an Unterrichtsentscheidungen, wie z. B. bei Lektürethemen und Aktivitäten im Unterricht oder außerhalb des Unterrichts. Der Lehrer sollte versuchen, die Interessen der Schüler kennenzulernen und auf sie einzugehen. Er kann dies durch Beobachtungen der Schüler im Unterricht, durch anonyme Befragungen, durch Gespräche mit Kollegen, durch Planung und Durchführen von Exkursionen erreichen. Entsprechend kann der Lehrer mögliche Unterrichtsreihen vorstellen; die Schüler entscheiden im Rahmen der Vorgaben.

Die Zusammenarbeit mit den Eltern gründet sich auf Information und Transparenz bei den Unterrichtsentscheidungen. Es ist sinnvoll, auf Elternabenden die Unterrichtsvorhaben, Anforderungen und die Leistungsbeurteilung vorzustellen. Der Lehrer erläutert, wie Eltern den Unterricht begleiten können, z. B. durch die Kontrolle einer Vokabelkartei und regelmäßiges Abfragen. Der Lehrer wirbt für zusätzliche Anschaffungen (Arbeitshefte zum Lehrbuch, Wörterbuch, Comic, Lektüre, Computerprogramme). Je stärker die Eltern einbezogen werden, desto fruchtbarer gestaltet sich die Zusammenarbeit. Eltern sind gern zu Hilfe bereit, wenn es z. B. darum geht, eine Exkursion zu begleiten oder eine Aufsicht im Computerraum oder im Selbstlernzentrum zu übernehmen.[3]

---

3 Lynker, B., u. a., Ein Elternabend zum Thema Vokabellernen, in: AU 2005/6, 12–19.

Auch die Zusammenarbeit mit den Fachkollegen ist sehr wichtig. Eine Fach-schaft, in der völlig unterschiedliche Auffassungen von Lateinunterricht vorhan-den sind, muss auf die Schüler irritierend wirken. Natürlich hat jeder Lateinlehrer seine Eigenarten und Vorlieben, doch über die grundsätzliche Ausrichtung des Unterrichts muss man sich verständigen und so eng wie möglich zusammenarbei-ten. Das, womit der Lateinunterricht häufig wirbt, nämlich die Verlässlichkeit der Anforderungen, entsteht durch Absprachen über Leistungsbewertung, über die Kriterien bei der Bewertung einer Übersetzung, über die methodische Gestal-tung des Unterrichts. Das bedeutet, dass die Fachkollegen gemeinsam Unter-richtsreihen und Klassenarbeiten planen, Bewertungsmaßstäbe durch gemeinsa-me Korrektur festlegen. Sie sollten aber auch gemeinsame Aktivitäten planen (z. B. Exkursionen der »Lateiner«, Wettbewerbe unterstützen, zusätzliche För-derstunden anbieten, freiwillige Lektüregruppen initiieren), insbesondere um das »Wir-Gefühl« der Lateinschüler zu stärken.

3.   Motivierung des Schülers

Den freiwillig lernenden Schüler – den gibt es nur selten. Die meisten lernen La-tein, weil sie es müssen – selbst auf der Universität … Aber das muss nicht im-mer so bleiben, denn es gibt anerkannte Faktoren für eine positive motivationale Orientierung des Schülers. Im Folgenden sollen einige davon auf den Lateinun-terricht heruntergebrochen werden.[4]

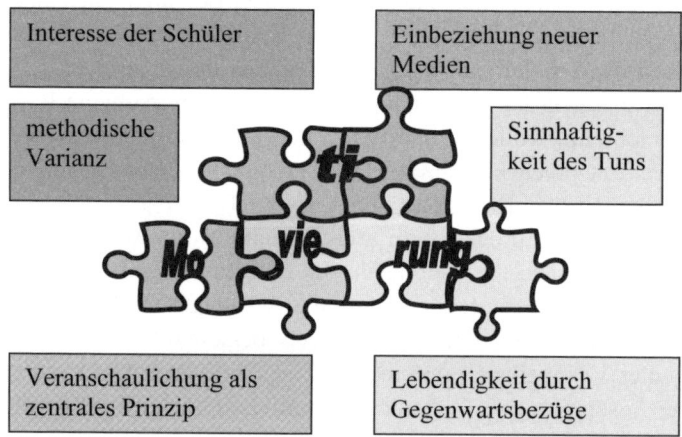

Interesse der Schüler

Einbeziehung neuer Medien

methodische Varianz

Sinnhaftig-keit des Tuns

Veranschaulichung als zentrales Prinzip

Lebendigkeit durch Gegenwartsbezüge

---

4 Lankes, E. M., Interesse wecken. Was wissen wir über die Motivierung von Schülern? in: Pädago-gik 2007/7–8, 76–79. Schirp, H., Neurowissenschaften und Lernen. Was können neurobiologische Forschungsergebnisse zur Weiterentwicklung von Lehr- und Lernprozessen beitragen? in: DDS 2003/3, 304–316.

Anregung (2): Überlegen Sie, mit welchen Elementen des Lateinunterrichts Sie die aufgezeigten didaktischen Kategorien, die auf eine positive Lernmotivation einwirken, füllen könnten.

3.1   Interesse der Schüler an den Texten

Schüler sind an Inhalten interessiert, die sie angehen, von denen sie sich angesprochen fühlen, bei denen sie etwas für ihr eigenes Leben entdecken können. Hier kann der Lateinunterricht etwas bieten, indem er »Gegenmodelle« zur heutigen Welt liefert und durch Perspektivenwechsel zum Überlegen und In-Frage-Stellen auffordert. Bereits in der Lehrbuchphase sollten die Texte interpretiert und nicht nur übersetzt werden. Ein wichtiger Aspekt guten Lateinunterrichts ist dabei eine ausgewogene Mischung aus inhaltlicher und sprachlicher Arbeit an Texten. Dies ist schon von der ersten Lateinstunde an möglich, denn die Lehrbücher stellen in den Lektionen meist einen Aspekt des Lebens in Rom vor. Weitere Themen sind die klassischen Sagen und Mythen oder geschichtliche Ereignisse der Antike. Auch sehr junge Schüler können hier in Projekten arbeiten, indem sie die damalige Realität mit der heutigen Lebenswirklichkeit vergleichen (Wie sah eine römische Familie aus?), geschichtliche Ereignisse durch zusätzliche Materialien (Bilder, Anekdoten, Skizzen) anschaulich darstellen oder die Lebendigkeit der Mythen (z. B. in der Werbung) in der heutigen Zeit deutlich machen.

In der Lektürephase bieten Richtlinien, Kernlehrpläne und Schullehrpläne Spielraum bezüglich der Auswahl von Autoren und Textstellen, der nur durch die Entscheidungen der Fachkonferenz eingegrenzt wird. Eine Ausnahme bildet hier nur das Zentralabitur mit seinen sehr genauen Vorgaben.

Bereits oben wurde festgestellt, dass die Schüler motivierter mitarbeiten, wenn sie bei der Auswahl der Unterrichtsreihen beteiligt werden. Ausgangspunkt der Textauswahl sollte daher die Interessen der Schüler sein. Ist die Lerngruppe eher historisch oder literarisch, politisch oder philosophisch interessiert? – derartige Fragen sind leitend. Entsprechend den Schülerinteressen wird der Lehrer bei der Übergangslektüre vielleicht historische Texte des Mittelalters oder den Apolloniusroman als spannende antike »soap opera« auswählen. Diese Überlegungen gelten ebenso für die Textauswahl innerhalb einer Schrift.

Im Lateinunterricht ist die Phase der gegenwartsorientierten Interpretation von großer Bedeutung. Sie ist für die meisten Schüler der interessanteste Teil des Unterrichts. Hier beteiligen sich auch diejenigen Schüler, die sprachliche Lücken haben, und tragen zur Bereicherung des Unterrichts bei. Dies hat einen positiven Einfluss auf ihre Einstellung: In diesen Phasen werden sie gelobt und ihre Leistungen werden anerkannt. Ein Lob fördert die Motivation, genauso wie schlechte Leistungen demotivieren. Der Lehrer kann in der Interpretationsphase Antworten loben, die Originalität und Mitdenken zeigen, aber auch in den Übersetzungsphasen situationsgemäße Formulierungen und Lebendigkeit positiv bewerten, selbst wenn an anderen Stellen Fehler zu bemerken sind.

Insgesamt ist es empfehlenswert, die Lektüre nicht zu weit nach hinten zu schieben. Man kann nicht warten, bis die Schüler die lateinische Sprache so gut beherrschen, dass sie lektürefähig sind. Kein lateinischer Originaltext kommt ohne Hilfe des Lehrers oder ohne Erklärung schwierigerer Passagen aus. Es kommt auf die richtige Form der Hilfe an: Durch entsprechende Anmerkungen können grammatische und semantische Schwierigkeiten des Textes beseitigt werden. Die Auswahl der Textausgabe ist in diesem Punkt von großer Bedeutung, der Lehrer kann jedoch heute leicht selbst Texte mit Anmerkungen erstellen, die auf den Leistungsstand der Schüler Rücksicht nehmen.

3.2   Methodische Varianz

Die vorhergehenden Kapitel haben deutlich gemacht, dass es verschiedene Methoden der Texterschließung und der Interpretation gibt und dass auch die Erarbeitung und Einübung der sprachlichen Strukturen methodisch unterschiedlich gestaltet werden kann. Anregung zur variantenreichen Gestaltung von Unterrichtsreihen haben die bisherigen Kapitel geboten. An dieser Stelle soll daher nur auf die Einzelstunden eingegangen werden, die nicht alle nach dem gleichen Schema ablaufen müssen. Ausgehend von der didaktischen Funktion der verschiedenen Unterrichtsphasen bieten sich viele Möglichkeiten zur Variation an:

Einstiege: Beim Stundeneinstieg können die Schülerinnen und Schüler durch Veranschaulichung aktiviert werden. So kann die Betrachtung eines Bildes auf den Text neugierig machen, das Vorspielen des gesprochenen Textes auf CD gibt einen Eindruck von der Situation, auch wenn noch nicht viel vom Inhalt verstanden wird. Wiederholung von bereits Erarbeitetem in spielerischer Form ist motivierender als reines Abfragen. Auch ist es sinnvoll, den Schülern deutlich zu machen, was in der Stunde geleistet werden soll.

Erarbeitungsphase: Sprachliche Arbeit am Text macht Spaß, wenn der Inhalt des Textes durch systematisches Erschließen Schritt für Schritt klarer wird, wie ein Puzzle, das langsam Form annimmt, wenn plötzlich neue sprachliche Strukturen entdeckt werden, wenn Ähnlichkeiten oder Unterschiede zur Muttersprache entdeckt werden, wenn im Text durch sprachliche Elemente inhaltliche Aspekte deutlich werden, die vorher nicht deutlich waren. Das Weglassen einer Pointe, des Endes kann einen Text spannend gestalten und zum Weitererzählen anreizen. Wichtig ist, dass sich die Methode aus der Sachstruktur der Texte und Themen ergibt.

Materialpräsentation: Lustig gestaltete Arbeitsblätter, die von den Schülern auszufüllen sind und nach Ende der Übung ausgemalt werden können, motivieren stärker als das Abschreiben einer Übung aus dem Lehrbuch. Ein Liebesgedicht von Catull, das auf rosarotes Papier kopiert worden ist, wird die Schüler eher zum Übersetzen bewegen als ein lieblos zusammengeschnittenes Blatt. Auch (vielleicht selbst erstellte) Materialien für spielerische Übungen (Verbquartett, Vokabelmemory, Trinomino) können motivierend eingesetzt werden.

Wechsel der Lektüreform: Im Lateinunterricht werden aufgrund des »mikroskopischen Lesens« oft nur sehr kleine Texteinheiten gelesen. Im Rahmen einer Unterrichtsreihe können daher Phasen kursorischer Lektüre eingeschoben werden. Allzu schwierige Stellen werden durch eine gedruckte Übersetzung zugänglich gemacht, wie dies in vielen modernen Textausgaben geschieht. Auch können einzelne Textabschnitte arbeitsteilig von den Schülern vorbereitet und vorgestellt werden, sodass eine höhere Lesegeschwindigkeit erreicht wird. Wichtig ist bei diesem Verfahren, den Handlungszusammenhang durch häufige inhaltliche Einordnungen zu wahren.

Wechsel der Arbeits- und Sozialformen: Das ganze Spektrum moderner Arbeits- und Sozialformen sollte auch im Lateinunterricht zum Einsatz kommen, besonders auch offene und kooperative Arbeitsformen.[5]

Einsatz kreativ-produktiver Methoden: Da der Lateinunterricht stark auf intellektuelle und rezeptive Fähigkeiten der Schüler abzielt, ist es sinnvoll und motivierend, regelmäßig kreativ-produktive Elemente einzubeziehen. Dies reicht von individuell gestalteten Vokabelkärtchen über anregend ausgestaltete Lernplakate zu sprachlichen Elementen (Deklinationen, Konjugationen, Tabelle der Subjunktionen etc.) bis hin zu selbst angefertigten Bildern der antiken Götter oder Landkarten zu Hannibals Zug nach Italien, die im Klassenraum aufgehängt werden. In der Lektürephase kann der Text aus einer anderen Perspektive wiedergegeben werden, es kann eine Antwort auf einen Text, ein Leserbrief an den Autor verfasst werden, eine Nachdichtung versucht werden... Anregungen dazu finden Sie in den entsprechenden Kapiteln.

Hausaufgaben: Es muss nicht von jedem erschlossenen Textstück eine schriftliche Übersetzung angefertigt werden. Zudem besteht hier die Gefahr, dass die Schüler diese aus dem Internet herunterladen. Gerade bei den Hausaufgaben kann durch Variation und auch Binnendifferenzierung ein stärkeres Interesse geweckt werden. Hierzu gehört auch ein Wechsel zwischen langfristigen und kurzfristigen, reproduktiven und kreativen Hausaufgaben. Voraussetzung dabei ist, dass der Lehrer über die Funktion der Hausaufgaben Klarheit gewonnen hat: Soll eine sprachliche Erscheinung eingeübt werden? Soll eine Übersetzung vorbereitet werden? Soll eine inhaltliche Auseinandersetzung mit dem Text erfolgen? Ein Beispiel für Cic. Verr. 2,4,60–68 finden Sie im [→ DLB].

---

5 Hilfen findet man bei: Drumm, J., Frölich, R., Innovative Methoden für den Lateinunterricht, Göttingen 2007.

Einsatz von zusätzlichen Übungen: Zu den Lehrwerken werden oft Arbeitsbücher angeboten, die motivierende Übungen enthalten, z.B. Lückentexte mit vielen lustigen Bildelementen bis hin zu Rätseln und spielerischen Übungen. In allen Phasen des Lateinunterrichts sind zusätzliche Übungen und Aufgaben möglich (z.B. Wort- und Sachfelder konzipieren, grammatische Erscheinungen zusammenstellen, die Verbesserung eines Fehlertextes oder das Umformen eines erzählenden Textes in einen Dialog). Auch können Schüler Recherchen zu altertumskundlichen Aspekten anstellen. Wichtig ist immer, dass diese Aufgaben zusätzlich sind, also nicht das »fundamentum« des Stoffes umfassen.

3.3   Einsatz neuer Medien

Neben den traditionellen Medien (Printmedien, Tafel, OHP) kann auch der Einsatz moderner, d.h. digitaler Medien, die Motivation verstärken. Wenn im Computerraum der Schule ein moderner Vokabeltrainer vorhanden ist, wenn grammatikalische Übungen am PC gemacht werden können, so sind die Schüler, gerade auch die Jungen, mit Hingabe bei der Sache.

Anregung (3): Es gibt lehrbuchabhängige und lehrbuchunabhängige Computerprogramme. Der Lehrer sollte daher nicht automatisch das zu seinem Lehrbuch gehörende Programm wählen. Vergleichen Sie die Computerprogramme (Demoversionen sind kostenlos). Hilfe für Beurteilungskriterien bietet der [→ DLB].

Im Bereich des Vokabellernens sind die Programme sehr weit entwickelt und lassen viele Lernweisen zu, nämlich die Vokabelabfrage schriftlich und mündlich, nach Lektionen oder nach Wort- und Sachfeldern, nach Wortbildungselementen oder Wortfamilien, auf Zeit usw. Es gibt spielerische Elemente, akustische Signale und Rankings für die Benutzer. Hier wird gerade bei jüngeren Schülern der Wettbewerbsgeist angesprochen und solche Vokabeltrainer können auch in Selbstlernzentren eingesetzt werden. Auch Formen können dabei trainiert werden. Da aber das Lernen am Computer stark individualisiert ist, sollten die Schüler gleichzeitig z.B. ein Lerntagebuch führen. So werden ihnen ihre Fortschritte, aber auch ihre Umwege bewusst. In der Lektürephase können dann eigene Vokabellektionen erstellt oder der Wortschatz kann anhand von vorgegebenen Wortfeldern trainiert werden.
Für die Texterschließung gibt es spezielle Programme, hier sollte man jedoch sehr kritisch prüfen, ob sie sinnvoll sind. Meistens basieren sie auf einer grammatikalischen Analyse des Textes, oft kombiniert mit einem Wörterbuch, das die verwendeten Formen bestimmt und übersetzt, ein Verfahren, welches aufgrund der Abstraktheit nicht sehr motivierend ist.
Aber auch ohne aufwendige Programme kann der Lehrer am Computer Texte erschließen und übersetzen lassen. Hierzu gehören einmal bestimmte Textlayoutverfahren, wie die Einrückmethode oder das kolometrische Schreiben.

Ebenfalls zu nennen wäre die Gestaltung der Textblätter durch unterschiedlichen Zeilenabstand, durch Kommentierung unter dem Text oder am Rand, durch Hervorhebung bestimmter Textelemente, z. B. eines Wort- oder Sachfeldes. Dies ermöglicht eine Erweiterung der Texterschließungskompetenz.

Beispiel: Lumina Lektion 15
Graeci Troiam expugnaverant // et incenderant.
Aeneas, filius Anchisae Troiani et Veneris deae,
     ubi primum (urbem ardere) *vidit*,
cum Anchisa patre, Iulo filio, paucisque sociis Troia effugit.
Dei autem Troianis in Italia patriam novam dare constituerant.
Aeneas sociique sui,
     postquam longos errores et multa pericula magna virtute *superaverunt*,
denique orae Italiae appropinquaverunt.

Wenn die Schüler diese Verfahren kennen, können sie sie später selbst zur Texterschließung anwenden. Schüler können auch per Computer einen sprachlichen Kommentar erstellen, der für die Mitschüler gedacht ist, und diesen vorstellen. Auf diese Weise kann eine größere Textmenge bearbeitet und eine höhere Schüleraktivität erzielt werden.
Für die sprachliche Arbeit können die Schüler Mind-Maps für die Wortschatzarbeit konzipieren oder selbst Übungen oder Rätsel erstellen, z. B. mit dem Programm »Hot potatoes«.

Computer und Internet dienen auch als Quelle für historische Informationen, liefern Bildmaterial und vieles mehr. Daher können sie in sinnvoller Weise für Referate und Präsentationen eingesetzt werden. Schon jüngere Schüler können mithilfe von Computerprogrammen Referate professionell präsentieren und damit sowohl zu ihrer eigenen Motivation als auch der Motivation der Zuhörer beitragen. Dies bedeutet eine Erweiterung der Medienkompetenz.
Natürlich können die neuen Medien auch zu Täuschungszwecken missbraucht werden. Nicht nur Übersetzungen aller gängigen Lektüretexte sind im Internet zu finden, auch die (oft allerdings fehlerhaften) Übersetzungen der Lehrbuchtexte. Grundsätzliche Vorsicht, nicht generelles Misstrauen ist hier angebracht. Bei dringendem Verdacht, dass ein Schüler abgeschrieben hat, hat der Lehrer viele Möglichkeiten, dies festzustellen. Übersetzungen literarischer Texte aus dem Internet sind oft sehr frei nachgedichtet. Der Lehrer kann dies als Chance nehmen, einen Übersetzungsvergleich durchführen zu lassen.

3.4   Veranschaulichung

Lateinunterricht spricht stark den Intellekt an. Dadurch wird der Unterricht manchmal abstrakt. Je anschaulicher und konkreter der Unterricht aber ist, desto mehr werden die Schüler mitarbeiten.

Visualisierung: Dies kann in allen Phasen des Unterrichts erreicht werden: z.B. durch anschauliche Strukturbilder im Grammatikunterricht, durch ein fortschreitendes Tafelbild bei der Texterschließung, einprägsame Strukturen bei der Wortschatzarbeit, Bilder und andere visuelle Elemente bei der Interpretation. Beispiele dafür finden Sie in allen Kapiteln dieses Buches. Visualisierung als generelles didaktisches Prinzip sollte in allen Phasen des Lateinunterrichts vorherrschen.

Europäische Sprachen: Das Verdeutlichen des Zusammenhangs der lateinischen Sprache mit den romanischen Sprachen sowie deutschen und englischen Wörtern öffnet den Blick und trägt zum besseren Verständnis jeweils beider Sprachen bei.

lat.: aggressus	fr.: aggressif	it.: aggressivo	e.: aggressive	dt.: aggressiv
lat.: defensum	fr.: défensif	it.: defensivo	e.: ?	dt.: ?
lat.: silentium	fr.: silence	it.: silenzio	e.: ?	dt.: Schweigen

In fast allen Lehrbüchern findet man von Anfang an Hinweise auf das Weiterleben der lateinischen Wörter in den romanischen Sprachen und im Englischen. Da jedoch der Schüler (und auch der Lehrer) nicht alle romanischen Sprachen beherrscht, sollte man hier individuell arbeiten, d.h. die konkreten sprachlichen Voraussetzungen beachten. Besonders wichtig ist eine regelmäßige Vernetzung des Lateinischen mit dem Englischen und dem Deutschen. Zur Veranschaulichung dienen auch kleine Wortgeschichten, die dafür sorgen, dass sich ein Wort einprägt. In einer sehr frühen Phase des Unterrichts kann deutlich gemacht werden, wie sich aus lat. *villa* »das Landhaus« das französische Wort *ville* »Stadt« entwickelt hat, indem erläutert wird, dass mit dem lateinischen Wort nicht nur das einzelne Haus gemeint ist, sondern auch die Vielzahl der Nebengebäude. Ein Beispiel aus dem Bereich der Deponentien ist *aggredi, aggredior, aggressus sum*. Hier ist die Bildung durch *ad-gredi* zu erkennen, also »auf jemanden zu gehen«. Da dies sowohl freundlich als auch in feindlicher Hinsicht sein kann, sind im Lateinischen noch beide Übersetzungen möglich. Erst in den romanischen Sprachen und dann auch im Deutschen hat sich das Wort *aggressiv* im negativen Sinn durchgesetzt. An bestimmten Stellen des Unterrichts können auch kleinere italienische oder spanische Texte mit den Schülern gelesen werden.

Beispiel

»Caro Roberto,
grazie per la tua lettera e per la foto della tua famiglia. Scrivi che hai un fratello e

due sorelle. Io invece ho due fratelli ed una sorella. Mia sorella, Maria, ha 29 anni. Lavora e abita a Firenze. Mio fratello maggiore, Giulio, abita con sua moglie ed i suoi figli, Marcella e Giovanni, a Milano.
Mio fratello minore, Luigi, ed io abitiamo a casa dei nostri genitori ... Tanti saluti, Giovanni«
(aus: Mater et filia, la madre e sua figlia, hg. v. Thomas Brückner und Peter Lütke-Westhues)

Rezeptionsdokumente: Historiengemälde aus dem Barock, mittelalterliche Buchmalerei, eine Plastik aus der Renaissance oder auch zeitgenössische Kunstwerke zu antiken Themen können als Hilfe zur Texterschließung oder als Interpretationsmaterial verwendet werden.

Comic: Hiermit sind nicht nur moderne Comics in Latein (z. B. Asterix) gemeint, die teilweise sprachlich zu schwer und inhaltlich zu wenig ergiebig sind. Außerdem besteht kein direkter Bezug zur antiken Literatur. Viel besser sind Comicversionen von Originaltexten, wie z. B. von ausgewählten Metamorphosen von Ovid.[6] Sie stellen eine moderne Variante des Rezeptionsdokumentes dar und lassen sich methodisch an bestimmten Stellen der Lektüre zur Texterschließung oder als Variante der kursorischen Lektüre gut einbringen.

Altertumskunde: Die Altertumskunde hat einen wichtigen Stellenwert im Lateinunterricht und kann besonders anschaulich gestaltet werden. Hier werden die sachlichen Voraussetzungen zum Verständnis der Texte gelegt. Moderne Lehrbücher enthalten eine Vielzahl von visuellen Materialien von antiken Realien, von Sachtexten, von Karten, Tabellen und Schemata etc., die in den Unterricht einbezogen werden können. Wichtig beim Einsatz dieser Materialien ist die im Unterrichtsziel erkennbare Funktionalität für das Verständnis antiker Texte. Bildungsbürgerliche Kulturkunde an sich ist kein Wert.

Realienauswahl	Kommentar und Beispiel	Einsatzmöglichkeit
Rekonstruktionszeichnung, Mosaik, Fresko, Wandzeichnung, Vasengemälde, Statue, Relief	Die Gegenstände haben eine narrative Struktur.	Vorverständnis des Textes, Wortfeldarbeit, kursorische Lektüre, Kontextualität
Alltagsgegenstände (Münzen, Schmuck, Waffen, Grabsteine, Inschriften ...) Ruinen und Landschaften aus der Antike	Die gezeigten Sachen an sich sind stumm und entwickeln Sinn erst zusammen mit einem Text.	Vermittlung von verbal nicht richtig darstellbaren Informationen (z. B. Atmosphäre, Authentizität, Emotion, Plastizität)

---

6 P. Ovidius Naso: Metamorphoses, composuit Rubricastellanus, pinxit Martin Frei. Stuttgart 1996. Entsprechende Comics gibt es auch zu Caesar und Plautus.

Dokumentarfilm bzw. Filme auf der Grundlage wissenschaftlicher Rekonstruktion Rekonstruktionszeichnung	TV-Reihe »Sphinx«; BBC Dokumentation »Pompeji, Der letzte Tag«, vgl. AU 2005/1 Ausschnitte aus Spielfilmen, z.B. das Wagenrennen aus Ben Hur (auch wenn K. Douglas hier seine Armbanduhr trägt ...)	s. o.
Sachtexte	gehören heute zu jedem Lehrbuch und jeder Lektüreausgabe	alle Einsatzmöglichkeiten; zusätzlich Hintergrundinformationen
Geschichtskarten, Tabellen, Statistiken	jedes Lehrbuch hat eine Karte des Imperium Romanum	räumliche oder quantitative Vorstellung der Antike als Hintergrundinformation
Alle eben genannten Realien kommen in Frage.	Voraussetzung ist ein Impuls, der den inhaltlichen Zusammenhang zum Text herstellt.	Interpretation

Der Einsatz von Realien im Unterricht ist nicht nur für die Lehrbuchphasen, sondern auch in der Oberstufe wichtig. Um beispielsweise den Pliniusbrief zu den Wagenrennen (Plin. epist. 9,16) zu verstehen, muss der Schüler über die Praxis des Wagenrennens und die Kleidung der Wagenlenker Bescheid wissen; Plinius kann dieses Wissen bei seinen Lesern voraussetzen.

Die Schwierigkeiten beim Einsatz von antiken Realienabbildungen dürfen nicht unterschätzt werden: Die Abbildungen in Büchern sind oft stark verkleinert, in falscher Farbgebung und z.T. schlechter graphischer Qualität. Dies ist bei Plastiken, Münzen, Landschaftsbildern etc. besonders problematisch. Verständnisprobleme treten hinzu, denn die antiken Bildkonventionen können heutzutage lächerlich (z.B. bei Vasenmalerei) oder einfach plump (Relief) erscheinen. Ein unmittelbares Verständnis antiker Realien und deren Abbildungen kann weder vom Schüler noch vom Lehrer erwartet werden – hier muss der Unterricht sorgfältig geplant werden.

Anregung (4): Entwickeln Sie Leitfragen, um mit einer Lerngruppe z.B. das Bild eines römischen Hochzeitspaares (Intra Lektion 11, S.87) zu analysieren und um es dann im Zusammenhang mit dem Text zu interpretieren. Zusätzliche Hinweise finden Sie im [→ DLB].

Eine besondere Rolle für das Antikeverständnis nehmen Rekonstruktionszeichnungen ein, insbesondere wenn sie auf wissenschaftlicher Grundlage erstellt werden, z.B. zum Pferderennen im Zirkus oder zum bunten Treiben in einer Taberna (Prima Lektion 2, S.21 und Lektion 8, S.49), zu Thermenanlagen, zur »villa« (Intra Lektion 5, S.39, Lektion 4, S.30) oder zum Leben der Legionäre.[7] Ähnlich

---

7 Prima A Gesamtkurs Latein; Prima. Gesamtkurs Latein. Textband Ausgabe A, 3. Aufl. Bamberg 2004. Intra Texte und Übungen I, Göttingen 2007.

wie gute Dokumentarfilme vermitteln sie ein leicht zugängliches, aber trotzdem solides Wissen über die Antike. Weiterhin gibt es Hörspiele und Hörtexte, die sich auf die Antike beziehen, ebenso wie DVDs mit virtuellen Ansichten antiker Bauwerke oder Computerspiele, die das Leben in Rom thematisieren. Auch der Sprachlehrfilm »Armilla«[8] sei erwähnt, der einerseits Spielfilmcharakter hat, andererseits durch interaktives sprachliches Übungsmaterial ergänzt wird.

3.5   Lebendiger Unterricht

Gesprochenes Latein: Selbstverständlich soll der heutige Lateinunterricht nicht dazu führen, dass die Schüler aktiv Latein sprechen. Dennoch ist es interessant für Schüler zu erfahren, wie Latein sich angehört hat. Es gibt zu vielen Lehrwerken Audio-CDs, die mit Hintergrundgeräuschen Lektionstexte als kleine Szenen verdeutlichen und spannend anzuhören sind.

In der Lehrbuchphase können die Schüler dialogische Texte mit verteilten Rollen lesen oder das Stück in einem szenischen Spiel darstellen. Dies erfordert jedoch Vorbereitung: Die Aussprache des Lateinischen macht im Wesentlichen kaum Schwierigkeiten, einen Text ausdrucksvoll zu lesen fällt jedoch schwerer, als man zunächst denkt. Hier muss der Lehrer Hilfen geben und auch zum ausdrucksvollen Lesen ermuntern. Solche szenischen Lesungen können natürlich auf Tonträger aufgenommen werden.
Auch kleinere lateinische Elemente, wie die Begrüßung (Salve, magister! – Salvete discipuli discipulaeque!) oder ritualisierte Aufforderungen (audite!) können dazu beitragen, dass die Lebendigkeit der Sprache gesteigert wird.
In der Lektürephase kann von Zeit zu Zeit ein Text in aktuellem Latein von den lateinischen Nachrichten aus Radio Bremen oder aus den Nuntii Latini aus Finnland eingesetzt werden. Auch hier sollte die Schwierigkeit dieser Texte nicht unterschätzt werden. Sie müssen sorgfältig vorbereitet und kommentiert werden.

Cantate Latine: An bestimmten Stellen des Unterrichts können bekannte Lieder, die ins Lateinische übersetzt worden sind, den Unterricht attraktiver machen. Zu Weihnachten kann »jingle bells« auch einmal auf Latein gesungen werden. Musikalische Elemente können an verschiedenen Stellen eingesetzt werden: in der Grammatikphase die (Grammatik-)Raps aus dem Lehrwerk Intra, in der Lektürephase die Orffsche Vertonung der Carmina burana oder die Vertonung von Catullgedichten durch die Gruppe Ista. Vielleicht reizen auch die lateinischen Texte aus der CD »Chants« zum Anhören und zur Übersetzung.

Anregung (5): Suchen Sie im Internet nach lateinischen Liedern. Eine kleine Auswahl (mit Quellenangaben) finden Sie im [→ DLB].

---

8 Armilla. Sprachlehrfilm, Bamberg.

Projekte: In besonderer Weise fördern Projekte die Motivation der Schüler. Projektarbeiten sind Produkte, die von Schülern selbstständig konzipiert und erarbeitet worden sind. So kann, wenn die Geschichte der Stadt hierzu eine Möglichkeit bietet, ein Stadtführer auf Latein entwickelt werden. Hierzu ist es nicht notwendig, dass in der Stadt römische Denkmäler zu finden sind, es können auch moderne Gebäude in schlichtem Latein beschrieben werden. Alternative Anregung: Es kann eine Theaterszene nach einem (Lektions-)Text geschrieben werden.

Bei Gelegenheit kann man römisch kochen, Rezeptbücher gibt es in allen Variationen. Gelegenheit dazu bieten ein »Lateinnachmittag«, an dem die verschiedenen Lateingruppen Produkte präsentieren, der Tag der offenen Tür, Projekttage der Schule ...

Auch römische Spiele lassen sich z.T mit einfachen Mitteln selbst herstellen; so sind z.B. im Lehrwerk Lumina (Lektion 7) verschiedene Kinderspiele beschrieben. Andere lassen sich etwas aufwendiger herstellen, vielleicht in Zusammenarbeit mit dem Kunstlehrer. Oft können auch Spiele und Spielanleitungen in Museen oder archäologischen Parks gekauft werden.

Auch können komplexere Gesellschaftsspiele, z.B. für einen Wettbewerb, selbst entwickelt werden. Solche großen Projekte können allerdings nur in zusätzlichen Arbeitsgemeinschaften realisiert werden.

3.6   Sinnhaftigkeit verdeutlichen

Um die Schüler zur Mitarbeit zu motivieren, ist es immer wieder notwendig, ihnen die Sinnhaftigkeit des Lateinunterrichts deutlich zu machen. Dies kann auf verschiedenen Ebenen geschehen.

Auf sprachlich-grammatischer Ebene kann dem Schüler Einblick in die Struktur von Sprache vermittelt werden, der gerade auch durch Methoden der kontrastiven Grammatik anderen Sprachfächern zugutekommt. Ein Schüler, der das Phänomen »Kausalsatz« im Lateinischen verstanden hat, kann dies ohne Schwierigkeiten auf das Deutsche, Englische, Französische übertragen.

Auf inhaltlicher Ebene ist der Lateinunterricht eine anspruchsvolle Übung in der Auseinandersetzung mit komplexen Inhalten. Es ist eine Erweiterung der Perspektive über den Gegenwartshorizont hinaus: eben Kommunikation mit der Antike.

Weiterhin schult guter Lateinunterricht auch die methodische Kompetenz der Schüler. Stärker als andere sprachliche Fächer vermittelt der Lateinunterricht Textkompetenz durch systematische Erschließungs- und Interpretationsmethoden und durch die präzise Fachterminologie.

Nach Abschluss des Lateinlehrgangs wird dies von den Schülern bei seiner Bewertung und Evaluation oft positiv gesehen. Warum also nicht bereits während des Lateinkurses immer mal wieder eine Reflexionsphase einfügen, in der gemeinsam diskutiert und überlegt wird, welchen Sinn der Unterricht hat, welche positiven Effekte die Schüler bemerken? Man könnte gemeinsam mit den Schülern überlegen, wie ein Werbeblatt für Latein gestaltet oder eine Werbeveranstaltung geplant werden kann.

Anregung (6): Überlegen Sie, welche Elemente eine Werbeveranstaltung für Latein als zweite Fremdsprache beinhalten könnte. Adressaten: Schüler der Grundschulen und der 5. Klasse. Wenn Sie »Zugriff« auf einen Lateinkurs haben: Lösen Sie die Aufgabe zusammen mit den Schülern.

4.   Latein im Schulleben

Der Lateinunterricht muss unübersehbar im schulischen Leben präsent sein und sollte sich nicht verstecken.

4.1   Wettbewerbe

Anregung (7): Informieren Sie sich im Internet über die wichtigsten Wettbewerbe für Latein und Griechisch: Certamen Carolinum, Bundeswettbewerb Fremdsprachen, Aus der Welt der Griechen. An wen richten sich die Wettbewerbe? In welchen Klassenstufen nimmt ein Schüler teil? Welche dieser Aufgaben sind motivierend?

Die Lateinlehrer sollten die Schüler regelmäßig über die fachspezifischen Wettbewerbe informieren. Denn sie fördern die Motivation der Schüler, wenngleich ganz besonders die der guten und sehr guten. Wenn diese im Unterricht frustriert sind, weil es ihnen zu langsam geht, ist es eine gute Möglichkeit, diese Schüler zu aktivieren, indem man sie auf Wettbewerbe vorbereitet. Man gibt ihnen z. B. die vorherigen Themen des Wettbewerbs zur Bearbeitung oder macht sie mit den neuen vertraut und berät sie bezüglich einer Teilnahme, indem man ihnen das Thema erläutert, Quellen angibt, Ideen zur Bearbeitung andeutet.
Dies kann im Rahmen der Binnendifferenzierung geschehen. Es ist zudem ein wichtiges Element der Begabtenförderung. Die Schüler sehen auf diese Weise, dass es eine Welt außerhalb der eigenen Klasse gibt und dass es sich lohnt, gute Leistungen zu erbringen. Es sind nicht immer die Preise, die im Vordergrund stehen, sondern die Chance, andere positiv eingestellte Schüler kennenzulernen.

4.2   Exkursionen / Studienfahrten

Schüler beklagen sich manchmal, dass sie durch die lateinische Sprache ein wenig benachteiligt seien, dass kaum Studienfahrten möglich sind.
Natürlich gibt es noch die klassische Studienfahrt des Lateinkurses nach Rom, die im Unterricht vorbereitet wird und dann den Höhepunkt der Ausbildung dar-

stellt. Angesichts der wenigen Lateinkurse im Rahmen der Sekundarstufe II sollte sich das Augenmerk der Lateinlehrer aber eher auf kürzere Exkursionen und
Kursfahrten richten.

Prinzipiell gilt, dass eine Exkursion inhaltlich gut vorbereitet werden muss. Sie
sollte möglichst aus dem Unterricht erwachsen, idealerweise dient sie zur Ergänzung von im Unterricht frisch erarbeiteten Inhalten, zum Beispiel kann eine Exkursion nach Xanten das Lehrbuchthema »Colosseum« unterstützen. Daher muss
sie in das Programm integriert werden und darf nicht als »Bonbon« am Ende eines Schuljahres präsentiert werden. Hierzu ist das Alter der Schüler von großer
Bedeutung: Während jüngere Schüler sich sicher in archäologischen Parks wie
Xanten gut amüsieren, wenn sie hierauf vorbereitet worden sind, werden ältere
eher durch eine Kursfahrt nach Trier angesprochen.

Anregung (8): Informieren Sie sich im Internet über das römische Erbe in Ihrer
näheren Umgebung und über aktuelle touristische Angebote zu Themen des Lateinunterrichts. Wie bereiten Sie die Exkursion vor? Hinweise bietet das Material
im [→ DLB].

4.3   »Latein zum Anfassen«

Neben den Informationsabenden, die für die Eltern zur Wahl der zweiten (oder
dritten) Fremdsprache veranstaltet werden, können Veranstaltungen stattfinden,
die den zukünftigen Schülern einen kleinen Eindruck vom Lateinunterricht verschaffen. Gleichzeitig werden die Lateinschüler angesprochen, die sich gern für
die Gestaltung z. B. eines Lateinnachmittages engagieren.
Hier können römische Spiele (Rundmühle, Puzzles mit den Abbildungen antiker
Gebäude, Gesellschaftsspiele mit Themen der Antike) gemacht werden, ein Com-
puterprogramm zeigt einen virtuellen Rundgang durch Rom, das Modell eines
römischen Tempels – vielleicht im Kunstunterricht angefertigt – kann zusammengesetzt werden. Es wird gekocht und gegessen: Kleine, selbst angefertigte
Snacks nach römischen Rezepten werden angeboten.
Ein Lehrer fotografiert die zukünftigen Lateinschüler in Toga vor der Kulisse eines antiken Tempels . . .

4.4   Ausstellungen von Produkten aus dem Lateinunterricht

Der Lateinunterricht kann im Schulleben präsent sein, indem z. B. regelmäßig
Ausstellungen von Produkten aus dem Lateinunterricht gemacht werden, etwa
von Zeichnungen und künstlerischen Arbeiten im Anschluss an eine Lektüre.
Dies kann in Fächer verbindendem Unterricht mit dem Fach Kunst oder mit anderen sprachlichen und historischen Fächern geschehen. Entsprechende Doku-

mentationen können in der Schule selbst z. B. in den Fluren präsentiert werden, aber auch auf der Homepage der Schule einsehbar sein.

Auf der Homepage können Exkursionen (mit Text und Bildern) dokumentiert werden, ebenso Aktivitäten und Erfolg der Schüler bei Wettbewerben. Auch können Schüler aus dem Lateinunterricht berichten und Produkte präsentieren.

5.   Literaturhinweise

AU 1998/2: Veranschaulichung III.

AU 2002/3–4: Neue Medien.

AU 2001/1: Lernspiele.

AU 2005/1: Antike im Film.

AU 2007/6: Drehbuch Antike.

AU 2005/4: Latein und romanische Sprachen.

AU 2002/6: Visualisierung.

Bovet, G., Huwendieck, V. (Hgg.), Leitfaden Schulpraxis, 4. Aufl. Berlin 2004, 274–292.

Drumm, J., Frölich, R., Innovative Methoden für den Lateinunterricht, Göttingen 2007.

Lankes, E. M., Interesse wecken. Was wissen wir über die Motivierung von Schülern? in: Pädagogik 2007/7+8, 76–79.

Lynker, B. u. a., Ein Elternabend zum Thema Vokabellernen, in: AU 2005/6, 12–19.

Mount, H., Latin Lover – Latein lieben lernen, München 2007.

Stroh, W., Latein ist tot, es lebe Latein. Kleine Geschichte einer großen Sprache, Berlin 2007.

Schirp, H., Neurowissenschaften und Lernen. Was können neurobiologische Forschungsergebnisse zur Weiterentwicklung von Lehr- und Lernprozessen beitragen? in: DDS 2003/3, 304–316.

Armilla. Sprachlehrfilm, Bamberg.

Intra Texte und Übungen I, Göttingen 2007.

Krefeld, H., Res romanae. Begleitbuch für die lateinische Lektüre, Berlin 2008.

Mühl, K., Felix – das Sachbuch, Bamberg 1999.

Maier, R., Marcus Gavius Apicius – De re coquinaria lat./dt., Stuttgart 1991.

P. Ovidius Naso, Metamorphoses, composuit Rubricastellanus, pinxit Martin Frei, Stuttgart 1996.

Prima. Gesamtkurs Latein. Textband Ausgabe A, 3. Aufl. Bamberg 2004.

www.antike-zum-begreifen.de Antike zum Be-greifen. Materialien für Alte Sprachen, Alte Geschichte und Religion.